"十四五"普通高等教育本科精品系列教材

U0519270

财务管理案例

▶ 主　编◎王林江　　杨增凡

西南财经大学出版社

中国·成都

图书在版编目(CIP)数据

财务管理案例/王林江,杨增凡主编.--成都:
西南财经大学出版社,2024.6.--ISBN 978-7-5504-6238-0

Ⅰ.F275

中国国家版本馆 CIP 数据核字第 2024988J6L 号

财务管理案例

CAIWU GUANLI ANLI

主　编　王林江　杨增凡

策划编辑:王　琳

责任编辑:向小英

责任校对:杜昱钰

封面设计:墨创文化　张姗姗

责任印制:朱曼丽

出版发行	西南财经大学出版社(四川省成都市光华村街 55 号)
网　　址	http://cbs.swufe.edu.cn
电子邮件	bookcj@swufe.edu.cn
邮政编码	610074
电　　话	028-87353785
照　　排	四川胜翔数码印务设计有限公司
印　　刷	郫县犀浦印刷厂
成品尺寸	185 mm×260 mm
印　　张	16.625
字　　数	400 千字
版　　次	2024 年 7 月第 1 版
印　　次	2024 年 7 月第 1 次印刷
印　　数	1—2000 册
书　　号	ISBN 978-7-5504-6238-0
定　　价	39.80 元

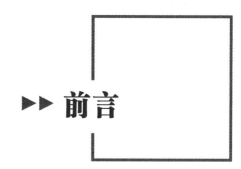

▶▶ 前言

本书在案例选取和内容设计上重点追踪了近几年中国上市公司财务管理实践中的重难点和热点问题。案例主题贯穿了公司融资、投资、运营、分配的财务管理活动过程，不同的案例侧重不同，但均基本上反映了财务管理课程应了解的基本问题、知识点。本书在运用财务管理的基本理论、分析方法的基础上，通过案例的理论背景介绍融入相关学术研究成果、案例问题的综合分析论证，巩固财务管理理论认知，强化理论运用、权衡决策能力训练，培养学生对财务管理问题的专业判断与应对能力。

本书可以选作高等院校财务管理、会计学、企业管理等经济管理类专业本科生教材，亦可作为经济管理类专业本科生写作毕业论文的参考书。

本书由河南财政金融学院王林江、杨增凡担任主编，各案例的具体分工为：案例一、三、五由王林江编写；案例四、六、十一、十四由杨增凡编写；案例二、九由张媛媛编写；案例七、十三由张北恒编写；案例十、十二由尹文编写；案例八由杨晶编写。最后由王林江负责全书的修改、定稿。

本书的案例主要是基于各案例公司财务年报、媒体报道、网络上公开资料及优秀案例材料编写而成的。在此，我们衷心感谢提供这些资料的机构和个人，特别感谢本书引用的那些优秀案例材料的编写者，他们编写的资料让我们的案例内容更加丰富、全面。

受编者的认知水平和实践经验所限，在本书中可能会有遗漏或不妥之处，恭请读者批评指正。我们将以本版为基础，在未来进行持续更新和定期再版，为财务相关专业的本科生和更广泛的读者提供更加丰富的案例及案例分析视角、前沿方法，以便更有效地服务于财务管理理论思想和管理实践的发展。

感谢本书所引用研究成果的各位作者。感谢西南财经大学出版社的编辑们在本书审稿、编辑排版过程中进行的大量细致工作，尤其感谢编辑王琳老师的不吝指导与帮助。

编者

2024 年 1 月 16 日

▶▶ 目录

九号公司 VIE+CDR 上市模式设计动因及成效

■ **教学目的与要求**

1980 年以来，中国境内部分公司为规避监管、拓宽融资渠道，选择搭建红筹架构到境外注册，由此形成了红筹企业。然而，随着境外上市环境的逐渐恶化以及中国资本市场制度的不断完善，红筹企业回归 A 股的意愿越来越强烈。2018 年之前，红筹企业的主要回归模式为拆除红筹架构后再寻求境内上市，这种传统回归模式的时间和资金成本较高，造成许多红筹企业回归困难。针对这一现象，中国证监会于 2018 年 3 月正式推出中国存托凭证（CDR），允许红筹企业直接发行 CDR 回归 A 股，为其提供了一种高效便捷的新型回归模式。通过对本案例的学习，学生应了解企业选用 CDR 上市模式的动因、优势及适用性，把握 CDR 上市模式的风险。

一、背景知识

（一）相关概念

1. 红筹企业

红筹企业是指那些实际经营活动在中国境内的境外注册企业，通过在境外离岸地注册特殊目的公司来控制境内运营主体的企业。依据不同的控制方式，红筹企业控制方式可分为股权控制及 VIE 协议控制。20 世纪 90 年代我国首次提出了红筹企业的概念，当时主要指那些主营业务在中国境内却在海外上市的中资控股公司。

2. 协议控制模式

协议控制模式（Variable Interest Entities，VIE）是指境外融资主体通过签订系列协议控制境内经营实体，境外主体承担风险并享有其收益的模式。即不通过股权控制实际运营公司而通过签订各种协议的方式实现对实际运营公司的控制及财务的合并。境外融资实体与境内运营实体相分离，境内运营业务实体又被称为境外上市主体的"可变利益实体"。VIE 模式如今已是资本市场上成熟的操作模式，VIE 模式与美国的 SPV

（Special Purpose Vehicle）模式结构相同。

VIE 模式架构的搭建通常由境内设立的外商独资企业（WFOE）、境内运营实体（OPCO）以及境外特殊目的实体三部分组成。WFOE 为境外特殊目的实体在境内设立的外商独资企业，其与境内运营实体的股东或实际控制人签署一系列协议，即 VIE 协议，实现对境内运营实体的控制，同时享有境内运营实体的收益。搭建 VIE 架构主要有以下步骤：①创始人团队在境外离岸地注册成立公司；②创始人、风险投资等共同成立境外公司，作为上市融资主体；③全资设立香港子公司；④香港子公司股权控制境内 WFOE；⑤OPCO 与 WFOE 签署协议，从而实现境外上市主体最终控制境内运营实体的目的。

3. 存托凭证

存托凭证（DR）是外国公司在本国境内发行有价证券的可交易凭证。按照代表证券类型的不同，可以分为普通股、优先股及债券型。本案例研究存托凭证的基础证券为普通股股票。发明存托凭证是为了规避境外投资的限制，当时背景下美国的部分机构投资者例如保险公司、养老基金等无法购买外国公司股票，存托凭证的创新形式使得投资者在境内即可投资外国公司，在之后金融全球化趋势影响下，存托凭证取得了显著的发展。

中国存托凭证（CDR）是由存托人签发以境外证券为基础证券、在中国境内以人民币计价发行上市的衍生证券。中国存托凭证代表境外基础证券权益，现行监管规则只允许增量正股发行 CDR，基础证券和 CDR 并不能自由转换，即用人民币计价使得投资者省去兑换外汇的流程，直接交易，突破了外国证券在跨境交易中的限制，让国内投资者交易国外证券更加便利。

（二）政策背景

红筹企业通常在境外注册设立壳公司作为母公司，从而将境内经营实体的资产和权益转移到境外母公司。由于我国在某些行业领域限制外商投资，境外的母公司无法直接通过收购股权达到对境内公司的控制，为转移境内经营实体的利润，境外公司通过与之签订一系列繁琐的协议来确保对境内主体的控制权，这种架构被称为协议控制架构（VIE 架构），属于一种特殊的红筹架构。这些境外注册的红筹企业多集中在信息技术、教育、服务、医疗等新兴产业，对我国经济发展有着至关重要的作用。

科技创新是产业高质量发展的驱动力，优质的新经济企业成为各个国家和地区资本市场争抢的对象。但此前我国资本市场上市门槛较高，通常非本国注册企业不能直接上市，再加上 VIE 架构、同股不同权制度的影响，限制了优质创新型企业在 A 股的融资需求，这些红筹企业往往选择在境外上市。当前在美国寻求与中国经济脱钩的背景下，来自中国的红筹科技企业受到美国政府的打压，在美融资受到严格限制。近些年来，红筹企业回归 A 股市场或者港股市场的意愿明显增强，也有不少的企业付出了实际行动，私有化后 IPO 或者借壳上市回归 A 股市场、在美上市红筹股 IPO 登陆港股实现二次上市、"A to A" 等。为引导红筹企业回归为国内经济发展注入新动力，我国正逐渐完善相关政策。如国家通过设立发行 CDR 创新多元融资机制，帮助优质红筹企业回归国内资本市场的同时，改善了我国资本市场的基本面，将高新技术和战略性新兴产业纳入红筹回归的试点范围。

早在 2000 年，对于红筹企业通过发行中国存托凭证回归的呼声便时有响起，但碍于当时国内市场的配套机制尚不完善、资本账户尚未开放，CDR 的推行迟迟没有进展。直到 2016 年，监管层重新开展了关于落实中国存托凭证应用的研究和讨论。自 2018 年以来，我国资本市场的开放性与包容性逐渐增强，对于科创型企业的扶持力度加大，在此背景下鼓励红筹企业回归的政策陆续出台，中国证券监督管理委员会先后发布《存托凭证发行与交易管理办法（试行）》、《试点创新企业境内发行股票或存托凭证并上市监管工作实施办法》等规范性文件，对中国存托凭证的实际应用和操作步骤加以规范。2019 年 7 月，随着我国证券市场的不断改革创新与发展，A 股市场增设了科创板这一全新板块，有关推进红筹企业在科创板上市的政策也陆续出台，开辟了红筹企业通过发行股票或存托凭证实现在 A 股上市的新渠道。2020 年 4 月 30 日，证监会发布《关于创新试点红筹企业在境内上市相关安排的公告》，对于已在境外上市的红筹企业增加了新的适用标准，极大放宽了红筹企业境内上市的市值与财务要求。2020 年 6 月 5 日，上海证券交易所发布《关于红筹企业申报科创板发行上市有关事项的通知》，解决了回归科创板过程中实际将会涉及的复杂疑难问题，为中国存托凭证的试点做好了充分的制度准备。

随着我国资本市场不断完善以及国内监管部门相关政策的出台，境外注册的红筹企业回归 A 股的意愿日益强烈。由于红筹企业大部分是高科技、互联网、教育医疗类企业，对中国经济未来的发展方向有较大影响，红筹企业回归愈发受到市场和相关部门的重视和关注。

二、案例资料

（一）九号公司概况

1. 公司简介

九号公司（Segway-Ninebot）聚焦于创新短交通和机器人领域，旗下拥有 Ninebot（九号）和 Segway（赛格威）两大品牌。九号公司以国际化视野立足全球市场，以"简化人和物的移动，让生活更加便捷和有趣"为使命，专注于推动智能短交通和机器人产品的创新和变革。公司成立于 2012 年，总部位于中国北京，在全球拥有亚太、欧洲、美洲三大业务区域，在北京、上海、西雅图、洛杉矶、波士顿、阿姆斯特丹、达拉斯、克雷菲尔德、巴黎、巴塞罗那、首尔、慕尼黑、常州、深圳、杭州设有 15 个办公室，产品遍布全球 100 多个国家和地区。作为一家集研发、生产、销售、服务为一体的高新技术企业，截至 2022 年年底，九号公司累计申请全球性知识产权 4 800 多项，广泛应用于创新短交通出行、机器人、酷玩娱乐等多个领域，产品包含智能电动平衡车、智能电动滑板车、电动卡丁车、智能电动两轮车、全地形车、机甲战车、服务机器人以及智能共享滑板车等，满足用户多元化和个性化需求，持续推动行业发展。2020 年 10 月 29 日，九号公司在科创板成功上市，成为中国境内上市企业中"VIE+CDR"第一股。九号公司创造了科创板申报企业中的多个"第一"：第一家注册地在境外的红筹申报企业；第一家存在协议控制架构（VIE）的企业；第一家申请公开发行 CDR 存托凭证的企业；第一家具有 AB 股和员工期权的红筹上市公司。

2. 经营模式

（1）盈利模式

公司主要从事智能短交通和服务类机器人产品的研发、生产、销售及服务，公司通过向下游客户销售产品和提供技术服务来实现收入和利润。报告期内，公司主营业务收入来源于电动平衡车、电动滑板车、电动两轮车、全地形车和服务机器人等产品的销售。

（2）采购模式

为提高生产效率、加强成本控制，公司建立了采购管理体系。公司拥有成熟的供应商管理体系，较为完善的供应链安全体系，建立了供应商准入机制、供应商考核与评价机制及供应商能力发展与提升机制。公司重视供应商管理，针对供应商的开发、注册、评估、合作、退出环节，制定了一系列管理措施和程序，以实现供应商全生命周期管理。

（3）生产模式

公司主要采用以销定产的生产模式，同时构建了适应多品种、多批次的柔性生产体系，不断提高应变能力，快速地响应市场多样化需求。各业务部门负责统筹物料计划、生产计划和出货计划，安排自有工厂、OEM 工厂协同完成客户订单任务，满足客户需求的同时注重提升生产效率和成本控制水平。根据自身销售计划或订单情况、产能利用率、成本管控需求等，相应地选择生产方式，并对产品的生产过程全程进行严格的质量监控。

（4）销售模式

公司致力于全球化市场布局，销售覆盖线上、线下渠道，采用直营与分销相结合的销售模式。

（5）研发模式

公司产品研发以客户需求为主，对产品研发实行严格的流程管理，根据各事业部收集的国内外市场及客户动态形成调研需求，研发部门及产品部门制定产品立项报告并逐步完成产品研发工作；公司也通过产学研、战略合作等模式，加强技术开发及技术储备，建立不同层级的协作机制，实现有效的资源协调、冲突管控、信息共享等，以确保产品研发的全过程得到科学有效的控制并达到预期目标。

3. 股权结构

九号公司拥有双重股权结构，公司将其股票分为 A 类普通股和 B 类普通股，其中 A 类普通股股东每一份股票代表一份投票权，而 B 类普通股股东每一份股票则代表五份投票权。此项安排是为了进一步巩固上市公司的控制权，防止股权结构过于分散影响公司治理结构的稳定，从而引发投资人对公司发展前景的担忧。高禄峰、王野控制的 Putech Limited、Cidwang Limited、Hctech Ⅰ、Hctech Ⅱ、Hctech Ⅲ 为九号公司 B 类普通股股东。在公司上市前，高禄峰通过 Putech Limited、Hctech Ⅰ、Hctech Ⅲ 持有 840 万股 B 类普通股，约占公司发行股票总数的 13.25%，享有 31% 的投票权；王野通过 Cidwang Limited、Hctech Ⅱ 持有公司 976 万股 B 类普通股，约占公司发行股票总数的 15.4%，享有 36% 的投票权。九号公司 B 类普通股股东作为企业的最高管理层拥有更高的表决权，这样能够稳定公司控制权，改善其治理结构，并使其在日益激烈的市场竞争中更具优势。2020 年 10 月 23 日九号公司股权结构见图 1-1。

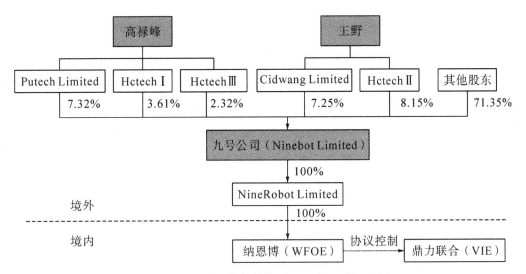

图 1-1 九号公司股权结构（2020 年 10 月 23 日）

资料来源：公开资料整理。

九号公司旗下子公司鼎力联合（北京）科技有限公司（简称"鼎力联合"）计划开展增值电信业务，但该业务存在外资进入限制，为此九号公司搭建了 VIE 架构。在 VIE 结构中，纳恩博（北京）科技有限公司（简称"纳恩博"）和鼎力联合的股东签订了 VIE 协议，并已掌握其全部股权，此后纳恩博作为鼎力联合的实际控制人可获得其全部经营收益。根据公司公告，2016—2019 年，鼎力联合及其子公司实现营收 10.53 亿元、12.1 亿元、39.29 亿元、38.84 亿元，分别占总营收的 91.33%、87.62%、92.49% 和 84.69%。因此鼎力联合是九号公司最为重要的境内生产主体，也是公司最主要的营收来源。

（二）九号公司科创板上市历程

2018 年 3 月国务院办公厅出台《关于开展创新企业境内发行股票或存托凭证试点若干意见的通知》，试点红筹企业在境内发行股票或存托凭证上市，从制度层面确立了回归通道。2019 年 4 月 17 日，九号公司向上海证券交易所递交了发行存托凭证上市申请书，中间经过两次审查中断、三轮问询，耗时 18 个月才正式登陆上海科创板，创下了科创板上市耗时最长的历史记录。2020 年 10 月，具有 VIE 架构、特殊投票权且未在境外上市的红筹企业九号公司发行 CDR 成功上市科创板。九号公司上市历程见表 1-1。

表 1-1 九号公司上市历程

时间	具体事件
2019.04.17	九号公司向上海证券交易所递交发行上市申请书
2019.05.12	因上市申请书缺少一期审计报告，中止审核
2019.08.19	九号公司收到第一轮问询函
2019.10.09	九号公司回复第一轮问询
2019.10.22	九号公司收到第二轮问询函

表1-1(续)

时间	具体事件
2019.11.13	九号公司回复第二轮问询
2020.01.31	发行上市申请文件中的财务资料过了有效期，中止审核
2020.04.24	九号公司收到第三轮问询函
2020.05.12	九号公司回复第三轮问询
2020.06.12	九号公司申请获得上市委员会通过
2020.10.29	九号公司正式发行CDR上市

资料来源：九号公司2019年、2020年公告。

1. 确定回归方案

作为一家在开曼群岛注册的红筹企业，九号公司做出了回归A股上市的决策后，首先要确定的是回归方案，包括回归的板块、适用的上市标准以及相关参与主体的资质和职责。

（1）选择回归板块

从企业定位来看，九号公司是全球知名的智能短程设备和智能服务机器人制造商，未来成长性好，属于战略性新兴产业，符合科创板的定位。从企业经营情况来看，九号公司连续3年的净利润均为负值（2017—2019年的净利润依次为-6.27亿元、-17.99亿元、-4.59亿元），显然达不到主板和中小板"最近3年连续盈利"的标准，也不满足创业板对红筹企业"最近1年净利润为正"的附加要求（主板上市盈利要求之一为最近3个会计年度净利润均为正数且累计超过人民币3 000万元，净利润以扣除非经常性损益前后较低者为计算依据。而红筹架构、存在表决权差异企业若想在创业板IPO，其市值及财务指标需满足以下两个标准之一：①预计市值不低于100亿元，且最近1年净利润为正；②预计市值不低于50亿元，最近1年净利润为正且营业收入不低于5亿元）。科创板允许亏损企业和特殊表决权企业上市，包容度更高。科创板的上市标准以市值为核心，对财务指标的要求从净利润到研发投入率再到现金流逐层降低，最后连对红筹企业和具有特殊表决权企业的营业收入要求都放弃了，相当于没有任何财务标准，只要市值达到要求即可。因此，综合考虑之下，九号公司决定选择科创板上市。

（2）适用上市标准

根据九号公司2017年9月进行的C轮融资估值情况，公司市值约为15.2亿美元，相当于100亿元人民币，高于50亿元。同时根据德勤会计师事务所出具的2019年审计报告，九号公司2019年度经审计的营业收入为45.86亿元人民币，超过了5亿元，且公司2018—2019年经营业绩处于增长态势。因此，九号公司IPO申请满足《上海证券交易所科创板股票上市规则》第2.1.3及2.1.4第二套标准，即预计市值等于或大于人民币50亿元，且最近一年实现的营业收入至少为5亿元人民币。

（3）明确参与主体

出于自身VIE架构和国家政策支持等原因，九号公司最终选择通过CDR模式回归境内上市。CDR模式的法律关系较IPO复杂，IPO模式的参与主体一般只有发行人、投资者、国内承销人和证券交易所，而CDR模式还涉及存托机构和托管机构。上市前期，九号公司需选定各方参与主体，明确各自的职责，为之后的顺利发行做准备。国泰君安证券公司被九号公司委任为此次发行上市的保荐机构和主承销商，承担上市推荐和CDR发售的职责；中国工商银行作为存托人，与其境外分行中国工商银行（亚洲）签订《托管协议》，委托其保管九号公司的境外基础股票。

2. 审查及问询环节

2019年4月17日，九号公司向上海证券交易所递交了在科创板发行存托凭证上市申请书，但直至2020年6月12日才获得上市委员会通过，期间耗时长达422天。九号公司是第一家发行CDR的企业，且同时存在VIE架构和特殊表决权结构，监管部门对其IPO审核势必会更加谨慎。

在上市前，九号公司经历了两次审查中断、三轮问询，回归A股之路颇为曲折。其中两次审查中断分别发生在2019年5月和2020年1月，第一次中断的原因是九号公司提交的申报稿中遗漏了一期审计报告，上海证券交易所要求公司补齐；第二次中断的原因是申报上市的资料中财务信息已过期。在三轮问询中，上海证券交易所关注的问题主要集中在公司控制权是否稳定、与小米集团的关联交易以及VIE架构的合理性三方面。

（1）公司控制权问题

九号公司的实际控制人高禄峰、王野通过Putech Limited、Cidwang Limited、Hctech Ⅰ、Hctech Ⅱ、Hctech Ⅲ共持有公司1 816万股B类普通股，占公司发行股票总数的28.65%，持股比例较低。上海证券交易所质疑这是否会影响公司控制权的稳定，以及公司治理的有效性。九号公司回应，虽然高禄峰与王野实际持股比例较低，但这并不会导致公司控制权转移或影响公司治理结构的稳定，原因有两方面：一方面，公司B类普通股股东每一份股票代表五份投票权，因此高禄峰、王野合计享有九号公司66.75%的表决权；另一方面，九号公司股权结构呈现离散型分布状态，存在较多持股比例低的小股东，而且除招股说明书中揭示的关联方外，不存在其他的关联方和一致行动人。高禄峰、王野的总持股比例明显比其余股东高，在股东大会上对公司经营管理等重要事项进行投票表决时拥有较大的决策权，能够基本实现对九号公司的控制。此外，为保证企业控制权的稳定，2019年3月，高禄峰与王野签订了《一致行动人协议》，其中规定了各自的权利和义务，双方责任清晰、明确，且二人的决策程序、结果与公司章程、股东大会等始终保持一致，不影响公司治理的有效性。

（2）与小米集团的关联交易问题

小米集团作为财务投资者，不仅间接持有九号公司的股份，同时作为主要销售渠道之一，还与九号公司存在业务往来。根据公司招股说明书，从2017年到2019年九号公司最大的客户为小米集团，3年间与其进行的关联交易总额分别为10.19亿元、24.34亿元和24亿元，在公司同期营业收入中所占比重较高。此外，九号公司在全球范围内只通过小米或授权其他相关渠道分销其电动平衡车、滑板车等产品，因此小米集团的销售业绩直接影响其营收总额。若未来小米集团向九号公司的采购金额显著下降，将给公司经营造成不利冲击。

对此，九号公司在给上海证券交易所的回复意见中指出，小米集团虽是公司最大的客户，销售收入依赖程度也较高，但公司并非严格意义上的小米生态链企业。九号公司在业务、组织、员工、财务等方面均具有充分独立性，且不受小米集团制约，能够完全独立地控制公司的经营管理。2018 年和 2019 年 1 至 6 月九号公司的销售收入总额分别为 42.48 亿元和 22.2 亿元，扣减与小米集团关联交易金额后的销售收入分别为 18.13 亿元和 11.69 亿元。由此可见，即使不考虑与小米集团的相关经营业绩，九号公司也具备独立赢得市场竞争并长期获利的实力。

（3）VIE 架构的合理性问题

九号公司在创立伊始便采用了 VIE 架构，纳恩博（北京）通过签署相关协议以实现对 VIE 公司鼎力联合的控制。鼎力联合是九号公司境内的重要生产主体，负责经营和管理，而纳恩博（北京）负责向 VIE 公司注入资金并获得其收益。然而，由于 VIE 架构本身存在较大的风险，国内虽然没有明令禁止该架构但也暂未出台相关法规承认其合法性，因此上海证券交易所对九号公司采用 VIE 架构的必要性和合理性提出了质疑。

九号公司从公司业务、股比限制和股东资格限制三个角度对上述问题给出了详细的解答。九号公司搭建 VIE 架构是为了便于旗下公司鼎力联合开展增值电信业务，即通过特定软件运营机器人无人配送业务，但外商投资增值电信业务对经营主体存在股比和股东资格限制。一方面，九号公司的机器人无人配送业务涉及信息服务，具有不高于 50% 的外资持股比例限制；另一方面，从事增值电信业务的外国投资者应拥有丰富的经验和优良的业绩，而此次上市主体 Ninebot Limited 却并不经营实际业务。VIE 架构可以帮助避免上述股比限制和股东资格限制，所以九号公司搭建 VIE 架构具有必要性和合理性。

除了上述问题外，上海证券交易所也对九号公司的盈利能力、境内上市合规性等方面提出了质疑，九号公司都一一进行了合理的解答，最终成功通过了上海证券交易所的上市审核。

3. 发行 CDR 上市

2020 年 10 月 29 日，九号公司正式登陆上海科创板（发行情况见表 1-2）。当日九号公司以新增的 704.09 万股股票为基础公开发售了 7 040.92 万份 CDR，基础股票与 CDR 之间的转换比率为 1∶10，募集资金总额为 13.34 亿元，扣除发行费用后实际募集资金净额为 12.41 亿元。发行完成后，公司总 CDR 份数为 7.04 亿份，其中无流通限制及锁定安排的 CDR 为 5 766.41 万份，有流通限制及锁定安排的 CDR 为 6.46 亿份。此次 CDR 的发行价为 18.94 元/份，上市当日以 33 元/份开盘，截至当日收盘，九号公司报 38.50 元/份，涨幅高达 103.27%，市值为 271 亿元。

表 1-2　九号公司 CDR 发行情况

上市项目	具体情况
上市板块	科创板
新增股票	704.09 万股
公开发行	CDR 7 040.92 万份
基础股票与 CDR 的转换比例	1∶10
发行价格	18.94 元/份
募集金额总额	13.34 亿元
发行费用	0.93 亿元

表1-2(续)

上市项目	具体情况
募集资金净额	12.41 亿元
发行完毕后总普通股	7 040.92 万股
发行完毕后总 CDR	7.04 亿份

数据来源：九号公司招股说明书。

三、案例分析

（一）九号公司采用 VIE 架构的主要原因

1. 海外融资需要

企业发展初期有海外融资需要的红筹企业，在创业初期凭借自身独特的业务模式、商业运作以及专利技术快速发展，但较快的发展速度和市场规模的扩大意味着需要投入大量的资金，对于初创企业来说，资金链条较为脆弱。国内资本市场存在限制难以满足其融资需求，海外市场轻审批重披露的模式对企业的上市要求较低。同时，如果以境内企业的名义到海外市场上市融资，需要监管部门的审批，存在较高的不确定性，通过搭建 VIE 架构能够突破限制，满足红筹企业海外融资的需要。

2. 规避外商投资的行业限制政策

我国政府在某些行业针对外商投资设置了相关限制，外资公司或具有一定比例外资的公司无法持有境内特定行业的经营牌照。身处创业初期的创新型企业，由于国内资本市场关注度不高且国内资本市场规模有限，往往选择接受境外风险投资，因此或多或少具有外资背景，为了在境内满足特定的行业监管要求，正常开展生产经营活动，企业往往选择通过搭建 VIE 架构协议控制取得行业经营牌照的内资公司，从而在境内正常开展生产经营活动。

（二）九号公司回归的动因分析

1. 政策因素

（1）美国监管环境的持续收紧

2020 年 5 月 20 日，纳斯达克宣布将限制 IPO 发行规模，要求"限制性市场"（指外来市场来美上市的企业难以获得信息，存在沟通交流障碍的地区）公司 IPO 募资额至少达到上市后市值的 1/4 或者 2 500 万美元以上。进入 21 世纪以来，仅有 1/4 在纳斯达克上市的红筹企业发行规模超过 2 500 万美元，红筹企业登陆纳斯达克将会受到融资规模的限制。2020 年 12 月美国众议院通过《外国公司承担责任法案》（简称《问责法案》），要求在美上市的外国公司若聘用不受 PCAOB（美国公众公司会计监督委员会）监管的会计师事务所而使得特定报告无法审计时，则该年度将被认定为"非检查年度"，连续三个非检查年度的公司的股票将被禁止交易。《问责法案》的通过，意味着中美在金融监管主权以及数据信息安全方面的冲突上升到了立法层面。一方面，红筹企业在美交易所的 IPO 融资将会受到限制，阻碍中国企业正常赴美上市；另一方面，对于经营业务在中国境内的红筹股来说，往往聘用国内会计师事务所，难以向境外的会计师事务所提供数据以及审计资料，从而面临较大的退市压力。因此，美国交易所严格的监管制度，会进一步降低将来在美上市融资的红筹企业数量，也会使得美国风险投资资本出于谨慎而降低对中国创业公司的投资。严格的监管压力驱使红筹企业回归国内资本市场。

（2）国内资本市场改革红利不断

A 股市场改革红利不断，积极拥抱海外红筹企业回归，监管层相继出台了一系列针对红筹企业回归上市的具体监管政策，逐步放宽特殊架构红筹企业的上市条件，具体政策如表 1-3 所示。

表 1-3　红筹企业境内上市的规则

颁布时间	法规名称
2018.03.20	《关于开展创新企业境内发行股票或存托凭证试点的若干意见的通知》
2018.06.06	《试点创新企业境内发行股票或存托凭证并上市监管工作实施办法》
2020.04.30	《关于创新试点红筹企业在境内上市相关安排的公告》
2020.06.05	《关于红筹企业申报科创板发行上市有关事项的通知》
2020.06.05	《关于红筹企业申报科创板发行上市有关事项的通知》

资料来源：证监会、上交所官网。

国内资本市场以更开放和包容的心态欢迎红筹企业回归，制度便利成为其选择回归的理由。而且国内投资者群体对红筹企业的业务和运营更加熟悉了解，过去红筹股回归往往选择在私有化、拆除红筹架构后，再考虑回归 A 股或港股。现今在相关政策的支持下，红筹企业已经在探索保留红筹架构回归国内资本市场的路径。国内资本市场的有力支持为红筹企业回归奠定了基础。

2. 企业动机分析

（1）公司自身发展需要

九号公司出于自身主营业务发展的需要，发行 CDR 募集资金建设相关车辆产品生产线，在扩张公司的业务规模的同时，丰富公司的产品体系，进一步提升公司的核心竞争和产品市场占有率。另外，九号公司为巩固自身在智能短交通领域的技术领先地位、加强服务机器人的前期研发和产业化开发投入，建设了研发中心以增强技术研发实力，在推进技术创新和产品迭代的同时，提升未来竞争地位。具体募集资金的使用情况如表 1-4 所示。

表 1-4　募集资金使用概况　　　　　　　　　单位：万元

项目	拟总投资额	第一年	第二年
智能电动车辆项目	50 000	38 096.50	11 903.50
非公路休闲车项目	50 000	34 844.65	15 155.35
研发中心建设项目	38 428.10	27 534.05	10 894.05
智能配送机器人研发及产业化开发项目	19 280	13 380	5 900
补充流动资金	50 000	50 000	

数据来源：九号公司招股说明书。

（2）国内产业政策的支持

机器人的研发及产业化是国家科技创新的重要发展方向之一，我国政府高度重视高端制造产业的发展，也明确表态支持服务机器人产业的发展。并且基于服务机器人行业的现状，计划培育服务机器人产业成为我国战略性新兴产业。如表1-5所示，为了推动产业快速发展以及相关技术的研发应用，政府给予一系列的政策支持。

表1-5　服务机器人相关国家政策

颁布时间	法规名称
2012 年 4 月	《服务机器人科技发展"十二五"专项规划》
2016 年 3 月	《机器人产业发展规划（2016—2020 年）》
2017 年 12 月	《促进新一代人工智能产业三年行动计划（2018—2020 年）》
2021 年 12 月	《"十四五"机器人产业发展规划》

资料来源：中国政府网。

2015 年，九号公司开始从事智能机器人方面的产品技术研发，在核心技术上有较深的积累及突破，拥有较多的相关专利技术，符合国家发展战略和产业升级转型要求。九号公司的回归可以得到国内市场一定的产业政策支持，也可以促进我国机器人行业的发展和产业链的延伸。因此，在国家产业政策的支持下，回归后的九号公司可以平稳度过产业成长初期，增强适应能力，更有利于公司的未来发展。

（3）企业价值被低估

由于中美资本市场投资者的投资逻辑与投资偏好存在差异，导致了对企业价值的认可度的不同，进而表现为中美上市公司行业相同但估值不同。境外投资者投资比较理性，在选择投资标的时，会充分考虑公司的发展前景和业绩，境外投资者给予高估值的公司一般都具备稀缺、高成长性的特质。在美上市的红筹企业往往在美国市场上存在类似的对标公司，其估值溢价并不理想。例如在美上市机器人概念股 iRobot 的市盈率（市盈率数据统计日期为 2021 年 12 月 31 日）为 24，直觉外科（ISRG）市盈率为 75。而 A 股市场机器人概念股的估值普遍较高，家庭服务机器人龙头科沃斯的市盈率为 50，国产工业机器人龙头埃斯顿的市盈率为 174，九号公司市盈率为 130。九号公司选择在 A 股上市可以获得相较于美股更高的估值。另外，境外投资者并不了解在美上市红筹企业具体业务和运营模式，相比而言，由于红筹企业主营业务在国内，境内投资者对其更加了解。一般而言，股票价格较低不利于上市公司在资本市场开展融资，如果无法在资本市场筹集到企业所需的资金，会严重影响公司的发展。

（4）降低上市维护成本

海外资本市场存在做空机制，在美上市的红筹股早期由于自身财务造假、涉嫌违规等不合规问题，频繁引发美国做空机构的做空。后来并非基于真凭实据与调查的投机性做空逐渐增多，在美红筹股被频繁做空，导致股价大跌。另外，美国市场投资者可以发起对上市公司的集体诉讼，从而使得企业陷入法律困境。频繁做空会让其他投资者开始怀疑公司，有损公司在投资者中的形象，甚至带来中概股整体的信任危机问题。

为满足海外交易所严格的监管审核要求，红筹股要承担较高的上市合规成本以维持上市资格，主要包括审计费用、法律咨询费用等。同时，红筹股为了降低企业和投资者之间的信息不对称，往往需要付出较大的上市维护费用，确保信息披露合法合规，防止被恶意做空。为满足境外市场较高的信息披露要求，上市公司在海外交易所的合规成本以及维护成本远高于国内。境外上市公司所花费的审计、法律顾问、投资者关系维护、信息披露等费用较高，无形中给企业造成了一定的财务压力，不利于企业未来的发展。

考虑到在美红筹股存在被"错杀"的风险，九号公司选择回归 A 股市场可以避免遭到做空机构的恶意狙击，降低行政处罚风险及集体诉讼风险。另外，公司每年可以节约一大笔上市维护费用，减轻企业财务压力，节约资金用于企业的未来发展，比如进行技术研发、投资长期资产以及制定员工激励等。回归国内市场还可以为公司提供较为稳定的交易环境，让公司管理层专注于自身业绩成长。

（三）九号公司为什么要保留 VIE 架构

1. 红筹企业拆除 VIE 架构回归面临的成本和风险

红筹企业拆除 VIE 架构回归的道路相当漫长，程序相当复杂，一般通过私有化上市公司、拆除 VIE 及回归上市三个过程，拆除 VIE 架构回归过程中面临多方的利益协调，也会产生较大财务成本以及众多不确定的风险。

（1）法律风险

境外资本市场制度较为完善，境外资本市场退市有着成熟的规则，法律标准严格，上市公司私有化需要符合法律法规限制、满足交易所退市的严格条件。另外，境外资本市场还存在集体诉讼制度，VIE 企业在私有化过程中可能存在溢价不足等问题，这样会使其面临境外投资者诉讼的法律风险，企业可能面临巨额罚款。所以，已上市红筹股在拆除 VIE 架构的过程中会面临较大的法律风险。因此，红筹股在拆除 VIE 架构时，必须考虑私有化退市带来的法律风险。

（2）财务成本

一方面，海外上市公司私有化需要回购原有公众投资者的股权。如果企业所处行业在限制范围内，拆除 VIE 架构也需回购超过限额外的境外股份，因此企业需要支付高昂的股权回购资金。另一方面，VIE 架构的拆除需要聘请律师、审计等中介机构，支付较高聘任费用，所以，对于一些发展较为迅速但净利润常年为负的红筹企业来说，拆除 VIE 架构会带来巨大的财务压力，这些巨额财务费用的支出会影响企业现金流，从而对其经营能力产生较大的影响。

（3）控制权风险

拆除 VIE 架构产生的巨额回购成本让企业不得不寻求外部资金的帮助，进而可能会改变公司的股权结构，股权结构的变更可能会带来企业实际控制权旁落的风险。股东结构的变化不仅会影响企业经营管理决策，也会影响到回归国内资本市场的进程，国内 A 股市场要求上市前三年内企业的实控人及管理层没有重大变更。同时，我国对存在外资准入限制行业的监管较为严格，控制权的变化会带来制度审批的问题。因此，拆除 VIE 架构会给企业带来控制权风险，也有可能会影响企业后续的上市进程。

（4）税务风险

我国为吸引外商投资制定了针对外商的税收优惠政策，一般而言，境外融资主体先注资给境内外商控股公司，再将资金通过协议转到境内生产经营实体，经营实体会把绝大部分利润通过协议输送到境外上市公司。所以可以享受到政府巨大的税收减免等优惠。但是，若拆除 VIE 架构，在企业转变成内资企业后，外资税收优惠政策就不再适用，企业还需补缴之前的税收优惠款。另外，企业在收购境外投资者股份时存在溢价，还要针对溢价缴纳 10% 的个人所得税。税务部门如果认为纳税人在收购股权时的转让价格不公允，从而使得其纳税额降低，税务部门还会进行纳税额的调整并给予处罚。

（5）经营风险

红筹企业拆除 VIE 架构之后可能面临相应的经营风险，其在回归之前可能会与主要股权债权人签署关于后续上市的对赌协议，若后续无法在规定时间内回归上市，可能会对公司之后的生产经营产生巨大影响。另外，境内经营实体按照协议将利润转移到境外主体公司，而 A 股上市的财务门槛较高，拆除 VIE 架构后可能会使得境内公司无法达到国内上市标准。若企业无法顺利回归国内资本市场，则会导致拆除 VIE 架构所做出的付出变为沉没成本，进而导致企业面临较大的经营风险。

2. 红筹企业保留 VIE 架构回归存在的风险

（1）政策风险

红筹企业搭建 VIE 模式是为了绕过国内的行业监管限制，实现境外上市融资的目的。若法院、仲裁机构认定利用 VIE 模式在中国境内开展业务不合法，那么红筹企业将面临协议无效的风险。另外，若外商投资的行业准入政策发生改变，企业为应对政策变动，需要调整业务和协议架构，还可能导致上市公司失去对境内经营实体的控制、业务运营资质的限制或终止，这都将会对企业的生产经营和财务状况产生重大影响。

（2）违约风险

控制协议是搭建 VIE 架构的关键一环，通过协议产生的控制力不及股权控制。虽然双方是在自愿的情况下签订的控制协议，符合契约精神，但相关协议涉及跨境问题且并没有明确的法律依据，若控制协议双方的任何一方违约都可能造成 VIE 模式的失效，一旦协议违约案件发生并被判无效，其他协议安排和条款未必可以依照国内法律法规强制执行，红筹企业届时可能会失去对境内生产经营实体股权或资产的控制，这无疑将会给投资者带来巨大风险。

（3）信任风险

VIE 架构下的信任风险源于股权分离产生的道德风险。协议控制的控制力度不及股权控制，同时也不具备股权控制架构下相对完善的产权保护机制，这会使得代理问题更加突出。一些特定风险事件的影响会加剧双方间信息不对称，可能会产生协议委托方及代理方之间的信任危机。

首先，如果九号公司选择拆除 VIE 架构，为了符合增值电信业务行业的监管要求，需要回购境外投资者股权，以保持在 50% 以下的外资比例。回购会面临多方利益的协调纠纷以及可能存在的高溢价，因此，九号公司需要花费大量资金。同时，还需要聘请法律、审计等专业机构协助拆除 VIE 架构，这也会给其带来巨大的财务压力。而2019 年九号公司净利润为 -4.55 亿元，经营现金流为 2.5 亿元，对于处于业务快速扩张时期的九号公司来说，拆除 VIE 架构无疑会面临巨大的经济成本，会影响到公司未来的发展；其次，倘若引入外部资金来拆除 VIE 架构，引入债务资金会加重企业的债务负担且不利于后续的回归上市和经营。引入股权资金可能影响公司的控制权，进而带来控制权旁落的风险；再次，在拆除 VIE 结构后，境内外资公司纳恩博将失去对境内经营实体鼎力联合的控制，鼎力联合无法利用纳恩博的外资企业身份减税免税，同时还需要缴纳之前巨额税收优惠款，会给九号公司带来税务风险；最后，国内上市审核要求较为严格，由于鼎力联合根据控制协议将利润转移到境外的九号公司，鼎力联合存在无法满足国内上市的财务要求的可能。同时，拆除 VIE 架构一般需要 12 个月，再加上拆除后国内上市的进程，过高的时间成本也可能是压倒九号公司拆除 VIE 回归的最后一根稻草。但是，保留 VIE 架构也存在相应的风险，主要包括：政策环境、法律法规的变动导致九号公司签订协议无法实现或维持 VIE 模式的成本大幅提高的风险；九号公司控制协议存在一定的违约风险；鼎力联合可能怠于行使与九号公司签订的协议义务。因此保留 VIE 架构虽存在上述风险的可能，但对于还处于净利亏损、财务压力较大的九号公司来说，保留 VIE 架构回归是合适的选择。

九号公司作为科创型企业注重持续创新能力，在业务拓展和研发上投入大量资金。上市前的 2017 年和 2018 年，其资产负债率高达 164.84% 和 187.56%，企业经营上面临较高的债务风险。为了支持各业务线条的快速发展，九号公司及时调整融资策略，寻求上市获得资金支持。同时，考虑到九号公司在 2018 年末的经营现金流为 3.7 亿元，如果没有外部资金帮助，无法负担拆除 VIE 架构产生的财务成本和税务成本。因此，选择保留 VIE 架构寻求上市融资较为合适。在科创板上市后，公司股权及债券直接融资能力得到了拓展，显著降低了企业的债务风险，改善了企业的现金流，募集的资金可以更好地支持各项业务的快速发展，九号公司的盈利能力和成长能力也得到了相应的提升，保证企业未来的持续经营。

科创型红筹企业的业务发展往往较为快速，但到一定规模之后，其业务发展会受到相对单一融资渠道的限制。发行 CDR 融资相比于其他融资方式的融资成本较低，因此，具有 VIE 架构、意图回归的红筹企业应结合自身现金流状况、资产负债及股权结构等，综合考虑是否能够承受拆除 VIE 架构带来的财务、税务负担和风险。对于处于快速发展且现金流并不充裕的红筹企业来说，拆除 VIE 架构的时间和成本负担较大，会影响企业后续的经营。保留 VIE 架构上市科创板是明智选择，可以借助资本市场确保企业长远发展。

（四）九号公司 CDR 模式的适用性分析

1. 九号公司 CDR 模式有助于实现公司战略布局

如果九号公司按照传统模式回归 A 股，也就意味着其放弃了海外上市融资的计划，这显然与公司的战略布局相悖。虽然九号公司的收入主要来源于中国境内，但境外收入对营收总额的贡献也不容忽视，2017—2019 年公司境外收入占总营收的比重分别为26.11%、37.07% 和 39.45%，呈现逐年上升的态势。九号公司的目标不仅是中国，更是全球，并且早在 2015 年它就已经开始谋划全球化战略布局了。2015 年 4 月 16 日，九号公司斥 6 000 多万美元巨资并购老牌电动平衡车厂商 Segway（赛格威），利用其在智能电动平衡车领域的核心技术资源和在全球市场累积的品牌优势成功打开海外市场。截至 2019 年 12 月 31 日，九号公司智能电动平衡车、滑板车等业务版图遍布全球，覆盖包括美国、英国在内的 100 多个国家。2020 年，九号公司曾提及未来的战略规划，即持续开辟新市场，未来还会将智能电动两轮车产品的销售区域拓展至欧美及东南亚国家，从而进一步提高公司的市场占有率，并增强其盈利能力。因此，让九号公司放弃增长潜力巨大的全球市场，不符合公司的战略规划。

通过发行 CDR，九号公司可以实现其境内上市的目的，不仅不会影响公司的发展布局，而且可以募集大量资金，增强市场竞争力。公司发行 CDR 获得的资金将全部投入境内运营公司，这不仅为国内业务发展储备了充足的资本，同时也可以在一定程度上避免资金跨境流动的问题。

（1）满足试点企业要求

作为一家尚未在境外挂牌的红筹企业，九号公司满足试点创新企业的三大定位（三大定位指的是符合国家战略、科技创新能力突出并掌握核心技术、市场认可度高）及行业要求，符合 CDR 的发行主体条件。九号公司是全球知名的智能短程设备和服务机器人制造商，符合国家战略发展要求。公司拥有或申请中的国内外专利达 2 400 余项，在核心产品领域掌握了一系列具有自主知识产权的国际领先技术，科技创新能力突出。

此外，九号公司在其所处行业具有较强的竞争优势，公司智能电动平衡车与滑板车产品较为创新且竞争对手体量小，在各国电商平台对智能短程设备的销量排行中，九号公司遥遥领先。海外市场上，2019 年 1 月至 2020 年 2 月九号公司智能电动滑板车产品在法国、德国、意大利等欧洲主要地区的市场占有率始终保持第一的位置（数据来源于全球知名市场研究公司 GFK 的报告）。因此，作为智能短交通行业领头羊，九号公司的产品获得了较高的市场认可度，公司能够满足试点创新企业的行业条件和三大定位要求。

（2）拥有增值电信业务

九号公司全资子公司纳恩博为外商投资企业，其计划运用微信小程序和软件从事机器人配送业务，但该项服务属于增值电信业务，存在外商投资准入限制。因此九号公司搭建 VIE 架构以鼎力联合运营增值电信业务，通过一系列协议安排控制 VIE 公司并获取其经营所得的收益。若拆除 VIE 架构，则鼎力联合的机器人配送业务无法正常开展，将对公司的生产经营产生不利影响。此外，九号公司未来的业务发展重点之一是智能服务机器人，VIE 架构的拆除将严重影响其战略布局。综上，基于对未来发展规划的考量，九号公司适合采用保留 VIE 架构上市的回归模式。企业想要带 VIE 架构回归，可以选择发行股票或存托凭证，但直接发行股票需要经过国家发改委、商务部的审核，程序比较复杂，所以在现行政策下，九号公司采取发行 CDR 的方式回归 A 股更加便捷。

（3）存在境外融资需求

从九号公司现有的业务布局来看，未来极有可能需要通过境外市场融资以扩大自身的业务规模。一方面，九号公司业务遍布海内外各地，虽然境内收入所占比重最大，但境外收入亦是公司极为重要的收入组成部分；另一方面，智能短交通工具在海外市场备受消费者青睐，市场规模高速增长。近年来，共享电动滑板车在欧美已逐渐成为短途旅游和上班等短距离出行的重要选择工具；电动双轮车因经济实惠、环保便利和有效减轻城市交通压力而备受青睐，并得到了各地政府部门的高度重视和政策支持；全地形车的主流市场主要集中在欧美地区，其中北美和欧洲分别占据 73% 和 16% 的市场份额（数据来源于九号公司 2020 年年报）。因此，对于九号公司而言，其业务在海外市场增长潜力巨大，不排除未来通过异地多渠道融资，拓展业务规模的可能性。针对这种情况，九号公司适合选择 CDR 模式回归 A 股，从而可以避免私有化退市和拆除 VIE 架构，实现境内外多地上市的协同效应。

2. 九号公司 CDR 模式的风险分析

（1）保留 VIE 架构的潜在风险

虽然在回归时间和成本上，CDR 模式均优于传统回归模式，但由于 CDR 模式保留了 VIE 架构，九号公司未来可能会面临由 VIE 架构引发的法律风险、税务风险和经营风险。

①法律风险

美国安然公司丑闻被曝光后，基于特殊目的的可变利益实体被社会公众当成了财务作假和逃避税负的工具。美国财务会计准则委员会受社会舆论的压力所迫，加速完善了相关法律法规，主要体现为紧急出台了涉及可变利益实体的第 46 号解释函，其中系统地说明了 VIE 架构的合并处理问题。与此相对，VIE 架构在中国缺乏相应的立法规范，一直处于"灰色地带"，且政府也未对该架构的合法性作出明确回应。不少投资人担忧中国政府会对 VIE 架构"开刀"，历史上也曾有过类似 VIE 框架的结构被政府部门和法庭裁定为非法的案件。倘若出现中国法律法规调整或政府部门明确表示不承认 VIE 架构合法性的情形，九号公司将不得不面临相关协议控制条款失效、VIE 公司控制权失灵等重大问题，境外控制主体也将无从取得境内运营公司的营业利润，从而可能会严重影响企业的合法经营。

②税务风险

保留 VIE 架构的相关安排和结构，也可能使九号公司遭受巨额税务损失。中国法律对特别纳税调整有明文规定，如果企业与关联方之间的交易不存在正当合理商业目的或不遵循独立交易原则，进而造成企业或其控制企业应纳税额减少，则税务部门将依法根据相应条例进行特别纳税调整（规定来源于 2007 年月全国人民代表大会通过的《中华人民共和国企业所得税法》及相关实施条例）。因此，九号公司的 VIE 架构若被中国税务执法部门判定为不符合独立交易原则并构成了优惠转让定价的事实，那么公司将被要求根据过去或未来的收入情况对其主要关联方实施特别纳税调整，由此增加的税务成本可能会给九号公司的整体收益带来不利冲击。

③经营风险

九号公司通过各项协议安排控制境内运营实体，该境内运营公司及其子公司拥有相当数量与业务发展有关的研发专利、技术等无形资产，且部分技术研发人员已与境内运营公司及其子公司签订了劳动合同。具体情况来看，截至 2020 年 3 月 1 日，九号公司的 VIE 公司鼎力联合及其下属公司持有的专利数量占其专利总量的 18.37%。截至 2019 年 12 月 31 日，鼎力联合及其下属公司的研发人员数量所占比重为 32.07%，总资产金额所占比重为 61.74%，净资产金额所占比重为 10.75%。倘若九号公司失去对鼎力联合及其下属公司的稳定、有效控制，可能导致公司无法继续使用协议控制主体持有的部分专利、资产以运营其现有业务，且公司技术研发工作也会受到一定的影响。另外，恢复业务正常运转将耗费九号公司大量的时间和精力，从而可能对公司的盈利能力和市场地位造成较大负面冲击。

（2）CDR 价格大幅波动的风险

CDR 是金融市场的创新成果，在九号公司之前，国内资本市场未曾有过成功发行的先例，因此 CDR 定价机制、交易活跃程度、市场关注度等都具有较大的不确定性。与此同时，符合科创板定位的公司均拥有自主研发的核心技术，容易受到市场的热烈追捧，所以科创板上市公司的股价波动幅度可能会更加剧烈。九号公司作为第一家在科创板发行 CDR 上市的红筹企业，从递交上市申请书那一刻起就备受市场关注，上市首日，九号公司 CDR 价格涨幅高达 103%，换手率超 70%，总市值达到 271 亿元；2020年 10 月 30 日和 11 月 2 日，九号公司再度大涨 23.64% 和 19.26%，总市值突破 400 亿大关；2021 年 1 月 27 日，九号公司股价一度站上最高点 112.7 元，但是随后就出现断崖式下跌，在 3 月 9 日降到低谷 58 元，股价缩水超过一半，2021 上半年，九号公司累计跌幅已接近两成，市值最高蒸发达到 306 亿元；2021 年 8 月 26 日，九号公司发布股票交易异常波动公告，公司股票连续三日收盘价涨幅偏离值累计达到 30%。如此剧烈的价格波动，一方面会影响公司的市值，另一方面也会给投资者造成损失，从而产生市场风险。

对于其价格剧烈波动的原因，可概括为以下三个方面：首先，在鼓励优质红筹企业回归的背景下，CDR 这种创新型金融工具应运而生，投资者对其运行机制和投资规则可能缺乏了解，加之证监会为红筹企业发行 CDR 回归开启了绿色通道，相关政策对红筹企业发行 CDR 回归亦有所倾斜，在这种情况下，投资者容易受到外界因素的影响盲目跟从；其次，九号公司属于科技创新型企业，并且涉及人工智能、大数据等热门概念，符合政策趋势，极易引发市场炒作，投机性的投资行为会导致公司股价发生剧烈波动；最后，科创板价格决定机制尚未成熟，其特殊的价格涨跌幅限制规则也为产品价格的大幅波动提供了空间（不同于其他板块对上市企业的证券交易设置上市首日涨幅限制，科创板在企业上市后 5 日内不设涨跌幅限制，并且 5 日后科创板涨跌幅限制比例为 20%，要远远高于其余板块设置的 10%）。

（3）投资者权益受损的风险

CDR 与基础股票不同，其持有者和发行人之间并不是直接的投资与被投资关系，因而不能像股票一样直接地、个别地行使投资者权利，必须由存托人代为行使。在《存托凭证发行与交易管理办法》中，证监会也仅对 CDR 投资者行使权利作了原则性的规定，却没有对其如何行使表决权等权利进行详细说明。

在招股书中，九号公司明确了 CDR 投资者权利行使的流程。第一，境外发行人将公司的股东大会决议通知给存托机构；第二，存托机构与中国证券登记结算有限公司或证券交易所签订服务协议，并提交申请，缴纳相应的服务费；第三，CDR 投资者通过中登公司或证券交易所提供的网络投票系统进行表决；第四，中登公司或证券交易所将投票结果发送给存托机构；第五，存托机构将投票结果发送给托管机构，由托管机构传递给境外发行人，至此表决权的行使完成。

作为中国首家上市的 CDR 产品，九号公司通过与中登公司或证券交易所合作的网络投票系统保障 CDR 投资者权利的行使。比起存托机构直接通知 CDR 投资者，中登公司或证券交易所在投票结果的统计方面具有更大的平台资源优势。同时，九号公司的原有股东也已经将其所持股份交由托管人代为保管，并转换成 CDR，从而避免了股东大会上股票投资者和 CDR 投资者因持有工具不同而造成的权利行使差异。

然而，由于中间涉及存托机构，CDR 投资者权利行使体系仍具有行使链条过长的不足，在传递过程中，投资者的真实意思表示能否准确地传达给发行人的股东大会尚存在许多不确定性。若 CDR 投资者的意愿在传达途中被有意歪曲，则可能会导致其权益受损，使其面临难以挽回的投资损失。

（五）九号公司"VIE+CDR"上市后的财务绩效分析

以九号公司公开披露的财务数据为基础，分析其通过 CDR 模式回归前后的盈利能力、运营能力、成长能力和偿债能力变化情况，对其回归前后的财务绩效进行评价。

1. 盈利能力

在衡量盈利能力的指标中，净资产收益率和净利率最能体现公司的现阶段盈利水平。当公司的净资产回报率较高时，企业的资金使用水平较高，企业的盈利能力较好；当公司的净资产回报率与净利润比率较高时，说明公司的获利能力较强，资产运营能力较好。从表1-6可以看出，九号公司在 2018 年、2019 年还处于亏损状态，公司的净利率和净资产收益率均为 0（负数），公司的盈利能力还不强。2020 年销售净利率为 1.22%，2022 年达到 4.43%，不断上升；净资产收益率从 0 上升为 1.99%，2021 年达到 6.30%，2022 年为 5.26%；净利润从 2019 年的 − 45 484.9 万元到 2022 年的 44 860.34 万元，净利润大大提高。显然，九号公司上市后，融得的部分资金投入研发生产环节，开发新产品电动两轮车和电动踏板车新系列，丰富了产品种类，扩大了品牌影响力，九号公司的盈利能力大大增强，资产运营能力不断提高。

表 1-6　九号公司盈利能力

财务指标	年份				
	2018	2019	2020	2021	2022
净资产收益率/%	0	0	1.99	6.30	5.26
总资产收益率/%	−63.89%	−12.99	3.08	7.91	6.60
销售净利率/%	−45.40%	−9.92	1.22	4.46	4.43
净利润/万元	−17.88	−45 484.9	7 347.3 1	40 800.07	44 860.34

数据来源：九号公司 2018—2022 年年报数据整理。

2. 偿债能力

偿债能力包括了两个部分：一是指企业的短期债务偿还能力，另一种是指企业的长期债务偿还能力。一般而言，当一个公司的流动比率为 2 时，它就是一个相对健康的状况；如果是 1 的话，这属于正常情况，这说明企业可以在短期内进行偿债。当然，速动比率并不是越高就越好，如果过高，则说明企业没有对资金进行充分利用。资产负债率作为财务杠杆比率，通常在 40%~60% 之间比较好。

如表 1-7 所示，九号公司 2019—2022 年的流动比率依次为 2.26、1.98、1.13、1.71，2019—2022 年的速动比率依次为 1.28、1.41、1.94、1.24；表明了九号公司的境内上市对其自身的短期偿债能力没有明显提升。资产负债率从 2019 年的 35.95% 升到 2020 年 43.63%，2021 年为 44.31%，到 2022 年上升为 47.37%，表明了九号公司上市后长期偿债能力较为平稳，未发现显著改变。

综上，九号公司境内上市短期内对其偿债能力的正向促进作用并不明显。主要是因为九号公司的负债主要是流动负债，包括经营账款、职工薪酬等方面，为了能巩固核心竞争力、抢占市场份额，需要大量资金投入和费用支出。

表 1-7　九号公司偿债能力

财务指标	年份				
	2018	2019	2020	2021	2022
流动比率	0.35	2.26	1.98	1.13	1.71
速动比率	2.21	1.28	1.41	1.94	1.24
资产负债率/%	187.56	35.95	43.63	44.31	47.37

数据来源：九号公司 2018—2022 年年报数据整理。

3. 运营能力

以应收账款周转率、存货周转率和总资产周转率作为衡量九号公司的运营能力。如表 1-8 所示，应收账款周转率从 2019 年的 7.3 到 2022 年的 12.62，应收账款周转率不断提高，平均收账期缩短，资产利用效率提高，九号公司的盈利率逐步递增。存货周转率从 2020 年的 5.45 降到 2021 年的 5.28，这是由于九号公司的存货量和营收都在增加，因此九号公司的存货量在一个比较合理的范围之内。总资产周转率是对企业总体资产的运营能力的反映，当资产的周转次数越多时，就会体现出企业的资产周转速度更快，运营能力更强。九号公司的总资产周转率从 2020 年的 1.21 次上升到 2021 年的 1.33 次，周转天数减少。九号公司上市后运营能力的提升，主要源于其上市后获得更多资金来发展自身业务，经营规模不断扩大，资产综合利用能力也得到优化。

表 1-8　九号公司运营能力

财务指标	年份				
	2018	2019	2020	2021	2022
应收账款周转率/次	8.73	7.3	10.74	11.70	12.62
存货周转率/次	4.51	4.86	5.45	5.28	3.57
总资产周转率/次	0.85	1.30	1.21	1.33	1.19

数据来源：九号公司 2018—2022 年年报数据整理。

4. 成长能力

以营业收入、利润等的增长情况进行分析。从表 1-9 可以看出，九号公司 2019 年还处于亏损状态，在 2020 年上市后扭亏为盈，营业收入增长率成倍增长，到 2021 年达到 52.36%，九号公司主营业务市场规模不断扩大，收入实现高速增长。九号公司在发行 CDR 上市当年，总资产增长率实现了大幅提升。九号公司营业收入上市前增长缓慢，上市后迅速增长，到 2021 年营业收入翻倍，公司市场规模进一步扩大。

表 1-9　九号公司成长能力

财务指标	年份				
	2018	2019	2020	2021	2022
营业收入/万元	424 764.87	458 589.46	600 274.14	914 605.36	1 012 431.80
总资产增长率/%	89.31	-10.47	98.19	17.84	22.42
营业收入增长率/%	207.51	7.96	30.90	52.36	10.70

数据来源：九号公司 2018—2022 年年报数据整理。

综上可见，九号公司发行 CDR 后的 2 年多内，盈利能力、运营能力和成长能力均有了明显改善。不过考虑到九号公司回归后也在积极地开拓新的业务领域，需要投入大量资金，且目前尚未取得显著成果，偿债能力受公司投融资活动的影响而有所波动。虽然上述财务指标的改善并非仅因九号公司采用"VIE+CDR"的模式上市，不过从整体上来看，九号公司通过"VIE+CDR"的上市模式给公司财务状况带来了正面影响。

■ 案例分析题 ■

1. 九号公司为什么选择在科创板上市？

2. 根据现行的监管规则，红筹企业回归可以采取 IPO 方式或发行 CDR 的方式，作为具有 VIE 架构的九号公司为什么选择发行 CDR 而非 IPO 上市科创板？

3. 九号公司采用"VIE+CDR"上市模式上市的经验给其他企业带来了哪些启示？

4. 如何有效保护存托凭证持有人权益？

■ 项目训练 ■

CDR 上市条件

2022 年 3 月 25 日，沪、深交易所同步发布与境外证券交易所互联互通存托凭证（简称"互联互通存托凭证"）上市交易暂行办法以及相关配套规则（以下简称《办法》）。

《办法》显示，沪、深交易所将支持符合条件的上市公司申请赴英国、瑞士、德国发行全球存托凭证，并支持来自上述市场符合条件的上市公司申请在沪、深交易所发行融资型中国存托凭证，有序拓宽境内外企业双向融资渠道。

《办法》明确了境外企业申请中国存托凭证上市的上市条件，包括公开发行条件、市值标准（市值不低于 200 亿元）、上市年限（境外上市满 3 年）、初始规模（5 000 万份及 5 亿元市值以上）；规定了交易所审核的相关事项；明确了中国存托凭证建立初始流动性的相关要求及上市申请文件和披露事项。

在业内人士看来，此举将有序拓宽境内外企业双向融资渠道，扎实推进资本市场制度型开放、高水平开放，积极服务构建新发展格局，促进实体经济高质量发展。

早前，顶层设计文件曾指出，要"推动规则、规制、管理、标准等制度型开放，形成更大范围、更宽领域、更深层次对外开放格局，构建互利共赢、多元平衡、安全高效的开放型经济体系，不断增强我国国际经济合作和竞争新优势"。互联互通存托凭证项目是贯彻证监会"三稳三进"总体部署的具体措施，在落实国家战略、支持实体经济和促进资本市场双向开放方面具有重大意义。

此次互联互通存托凭证业务，主要包括两大部分，一是指符合条件的在境外证券交易所上市的境外基础证券发行人在境内公开发行存托凭证（以下简称中国存托凭证）并在沪深交易所上市。具体来看，需满足以下五点：①境外发行人申请中国存托凭证首次在深交所、上交所上市应符合《中华人民共和国证券法》《存托凭证发行与交易管理办法》规定的中国存托凭证公开发行条件，并经中国证券监督管理委员会行政许可公开发行中国存托凭证；②发行申请日前 120 个交易日按基础股票收盘价计算的境外发行人平均市值不低于人民币 200 亿元（根据发行申请日前 1 日中国人民银行公布的人民币汇率中间价计算）；③在境外证券交易所上市满 3 年及中国证监会与境外证券监管机构根据境外基础股票上市地市场分层情况约定的其他上市年限条件；④申请上市的中国存托凭证数量不少于 5 000 万份且对应的基础股票市值不少于 5 亿元（根据基础股票最近收盘价及上市申请日前 1 日中国人民银行公布的人民币汇率中间价计算）；⑤交易所要求的其他条件。

个人投资者参与中国存托凭证交易，应当符合下列条件：①申请权限开通前 20 个交易日证券账户及资金账户内的资产日均不低于人民币 50 万元（不包括该投资者通过融资融券交易融入的资金和证券）；②参与证券交易 24 个月以上；③不存在严重的不良诚信记录；④不存在境内法律、本所业务规则等规定的禁止或者限制参与证券交易的情形。机构投资者参与中国存托凭证交易，应当符合境内法律及本所业务规则的规定。

而另一部分，沪、深交易所上市公司申请在境外证券交易所发行上市全球存托凭证，并申请对应的新增基础股票上市的，应当在全球存托凭证上市日前 2 个交易日向交易所提交下列材料：①新增股票上市申请书；②中国结算出具的股份登记申请受理确认书；③全球存托凭证发行上市情况说明；④上市提示性公告；⑤交易所要求的其他文件。

值得一提的是，早在《办法》出台前，2021 年 12 月 17 日，中国证监会已就《境内外证券交易所互联互通存托凭证业务的监管规定》公开征求意见，明确东向联通拓展至深交所符合条件的上市公司，西向联通拓展至瑞士、德国等欧洲市场。

早前 A 股市场上已有以发行 CDR 的方式进行 IPO 的企业，如旷视科技、九号公司等。而中国企业对于境外发行 GDR 的积极性则更高，自 2018 年沪伦通相关政策及配套规则出台以来，已有 4 家上海证券交易所上市公司（中国太保、华泰证券、国投电力、长江电力）成功发行全球存托凭证（GDR）并在伦敦证券交易所上市，对拓宽双向融资渠道、支持实体经济发展发挥了积极作用。

2022 年 3 月 16 日，国务院金融稳定发展委员会召开专题会议，研究当前经济形势和资本市场问题，明确中国政府继续支持各类企业到境外上市。随后，三一重工、国轩高科、乐普医疗、杉杉股份在当周先后发布公告，拟筹划境外发行全球存托凭证并在瑞士证券交易所上市。

此次沪、深交易所同步发布《互联互通存托凭证暂行办法》，一方面是贯彻落实新时期高水平对外开放，加强中欧合作，服务外交经贸大局，全面深化改革开放、服务建设更高水平开放型经济新体制；二是适应我国实体企业全球化拓展需求，支持符合国家产业政策导向的优质企业更好利用两个市场、两种资源，促进实体经济高质量发展；三是稳步推进资本市场制度型双向开放，强化境内外市场互联互通，提升我国资本市场配置全球要素资源能力。

在市场人士看来，互联互通存托凭证机制存在六大关键性优势：①该机制为中资企业提供了以 A 股为估值基础并在全球资本市场募集新的资金的新思路；②投资者可通过存托凭证方式获取投资深市 A 股的便捷途径；③由指定跨境转换机构提供市场的流动性，强化价格形成机制；④境外投资人可以在其常规交易时间、以中国市场的交收规则及货币交易 CDR；⑤通过存托凭证与基础证券之间的跨境转换机制安排，实现两地市场的互联互通；⑥互联互通存托凭证是中瑞、中德、中英加强金融合作，扩大中国资本市场进一步开放的重要举措。

资料来源：根据网络上公开资料整理。

讨论题：如何控制企业采用互联互通存托凭证方式融资过程中的风险。

郑州银行布局供应链金融服务平台

供应链金融的优势在于可以改善整个供应链的流动性和效率，缓解现金流问题，降低企业成本，加强供应链上的合作和信任。通过优化供应链资金管理，企业可以更好地应对市场波动和经济挑战。对于金融机构来说，供应链金融也提供了新的商机和风险分散的机会。通过对本案例的学习，学生应了解供应链金融服务平台如何将分散的客户聚拢在同一链条上，掌握供应链金融的服务模式，分析信息化技术如何赋能供应链金融，既聚拢全链条各利益主体，又防范供应链金融风险。在信息技术飞速发展的时代下，能够运用财务理论知识与技术分析方法正确构建供应链金融，并有效防范数字化转型为传统金融带来的风险。

一、背景知识

（一）供应链金融定义及特点

供应链金融是指从供应链产业链整体出发，运用金融科技手段，整合物流、资金流、信息流等信息，在真实交易背景下，构建供应链中占主导地位的核心企业与上下游企业一体化的金融供给体系和风险评估体系，提供系统性的金融解决方案，以快速响应产业链上企业的结算、融资、财务管理等综合需求，降低企业成本，提升产业链各方价值。

供应链金融是金融机构以核心客户为依托，以真实贸易背景为前提，运用自偿性贸易融资的方式，通过应收账款质押登记、第三方监管等专业手段封闭资金流或控制物权，对供应链上下游企业提供的综合性金融产品和服务。

供应链金融是中国实体经济发展的重要推动力。在实体经济的产业链中，具有较强议价能力的核心企业在采购和供货方面占据主导地位。核心企业在采购时享有更长的付款期限，在供货时则要求买方预付货款，导致上游企业表内应收账款和下游企业表内预付账款堆积，使上下游中小企业承受较大资金压力。其中较多中小企资金实力欠缺、贷款抵押能力弱，即使其与核心企业形成长期稳定的业务往来，亦难以在传统的金融服务框架内获得金融机构的资金支持。在资金流、信息流和物流共同证明中小企业业务稳定可靠的情况下，供应链金融服务商可通过金融产品为中小企业提供资金补充，帮助中小企业缓解资金压力，促进实体经济健康高效发展。

从供应链管理的角度，供应链金融被认为是供应链管理的一部分，是以供应链真实贸易为基础，以提高供应链管理效率为目标，以贸易行为所产生的确定的未来现金流为直接还款来源的综合金融解决方案。供应链金融不仅是供应链中买卖形成后开票或产品接受阶段的融资行为，更是可以延伸到供应链运营的全过程，包括寻源、协议、采购、开票、核实、支付六大重要环节，亦即"端对端的供应链金融"。根据融资行为在供应链运营过程中所发生的时间点，可以分为战略融资、装运前融资、在途融资和装运后融资。

（二）中小微企业应收账款融资现状及问题

中小微企业的经济贡献与其获得的信贷支持存在较大差距。如图 2-1 所示，近年来，我国中小微企业数量稳步增长，融资需求也逐渐增长。中小微企业贡献了全国 50% 以上的税收、60% 以上的 GDP，是国民经济和社会发展的主力军。然而其经济贡献与所获得的信贷支持存在较大差距，融资少、融资难将直接遏制其发展。

中国银行业金融机构发放给小微企业的贷款余额

图 2-1 中小微企业融资需求快速增长

如图 2-2 所示，中小微企业融资过程中存在着种种问题。应收账款融资是供应链金融中的主要融资模式。近年来，中国规模以上工业企业应收账款数额不断攀升。核心企业对上下游的中小微企业贸易条件苛刻，导致应收账款淤积问题不断涌现。中小微企业在供应链中面临着应收账款平均回收期较长，各渠道融资成本较高，申请贷款流程复杂且周期长的问题。疫情反复、地缘政治不稳定等因素使得以上问题不断加剧。要解决中小微企业在供应链中的融资问题，需保证国内金融机构稳步发展，以及供应链金融科技解决方案可成熟应用。近年来，我国金融机构总资产规模稳步增长，可为供应链金融的发展提供坚实基础。

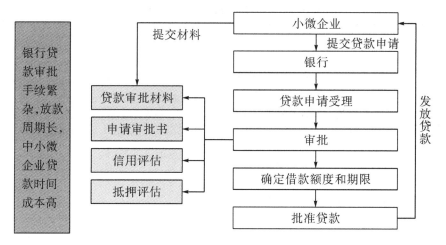

图 2-2　中国中小微企业的融资流程

（三）中国供应链金融形态

中国主要的供应链金融融资方式包括应收账款融资、库存融资、预付款融资及战略关系融资。

1. 应收账款融资

卖方企业为取得运营资金，以卖方与买方签订真实贸易合同产生的应收账款为基础，将应收账款有条件地转让予专业融资机构，并以合同项下的应收账款作为第一还款来源，当下游买方销货得到资金后将本应支付给卖方的账款支付给融资机构。供应链中的供应商是债权融资需求方，以核心企业的应收账款单据凭证作为质押担保物。核心企业充当债务企业，对债权企业的融资进行增信或反担保。一旦供应商无法还款，核心企业需要承担金融机构相应的坏账损失。

2. 库存融资

存货融资是卖方以存储在仓库的货物作担保，融资机构以存货控制为基础，面向卖方提供的商业贷款服务。库存融资能缓解卖方在途物资及库存产品占用的资金，降低库存资金的占用成本。金融机构在收到中小企业融通仓业务申请时，一般会考察申请企业的库存稳定情况、交易对象以及整体供应链的综合运作状况，以此作为授信决策依据。

3. 预付账款融资

预付账款融资是买方企业以买方与卖方签订真实贸易合同产生的预付账款为基础，向融资机构申请以其销售收入作为第一还款来源的融资业务，融资机构控制着买方的提货权。预付账款融资模式下，核心企业凭采购合同向金融机构申请融资支付货款，并将提货权交由金融机构控制，核心企业在缴纳货款后凭金融机构签发的提货单或提货指令向供应商提取货物。

4. 战略关系融资

战略关系融资为无抵押物融资，是基于战略伙伴间产生的信任而进行的融资。资金供给方与资金需求方达成战略伙伴关系，相互间高度信任，融资无须抵押物担保。

对于 4 种融资方式的融资基础、主要融资形式和应用价值的对比如表 2-1 所示。

表 2-1 供应链金融主要融资方式比较

供应链金融融资方式	融资基础	主要形式	应用价值
应收账款融资	真实贸易合同下的应收账款	保理、保理池融资、反向保理、票据池授信	缓解供应商的资金压力
预付款融资	客户的预付款项下对应的提货权	先票/款后货授信、担保提货授信、进口信用证项下未来货权质押授信	缓解一次性缴纳大额订单资金压力
库存融资	存货资产的控制权	静态抵质押授信、动态抵质押授信、仓单质押授信	缓解在途物资及库存产品占用的资金压力
战略关系融资	战略伙伴间的信任	企业间直接融资	满足无抵押物企业的融资需求

（三）中国供应链金融的模式

根据供应链交易行为中核心企业是否参与，可以将供应链金融数字化融资模式分为两大类：一是依托核心企业的传统供应链金融模式的数字化变形，二是依托 B2B 电商平台的新型数字化供应链金融模式创新。

供应链金融（Supply Chain Finance）是一种金融服务，旨在帮助企业优化其供应链上的资金流动和现金管理。供应链金融的商业模式如图 2-3 所示，这项金融服务通常涉及供应链中的供应商、买方和金融机构之间的合作，以改进资金流动、提高效率和降低成本。

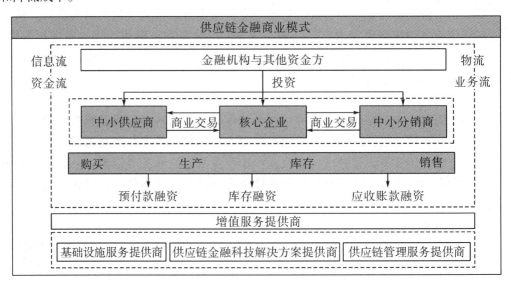

图 2-3 供应链金融商业模式

（四）中国供应链金融市场规模

2022 年中国供应链金融行业规模 36.9 万亿元，其中应收账款模式占比达 60%，预计未来五年中国供应链金融行业规模将以 10.3% 的 CAGR（年均复合增长率）增长，2027 年将超 60 万亿元。

企业应收账款、预付账款和库存是供应链上的三大基础资产。中国供应链金融数字化渗透率从2018年的5%增长到了2022年的30%，预计2027年将达到50%。应收账款融资模式数字化渗透率已达45%，其他模式数字化渗透率尚不足10%。平台是供应链金融数字化的基本载体，目前在运营数字化平台已超200家，未来多方合作成立金融科技公司建设的综合性平台数量将增多。

1. 中国供应链基础资产规模

在供应链的末端分布着大量的中小企业。企业（包括支柱企业、中小型企业和规模以下企业）的应收账款、预付账款和库存是供应链上的三大基础资产。

2018年至2022年，企业总基础资产期末余额从65.8万亿元增至90.7万亿元，年复合增长率为8.4%，这归因于期间中国宏观经济蓬勃增长。2020年突发公共卫生事件，长期大面积的封控措施以及停工停产对全球众多产业链造成了重大冲击，中国宏观经济和企业的生产经营情况也不可避免地受到了较大影响，在此背景下2020年中国供应链基础资产规模增速明显放缓。2021年起，随着疫情逐渐得到控制，供应链基础资产规模增速有所恢复。在国民经济发展和企业持续改善的推动下，预计2027年中国企业的应收账款、预付账款和存货总额将达到121.2万亿元，2022年至2027年的年复合增长率为6.0%。

2. 中国供应链金融市场规模

供应链金融市场资产余额从2018年的20.1万亿元快速增长到2022年的32.3万亿元，年复合增长率为12.5%。随着强劲增长势头的持续，企业正越来越多地利用供应链资产来优化运营资金和获得融资，预计2027年中国供应链金融市场规模将达到51.6万亿元，2022年至2027年的年复合增长率为9.8%。在不断扩大的贸易活动、较高的融资渗透率和有利监管风向的推动下，中国的供应链金融市场近年来迅速增长。有利的监管风向，加上不断增长的融资需求，继续推动中国成为全球最大和增长最快的供应链金融市场之一。中国供应链金融市场资产余额已经从2018年的20.1万亿元快速增长到2022年的32.3万亿元，年复合增长率为12.5%。

供应链金融业务线上化及参与机构的数字化转型是拓展供应链金融市场空间的关键点。目前，我国供应链金融的市场格局呈现出一种分散的格局，率先布局的独立平台方公司具有先发优势，市场占有率领先。随着国家对供应链发展的重视及对小微企业的政策倾斜，与两者紧密相关的配套基础设施供应链金融也屡屡出现在政策文件中。供应链金融的规模主要受贸易活动交易量及融资渗透率提升的驱动。贸易活动增长使供应链资产增加；金融服务能力的提升使融资渗透率提升，两者共同促进了供应链金融规模的增长。供应链金融科技服务商的市场规模受到自身数字化转型需求及供应链金融规模的驱动，参与核心企业和金融机构数量的增加以及处理相应的供应链金融交易规模的提升为供应链金融科技服务商带来潜在的市场空间。

（五）中国供应链金融相关政策

国家层面和地方层面出台一系列政策，一方面旨在推动金融机构向各产业中的上下游企业提供供应链金融产品；另一方面推动以人工智能、物联网、大数据、区块链技术为基础的供应链金融科技产品的发展。

2020年之前，供应链金融的相关内容只是散见于供应链及金融相关政策文件中。2020年9月18日，中国人民银行等八部委发布《关于规范发展供应链金融支持供应链产业链稳定循环和优化升级的意见》（简称《意见》），标志着关于供应链金融的政策导向进入新的阶段。《意见》从准确把握供应链金融的内涵和发展方向、稳步推进供应链金融规范发展和创新、加强供应链金融配套基础设施建设、完善供应链金融政策支持体系、防范供应链金融风险、严格对供应链金融的监管约束等六个方面，提出了23条政策要求和措施。2021年，《政府工作报告》首次提及要创新供应链金融服务模式，体现了在国家层面对供应链金融的重视。

《关于规范发展供应链金融支持供应链产业链稳定循环和优化升级的意见》的政策核心要点梳理如表2-2所示：

表2-2 《意见》的政策核心要点

分类	核心要点
准确把握供应链金融的内涵和发展方向	（1）提高供应链产业链运行效率，降低企业成本； （2）支持供应链产业链稳定升级和国家战略布局； （3）坚持市场主体的专业优势和市场定位，加强协同配合； （4）注重市场公平有序和产业良性循环
稳步推动供应链金融规范、发展和创新	（1）提升产业链整体金融服务水平； （2）探索提升供应链融资结算线上化和数字化水平； （3）加大对核心企业的支持力度； （4）提升应收账款的标准化和透明度； （5）提高中小微企业应收账款融资效率； （6）支持打通和修复全球产业链； （7）规范发展供应链存货、仓单和订单融资； （8）增强对供应链金融的风险保障支持
加强供应链金融配套基础设施建设	（1）完善供应链票据平台功能； （2）推动动产和权利担保统一登记公示
完善供应链金融政策支持体系	（1）优化供应链融资监管与审查规则； （2）建立信用约束机制
防范供应链金融风险	（1）加强核心企业信用风险防控； （2）防范供应链金融业务操作风险； （3）严格防控虚假交易和重复融资风险； （4）防范金融科技应用风险
严格对供应链金融的监管约束	（1）强化支付纪律和账款确权； （2）维护产业生态良性循环； （3）加强供应链金融业务监管

通过梳理可以发现，"规范发展"与"业务创新"是近年来供应链金融相关政策的两个关键词。在"规范发展"与"业务创新"的政策导向下，多家商业银行及金融科技企业推出了供应链金融创新项目。

供应链金融符合支持实体经济及普惠金融的政策导向。供应链金融可视为供应链的配套服务，为供应链的创新发展提供支持，也是服务普惠金融和小微金融的重要手段，得到各有关部门的政策支持，包括基础设施和资金支持，创造了良好的发展环境。供应链金融具有旺盛的市场需求，可满足中小企业、核心企业及金融机构多方诉求；

满足海量中小企业的融资需求，缓解融资难、融资贵问题；协助核心企业进行现金流管理和供应商管理，加快数字化转型；协助金融机构和机构投资者获取优质资产，完成普惠金融投放计划，推进对公业务的数字化。

（六）供应链金融风险管理

1. 供应链金融风险的成因与表现

（1）内生风险

一是信用风险。此风险主要表现为核心企业信用风险与中小企业信用风险。核心企业信用风险主要来源于其信用担保能力及企业道德风险；中小企业信用风险主要反映在偿债能力和偿债意愿上。

二是财务风险。此风险主要是由于产业链不完备或资金链断裂涉及资金无法及时结算、债务无法到期偿还等，导致企业资金流产生困难甚至中断。

三是信息风险。信息正确性源于信息的可得性、有效性以及数据精准性。当供应链金融主体间信息未实现互联、信息穿透力不足，或者供应链主体故意隐瞒甚至扭曲企业运营信息时，会出现信息阻滞或错误，导致供应链整体运行效率低下或者中断。

四是操作风险。供应链金融运行过程中，由于业务管理权责界限模糊混杂、操作流程和步骤无章可循、员工缺乏专业知识技术能力、智慧化手段运用不熟练、文件传输和业务通知程序操作不规范、失职违规等行为引起的风险。

（2）外生风险

一是行业风险。行业风险指由于投入市场不确定、产品市场不确定以及竞争合作不确定等产生的风险。

二是市场风险。市场风险指由于宏观经济政策、利率、市场价格等风险变量发生变动，导致供应链金融参与主体面临的风险。其往往导致市场需求收缩，投资回报水平较低。

三是技术风险。技术风险指支撑供应链金融运行与发展的技术水平和技术性工具手段运用尚未成熟，存在的技术漏洞与安全风险。

四是政策风险。政策风险指由于产业政策、法律规范的变动，或者不健全的规章制度以及不规范的执行等影响供应链金融持续健康发展。

汇总上述风险，并对每类风险的成因和表现进行梳理，如表2-3所示。

表2-3 供应链金融风险成因与表现汇总

风险	类别	成因	表现
内生风险	信用风险	核心企业信用担保能力、道德风险；中小企业偿债能力和意愿低	核心企业、中小企业信用风险
	财务风险	存在大量的预付款和应收账款，产业链不完备或资金链断裂	资金无法及时结算、债务无法到期偿还
	信息风险	信息未互联、碎片化、穿透力不足、获取途径不畅，主体自身利益最大化	信息阻滞、错误或者知识产权安全风险
	操作风险	权责界限模糊、流程无章可循、员工缺乏专业知识技术	授信调查、业务落地、授后管理不规范、违规

表2-3(续)

风险	类别	成因	表现
外生风险	行业风险	生产要素投入、客户需求变动、竞争合作不确定	产品生产周期、质量、行业需求变化、利益冲突
	市场风险	宏观经济政策，利率，市场价格的不利变动	市场需求收缩，投资回报水平低
	技术风险	信息数据不完备、金融科技的场景应用与创新能力有限	技术漏洞与安全风险
	政策风险	产业政策、法律规范的变动，或者不健全的规章制度以及不规范的执行	抵质押物产权不清晰、仓单流转制度不完善等影响效率

2. 供应链金融风险管理方法

美国经济学家 Lambert 和 Cooper（2000）提出供应链运营可以从供应链的结构、供应链的流程和供应链的要素这三个维度进行刻画；布莱克曼（I. D. Blackman）在此基础上提出了一个扩展的供应链金融三维模型，认为供应链金融活动可以从供应链金融网络结构、交易流程以及管理要素来进行分析。宋华等（2018）认为这三个维度是供应链管理的核心要素。因此，可以从网络结构、交易流程和管理要素三个维度对供应链金融风险进行管理。

（1）结构维

结构维包括网络结构与业务结构。一方面，需要对供应链成员的主体网络结构进行考察，特别是融资对象和供应链金融公司在供应链生态中所处的相对位置。另一方面，供应链本身的业务结构从价值模式的设计到价值的实现和传递要能形成完整、循环的闭合系统，否则就有可能产生潜在的风险。网络结构是对供应链金融进行贷前风险防范，业务结构则从价值传递的角度保证最终资金回流，从而实现对供应链金融的风险控制。

（2）流程维

流程维包括交易流程与管理流程。供应链金融中包括商流、物流、信息流和资金流，彼此相互支撑、相互作用才能够提升供应链整体的弹性和敏捷性，增加企业和供应链对风险的反应和恢复能力。因此，交易流程要形成完整的自偿逻辑，供应链金融活动也要植于每一个流程之中，并与交易流程相契合，使得费用、风险能以确定的现时收益或者未来收益去覆盖。供应链整体管理流程也是对供应链金融进行有效风险控制的手段，这需要保证管理的垂直化和专业化，供应链上各企业内部以及企业之间合理的垂直化结构与职能对接能提高供应链金融的成效，战略和管理的匹配能防止管理制度和流程的断裂，减少风险的不利后果。

（3）要素维

要素维包括信息治理与声誉资产。从信息治理角度而言，不仅要获取和分析供应链运营中直接产生的各类信息和数据，还必须实现信息全生命周期的管理，进行有效的信息治理。云计算、物联网、大数据、区块链等技术从信息的可靠性、安全性、持续性和经济性等方面推动了信息治理的开展，有助于减少供应链金融活动的失败概率。利用信息治理，焦点企业将供应链整合成一个生态系统，通过对数据的标准化减少沟通误差，及时传递终端市场变化，将风险的不利影响降到最低。从声誉资产角度而言，对企业及供应链中长期积累的声誉信息进行资产化转变也是风险控制的重要手段。在供应链金融中，供应链成员之间的声誉存在着溢出效应，将声誉资产化，能有效防止企业道德风险，避免恶意行为破坏供应链金融所必需的生态环境和秩序。

结合供应链金融风险类型和供应链金融风险管理方法，可以简化搭建出供应链金融风险和管理框架，如图2-4所示。

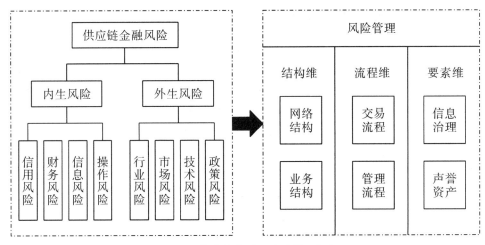

图2-4 供应链金融风险及管理框架

二、案例资料

（一）郑州银行基本信息

郑州银行是在郑州市48家城市信用合作社基础上于1996年11月注册成立的区域性股份制商业银行，2009年10月正式更名为郑州银行股份有限公司。郑州银行于2015年12月在香港联交所主板挂牌上市，是河南省首家、全国第十家上市的城市商业银行。2018年9月，郑州银行又顺利在深交所挂牌上市，首开国内城商行"A+H"股上市先河。截至2018年年末，银行在职员工4 460人，全省机构营业网点168家，其中含总行营业部1家、省内分行12家、小企业金融服务中心1家。另外，银行发起成立了九鼎金融租赁公司，管理中牟、新密、鄢陵、扶沟、新郑、浚县、确山7家村镇银行，综合化经营扎实推进。经过多年的发展，郑州银行已经发展成为拥有资产4 700亿元，存款本金总额2 600亿元，发放贷款及垫款本金总额1 600亿元，净利润30亿元的企业。郑州银行良好的经营表现，得到了社会各界的广泛认可。在英国《银行家》"2018年全球银行1 000强"榜单中，郑州银行一级资本排名第245位；在《金融时报》"2018中国金融机构金牌榜·金龙奖"评选中，荣获"年度十佳城市商业银行"。

郑州银行的主营业务主要包括公司银行业务、零售银行业务和资金业务等，可以为客户提供多元化的金融产品和服务。郑州银行作为一家本土金融机构，"守土有责"，确立了"商贸金融、市民金融、小微金融"的三大特色定位，将物流与供应链金融作为全行战略进行推进，坚持走特色化、差异化发展之路，服务实体经济发展。在商贸物流银行战略的指引下，近年来郑州银行持续在物流与供应链金融业务上着重发力，打造了物流与供应链金融业务科技支撑平台"五朵云",组建了"五朵云平台"的总行级专职运营部门交易银行二部、构建并完善了物流与供应链金融产品体系,已形成对交通物流、商贸大消费、食品农业、先进制造、医疗健康、政府事业六大行业较为全面的服务能力,物流与供应链金融服务水平显著提升。目前,郑州银行的核心企业客户数、物流与供应链金融融资余额均处于快速增长中,发展势头良好,市场竞争力和综合实力显著增强。

(二)郑州银行供应链金融布局动因

郑州是国家重要的综合交通枢纽,拥有亚洲最大的列车编组站、中国最大零担货物转运站、亚洲唯一运行时速 350 千米的高速铁路"米"字枢纽站,是全国三纵五横骨干流通大通道体系国家级流通节点城市。这些得天独厚的条件造就了低廉的运输成本以及广阔的运输辐射范围,使郑州成为重要的区域商贸物流中心。商贸物流行业的特点,归纳而言为小、散、弱、多,行业数据量大、周期性峰值高。尤其第三方物流,规模小、服务水平低、标准缺失,面临着行业公信力弱、资金压力高诸多痛点,具体表现如表 2-4 所示。

表 2-4　物流行业的特点与痛点归纳

行业特色	数据量大	物流行业数据量大,包括但不限于车货匹配、运输路线优化、库存预测、设备修理预测、供应链协同管理等方面
	数据峰值高	逢重大节日,随着货物运输量暴增,数据处理量呈几何级增长
	突发事件	物流运输,一旦遇到突发事件,需要快速响应
行业痛点	规模小	企业规模小,管理水平低,很难满足客户集成的运输要求。盈利水平低,流动资金压力高
	服务水平低	大多数中小物流企业运营理念落后、缺乏客户服务意识,很难长久维护客户,直接导致市场信用水平低,新旧更迭快
	标注缺失公信力弱	不同行业、类型企业的对物流服务的理解不同。技术标准缺失,严重影响服务质量,影响整个行业的市场公信力
	资金压力高	应收款账期长,强势货主提出的各种账期要求(周期长等),承兑汇票变现成本高

信息来源:根据《第三方物流企业发展报告》整理。

商贸物流企业,独立解决这些问题的难度大,成为行业积重难返的老问题。郑州银行深挖需求,切实提供现金管理、票据管理、业务管理等各类服务,为行业提供了可行方案,可简单总结为"五朵云",后续我们对"五朵云"业务进行进一步解读。如表 2-5 所示,"五朵云"分别为云交易、云融资、云物流、云商和云服务,所对应的痛点问题总结为"钱"乱、"票"乱、"业务"乱、"车"乱和信息盲区。

表 2-5　物流行业痛点及郑州银行解决痛点的"五朵云"

痛点	表现	痛点解决方案
"钱"乱	交易支付账户多，管理混乱，常出现支付不及时，到账收款不及时，导致现金无法获得充分利用，资金紧张成为常态	云交易
"票"乱	各类应收票据管理混乱，无法及时跟进针对性管理，加之强势货主提出的各种账期要求（周期长等），各类票据变现综合成本居高不下	云融资
"业务"乱	找车、找人、找货，是物流企业的日常，也是管理失控的根源，整合车、人、货资源成为当务之急	云物流
"车"乱	物流核心企业，汽车调度、业务跟进、票据管理、现金管控，都需要不断改善，以获得核心竞争力	云商
信息盲区	数字时代，信息成为客户来源、业务来源、生意根本，信息与时俱进是获得新市场的前提，这点在物流行业中表现尤为突出	云服务

（三）郑州银行供应链金融业务模式

郑州银行以交易银行业务为基础，将商流、信息流、资金流和货物流"四流合一"，聚焦"五朵云"线上服务平台的优化和系统功能的整合，推动"供应链金融+物流金融+商贸金融"的融合，开创商贸物流金融发展新阶段，打造平台化金融生态。

郑州银行"五朵云"以互联网平台为核心，以先进的金融科技技术为辅助，为产业链核心企业及其上下游客户提供支付、结算、融资为一体的综合金融服务方案，打造商贸物流银行品。

云交易是指依托企业网银、企业手机银行等线上渠道，整合郑州银行现金管理、跨行通、银企直联等财资管理产品，为客户提供"量身定制"的综合金融服务方案，全方位满足客户的资金管理需求。2022 年，郑州银行对公电子渠道增加"E 采贷""E 税融""科创 e 贷"等小企业客户专属产品，新增周期支付、易回款等支付结算产品，持续优化重点产品功能。

云融资平台是依托电子签章、大数据运用、互联网等金融科技创新技术的开放式在线供应链融资平台。通过定制化或者标准化两种模式，实现了保理、信用证、商票、预付款等全供应链金融产品线上化，高效满足核心企业上下游客户快捷融资需求，服务供应链生态圈。2022 年，郑州银行成功落地首笔创新产品"医鼎通"、首笔备用信用证增信境外债、首笔跨境非融资性保函，针对小额多频支付型企业推广"郑好付"业务，依托云融资平台为近千户上下游客户提供融资余额 215 亿元。

云商平台是通过电子结算凭证，把核心企业信用延伸到上游多级供应商，解决中小供应商融资问题的线上化供应链管理和融资服务平台。2022 年，郑州银行完成云商 2.0 系统升级，平台服务不断向模块化、组件化、插件化、角色化、多租户化发展，产品服务与系统输出更加灵活，实现云商平台首次同业输出，云商平台累计支持核心企业上游超 2 100 户，融资余额超 78 亿元。

云物流平台是为物流行业提供"一站式"金融服务的线上平台，通过财资管理、融资服务和物流支持等产品服务帮助物流公司高效使用运营资金和回笼资金。聚焦"云物流"，郑州银行发挥物流金融专营团队优势，推动运费代付、智能收单等物流场景化金融产品的迭代升级，组织物流客户的名单制营销，通过总分联动、公私联动，主动、全面加大对道路运输、物流配送、个体司机等各类交通物流主体的金融支持力度，切实保障物流业稳定经营，助力物流保畅保通。

云服务依托"郑州银行商贸金融"公众号和多种场景化金融服务平台，为客户提供增值定制的金融服务及非金融服务。报告期内，郑州银行成功取得河南省人社厅农民工工资保证金业务经办银行资格，完成河南省、郑州市等公共资源交易中心电子保函系统对接及郑州、濮阳、平顶山等五城市预售房资金监管系统对接。云服务场景金融累计落地项目超过 330 个。

郑州银行"五朵云"业务环环相扣，共同构成了供应链金融的全系列服务模式，并取得了丰硕的成果，如表 2-6 所示。

表 2-6 郑州银行"五朵云"成果与评述

"五朵云"		"五朵云"的内涵	评述
云交易	概述	"云交易"是专业的支付结算、现金管理服务平台，集国内外、本外币支付结算、结售汇等功能于一体	实现资金流闭环
	成果	实现对货物的全程跟踪及物流企业代收货款的资金监管，既可以保障货物安全、资金安全，也有助于降低物流企业丢货、卷款跑路风险，引导物流企业健康持续发展	
云融资	概述	"云融资"是在线融资平台，通过预付款融资、保理、再保理、信用证、票据等产品来满足商贸物流产业链融资和管理需求，提供端对端全线上体验，多端口接入、一站式全流程便捷、高效服务	实现资金高速融通，打通商贸物流企业的正规融资渠道
	成果	截至 2019 年 6 月末，云融资通过直联与间联方式合作客户 150 余户，融资金额超过 60 亿元。云融资重点推进客户主要集中在央企、国企以及优质上市公司，客户质量相对较高	
云物流	概述	"云物流"是物流数据平台，为物流企业提供物流信息及仓储数据服务，实现"找车""找货""找仓"等功能，提高物流仓储资源的综合利用效率，切入在线投保、代收货款和运费结算等功能	2019 年 8 月 1 日，"云物流"通过国家版权局审查获批软件营作权，是郑州银行紧跟行业数字化发展潮流的创新成果
	成果	降低了空载率、提升了仓库使用效率、降低了仓储物流成本，切入在线投保、代收货款、运费结算，实现郑州银行和物流企业双赢	
云商	概述	"云商"是为核心企业打造的线上化供应链管理平台，平台利用电子结算凭证"鼎 E 信"这一可拆分转让、可融资变现、可持有到期的新型电子化付款承诺，把核心企业信用延伸到上游多级供应商，解决中小供应商融资问题	利用区块链技术，构建行业信用生态
	成果	截至 2019 年 10 月底，云商平台上核心企业累计授信 18 亿，平台开立鼎 E 信金额 1.88 亿元，平台已帮助核心企业上游中小微型企业累计融资 1.15 亿元	

表2-6(续)

"五朵云"		"五朵云"的内涵	评述
云服务	概述	"云服务"是为中小小微企业提供的免费增值服务平台,提供财务和业务管理类增值服务。"云服务"的载体是"郑州银行商留金融"微信公众号,公众号包括微账户、微金融、微咨询三大模块,为企业客户精准推送行内对公产品,以及行业洞见报告和前瞻行业分析,同时提供对公在线预约开户、动账提醒、银企对账等金融增值服务	是行业能力和专业能力的体现
	成果	信息共享、品牌输出	

三、案例分析

(一) 郑州银行供应链金融运作流程

郑州银行以物流场景中的物流公司、发货人、收货人为服务对象,通过云物流平台为他们提供全面的支付结算和融资服务。例如,D+0 货款代付、应收账款保理、微秒贷、一码付等多种服务。此外,还在开发特色物流金融产品保付通、货主贷等。以 D+0 货款代付为例,它是一种帮助零担物流公司提高代收货款支付效率的工具,其优势在于使用银行授信资金来解决物流公司在收到货款和运费与总部收到货款和运费之间的资金支付需求。然而,许多中小企业面临融资难的问题,其中一部分原因是他们的经营信息、财务信息、资产信息无法被资方信任。为了解决这个问题,郑州银行为这些中小物流企业搭建了物流服务平台,准确记录了他们的经营行为、财务信息、资产状况。这样做不仅从根本上解决了中小企业融资的难题,同时也为郑州银行布局物流金融打下了坚实基础。

1. 代收货款业务背景介绍

在零担物流行业中,代收货款是一项重要的增值服务。它可以帮助发货人和收货人相互建立信任,同时也可以为物流公司带来收益。随着行业的发展,各公司之间的竞争加剧,利润逐渐减少,为了获得竞争优势并提高盈利水平,零担物流公司开始在代收货款服务上进行创新。

以河南省的一家 4A 级大型零担物流企业 C 企业为例,他们在为发货人提供代收货款服务时,通常会先由承运司机收取后再汇集到公司总账,然后统一对外支付代收货款。根据不同的收取方式,资金汇集到总公司存在一定的时差,一般在货物签收后 1~5 天,因此,C 企业的代收货款的发放客观存在一定的延时。类似的,其他零担物流公司通常会在货物签收后 3 日(T+3)或 5 日(T+5)发放代收货款,部分资金实力雄厚的公司甚至会提供 T+1 或者 T+0 的货款发放服务,并据此收取高额的代收货款手续费。

对于发货人来说,货款到账回收周期越长,其资金周转效率越低,资金压力也就越大;货款资金到账时间越长,其资金回笼风险就越大,因为一旦物流企业出现问题,货款就可能难以收回。另外,使用代收货款服务的发货人大多是中小企业,他们往往面临着资金压力,因此对更快的代收货款支付时效有着强烈的需求。对于 C 企业来说,提供差异化的代收货款发放服务虽然能够增加其市场竞争力,但同时也面临着一些挑战。首先，及时发放代收货款会减少资金在公司内部的留存，从而影响到公司的存款收益；其次，由于网点代收资金归集存在一定的时间延迟（POS 机收款通常 T+1 到账、收取现金也需要物流网点到银行存入再转账至公司总部），提供 T+1 或 T+0 的货款到账服务会对公司的资金运营能力提出很大的挑战。

2. "D+0 代付" 产品介绍

针对发货人和以 C 企业为代表的广大零担物流企业对提高代收货款支付时效的强烈需求，郑州银行依托云物流平台开发了提高代收货款支付时效的专项产品 "D+0 货款代付"，简称 "D+0 代付"。该产品与传统的银行融资产品相比，需求针对性更强，优势也更加明显。

如图 2-5 所示，郑州银行 "D+0 代付" 业务以物流企业为核心，构建出三角形授信服务模式，"D+0 代付" 是物流公司代收货款支付时效提升的有力工具，优势在于使用银行授信资金针对性解决物流公司网点收到货款和运费与物流公司总部收到货款和运费两个时间点之间的资金支付需求。

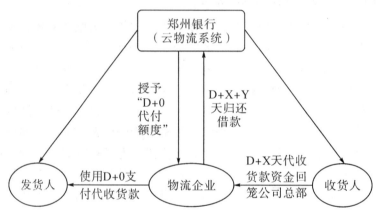

图 2-5　郑州银行 "D+0 代付" 业务模式

通常来说，物流企业的网点在收到收货人的货款或运费资金后，需要经过一段时间才能将这些资金最终汇至物流企业总部。这是因为物流企业目前存在多种收款方式，包括现金、扫码付款、POS 机刷卡等。网点将通过这些渠道收取的资金汇总后，通常需要 1~2 天的时间才能汇至物流企业总部。在业务繁忙时期或其他特殊时期，这个期限甚至可能会延长至 5 天。然而，这种资金的延时归集，加上物流企业自身有限的资金，对其向发货人支付代收货款的时效提出了很大的挑战。幸运的是，"D+0 代付" 可以有效解决这一问题。

"D+0 代付" 是基于银行的授信，通过云物流与物流公司 TMS 系统（运输管理系统）的对接，获取物流运单的全量数据。然后，根据运单的实际金额，代付货款给发货人。这种方法确保了授信资金的专款专用，并加强了业务的风险控制。有了银行的授信资金支持，即使物流企业的代收货款和运费资金尚未回流至总部，也可以对发货人提供 "D+0 级" 的代收货款服务，赚取高额的代收货款手续费。待货款和运费资金回流至物流企业总部后，物流企业可以根据自身资金周转状况在最后的还款日之前的任何时间进行还款操作。

3. "D+0代付"业务实施过程

"D+0代付"业务的实施流程如下：

（1）客户向郑州银行申请授信，客户经理开展贷前调查后上报授信方案，方案中明确授信资金用途，专项用于物流企业代收货款的发放，要求授信额度在云物流渠道使用，支持授信资金按天计息。

（2）授信审批完成后，企业TMS系统与银行云物流平台完成系统对接，实现客户运单信息的实时传输。

（3）客户在其TMS系统中发起运单的代收货款支付。具体流程如图2-6所示。

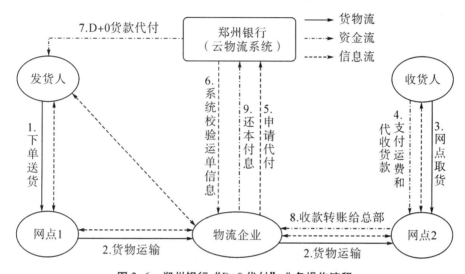

图2-6　郑州银行"D+0代付"业务操作流程

流程如下：

第一步，发货人与物流公司达成合作意向，下单发货。

第二步，物流公司根据发货人要求将货物运达目的地。

第三步，收货人到物流公司指定网点支付运费和代收货款并签收货物，TMS系统更新运单状态并同步给郑州银行云物流系统。

第四步，物流公司在其TMS系统发起代收货款支付指令。

第五步，云物流系统对申请代付的运单进行校验，核实运单及代收货款金额。

第六步，运单校验通过后，云物流系统利用"D+0代付"授信资金向发货人支付货款。

第七步，物流公司网点将资金汇至总部。

第八步，在最后还款日前，物流公司随时可以还款。

（二）郑州银行供应链金融效果分析

1. "D+0代付"业务优势

相较于传统的银行融资产品，"D+0代付"针对物流企业的实际经营特点设计，针对性更强，精准地解决了物流企业的需求痛点。

第一，提高物流企业代收货款支付的时效和效率。由于物流企业自身资金实力的限制，难以提高代收货款的支付时效，但是"D+0代付"产品的支持，使得物流企业可以提供"D+0级"的代收货款服务，通过提高代收货款支付时效来获取高额的代收货款手续费。该产品通过与物流企业的 TMS 系统直连，可以在业务端直接发起代收货款支付，无须繁琐的文件导入、导出操作，对外支付效率更高。

第二，缓解物流企业融资难问题。我国的零担物流企业正处于行业的变革期，市场竞争异常激烈，银行对于轻资产运营的零担物流企业融资普遍持谨慎态度，贷款难成为行业常态。而"D+0代付"与物流企业的 TMS 系统对接，可以实时掌控物流运单情况，依靠对融资业务物流、信息流、资金流的把控为零担物流企业进行融资。"D+0代付"风控模式的提升，有助于银行提高对零担物流企业放款的积极性。

第三，降低物流企业的融资成本。物流企业使用"D+0代付"，可以随借随还，使用方便，而且物流企业仅需对已使用资金按天支付利息，无须对全部授信额度支付利息，这样可以节省物流企业的利息成本。另外，"D+0代付"支持物流企业在使用授信资金的当天还款，如果当天还款，物流企业则不用支付任何利息。

2. "D+0代付"业务的实施效果

C 企业通过"D+0代付"业务的实施，丰富了代收货款支付服务方案，已具备能力将传统 T+3 级代收货款支付时效提升至 T+1 级，甚至 D+0 级。通过该业务的实施，C 企业的代收货款支付时效得以提升，客户满意度不断提高，与此同时 C 企业的代收货款手续费收益也显著增长。

时任郑州银行党委副书记、行长申学清表示："中小银行通过大力发展供应链金融，也可以有效整合商流、物流、资金流、信息流等各类信息，把更多金融资源配置到经济社会发展的重点领域和薄弱环节，并通过对宏观环境和核心企业信用的有效管控，把握整个产业链的潜在风险，为中小企业提供高效率、低成本、风险可控的精准金融服务。这也与扩大金融有效和中高端供给、减少无效低端供给的金融供给侧结构性改革的要求相吻合。"云物流"D+0代付"是郑州银行面向物流行业推出的特色金融产品，是郑州银行践行商贸物流银行标杆行建设的重要举措。目前，"D+0代付"产品已在 C 企业进行实施，获得 C 企业的好评，C 企业的客户量和业务量稳步增长。鉴于"D+0代付"良好的市场反应，"D+0代付"的大范围推广、新功能开发正在筹划和逐步实施中。预计"D+0代付"将成为郑州银行锁定省内大型优质物流公司的一个抓手，将为郑州银行深化与优质物流公司的合作做出重要贡献。

3. "D+0代付"业务的风控保障

"D+0代付"的授信资金具有明确的使用场景，业务的真实性容易把控和验证，加之资金使用期限短、周转速度快以及物流、信息流、资金流三流数据的交叉验证，"D+0代付"的风险整体可控。概括起来，风控保障主要有以下几个措施。

第一，物流企业 TMS 系统与郑州银行云物流系统对接，实现数据互联，确保运单信息实时推送至银行，单笔支付指令与系统中相应运单的代收货款金额一一对应，银行对运单的物流、信息流、资金流的掌控有助于控制授信资金的真实使用。

第二，物流企业需将郑州银行对公结算账户设置为其物流网点代收资金的归集账户。

第三，云物流系统统计每日代收货款发放量（笔数和总金额），支持当日代收货款发放量低于指定值时，向风险预警系统、分支行客户经理和行长发送风险提示，要求客户经理及时进行贷后检查。

4. 郑州银行布局供应链金融的亮点总结

从郑州银行物流金融总体情况来看，其产品体系日益健全，对物流场景需求的覆盖范围、服务水平稳步提升，物流金融逐步成为郑州银行打造商贸物流银行的有效助手和着力点，为郑州银行商贸物流标杆行建设提供可靠的业务支撑。

亮点一：新型风险控制机制，增强风控水平

"D+0 代付"的授信资金具有明确的使用场景，业务真实性容易把控和验证，加之资金使用期限短、周转速度快以及物流、信息流、资金流三流数据的交叉验证，"D+0 代付"的风险整体可控。

亮点二：授信资金定向使用，精准解决物流企业痛点

相较于传统的银行融资产品，"D+0 代付"通过与物流公司系统对接和资金使用限制，确保授信资金的定向使用，精准解决物流企业的需求痛点。

案例分析题

1. 郑州银行为什么布局物流场景供应链金融服务平台？此平台如何把分散的客户聚拢在供应链金融上？

2. 郑州银行物流场景供应链金融"D+0 代付"解决了什么问题？

3. 如何在供应链金融风险防范中体现各利益主体的共存关系？

4. 金融和科技如何赋能供应链才能既聚拢全链条各利益主体，又防范供应链金融风险？

项目训练

中信数智供应链金融平台的构建与应用

中信数智（武汉）科技有限公司于 2020 年 11 月 4 日成立，是中信工程旗下的重要科技子公司，也是中信工程数字化建设的核心载体。该公司通过智能构件资源库将设计需求与工业供给紧密联系起来，并与业内数字化领先企业合作，打造了建筑工程互联网。凭借"互联网+智能建造+科技金融"的独特优势，中信数智构建了建筑工程互联网平台和核心生态圈，实现了工程建设领域资源的有效整合和云化微服务，涵盖了建筑项目全要素、全产业链和全价值链的互联互通。

1. 中信数智供应链金融平台基本情况

该平台的建设目标是依托中信智能建造平台的数字化服务能力，利用物联网、大数据、AI、区块链、边缘计算等信息化技术建立一个涵盖项目资金支付管控、系统安全管理、信用评级等应用于一体的建筑行业供应链金融平台。通过收集、记录、整合、查询各种项目资金的支付数据和信用信息，完成与生态伙伴接口的对接，实现信息的交换与共享，逐步建立信用评级体系，整合数据资源，加快智能建造转型升级。平台建设目标主要有四个方面：①结合工程项目资金管控、供应链管理、劳务用工实名制和考勤管理等工作，将建筑行业链条上存在的业主、总包、分包、劳务公司等多方主体极度分散的碎片化信息集于数字化平台；②运用大数据技术收集和分析全流程业务信息数据，为开展风险评估、批准授信额度提供依据；③通过完整的信息链条为工程

款金融服务提供辅助的风控手段，助力精准发放融资款项；④通过平台实现工程建设多层级主体之间的结算和支付服务，实现资金流向的穿透式管理。

截至2022年，平台已经历了数年的发展，功能日趋完善，由初始的简单信息记录发展到如今涵盖数据分析、资金支付、供应链金融等多项业务的综合性平台。同时，在发展过程中，平台与中国联通、中信工程、中电光谷等企业建立了良好的合作关系，进一步扩大了自身的客户群体。

2. 中信数智供应链金融平台典型功能

（1）资金支付管控功能应用

在工程项目建设过程中，涉及施工总包、专业分包、材料供应商等多方。项目业主缺乏有效手段来全面管理工程资金流向，导致工程款挪用、拖欠农民工工资等问题。部分企业缺乏资金管理意识，仅视资金管理为传统会计的账目记录或资金利息计算，未实现业财融合和资金流全局化管理，降低了资金使用效率。为解决上述问题，中信工程设计建设有限公司打造并运营了资金支付管控系统。该系统整合了中信银行等机构的资金专户、虚拟账户服务，通过设置提现额度、可视化支付轨迹来管理监督工程建设资金在建设单位、工程总承包、材料供应商、施工单位等主体之间的支付流转。这实现了对工程项目的穿透支付管理，最大限度避免了因拖欠而引起的纠纷。同时，金融机构根据结算和交易数据为建设主体提供融资服务。企业在系统平台开立了用来交易记账的虚拟账簿。在中信智能建造平台上通过虚拟账户体系解决工程资金支付的监管问题，并且可以对虚拟子账户进行部分冻结等操作。不同层级的企业实体或个人可以在平台设立虚拟账户，项目资金可在虚拟账户之间进行划转，平台通过设置管控比例，可以确定财务资金流向，实现资金的穿透式管理。

（2）区块链可信数据存证系统应用

中信智能建造平台利用区块链技术实现进度计量和支付过程的记账，并形成数据库，达到去中心化、避免篡改、集体维护、公开透明等目的。此外，区块链技术可推动供应链金融的智能化转型，建立动态的线上信用评级体系，确保真实的企业业务形象和质量，实现资金的有效优质投放。平台采用参建主体集中系统管理的多级监管模式，实时统计数据，冻结资金，满足多元化发展需求。区块链的加密技术实现数据共享和透明，促进信息的全方位可追溯和即时化检索。平台对接资金支付管控系统，将重要数据上链存证，实现不可篡改。平台虚拟账户每一笔资金的流转金额及其提现比例可查询追溯，实现数据透明可信。区块链存证技术协调纸质凭证与数字化凭证的统一，实现凭证的真实长效保存。

（3）供应链金融系统应用

自中信智能建造平台成立以来，其供应链金融相关业务迅速发展，已在多个项目成功应用并取得显著成效。该平台以资金支付功能为切入点，利用互联网、云计算、区块链等技术进行信息整合，为供应链上下游企业提供融资、结算、现金管理等一揽子服务，形成功能完善的供应链金融系统。其目标在于创新原有业务模式，将产融相结合并为金融赋能。一是智能构件应用。中信智能建造平台通过线上资金支付管控的方式，创新中信数智宝，有效解决农民工工资支付问题。此外，该平台与中信银行合作建立行业信用体系，实现资金流、信息流、业务流的三流合一，创新"信息透明、弱化核心"的融资模式。二是数据存证功能。在试点项目中，平台将项目合同、流水对账、融资企业信息、金融机构信息、融资订单交易记录等重要数据均上链存证，确保数据不可篡改。这种数据管理方式透明可信，向参与各方提供一种可靠的数据管理方式。三是创新金融赋能。中信智能建造平台以数据存证系统为基础，意图打造一个应用广泛的供应链产融结合系统。该系统利用供应链条上的信息为金融赋能，将信用信息在项目参建单位和金融机构之间输出，使相关各方更加有效地获取所需信息，形成多方共赢的局面。从参建单位的角度来看，供应链产融结合系统能实现资金流向穿透管控以及控制支付比例、锁定还款源。从金融机构的角度来看，该系统能够提供真实有效的交易记录，拓宽其数据服务范围；同时也能辅助金融机构进行风险管理。

平台应用供应链金融融资方式可以高效地处理建筑行业原有的诸多问题，为供应链上的核心企业、中小企业带来可观的经济效益。从降低供应链企业的融资成本的角度来看，通过提高信息透明度和风险评估的准确性、优化供应链资金流动、降低风险分散效应和担保成本、推动金融创新、提高融资审批效率等方式，可以发挥中信数智供应链金融平台的最大效用，可以使供应链上的各参与方之间的信息共享更加便捷和高效。同时，供应链金融平台的构建为金融机构提供了丰富的供应链数据，这为金融产品和服务的创新提供了强有力的支持。

资料来源：根据网络上公开资料整理。

讨论题：中信数智供应链金融平台能解决建筑行业原有的哪些问题？会带来哪些绩效？

案例三 | 中芯国际 ESG 信息披露行为分析

■ **教学目的与要求**

ESG 被全球公认为是实现可持续发展目标的重要抓手和衡量可持续发展行动的重要参照。ESG 作为一种负责任的投资策略和非财务信息披露的主流体系，其兼顾经济效率与可持续发展的特性备受市场关注，全球大中型公司也相继披露 ESG 报告，ESG 理念风靡各大资本市场。通过本案例的讨论学习，学生应了解企业 ESG 信息披露的背景、动因，理解、把握企业 ESG 信息披露行为的经济后果。

一、背景知识

（一）现实背景

进入 21 世纪，科技进步与思想上的跃迁创造了无数的发展成就，人们在享受时代红利带来的便利生活的同时，资源短缺、生态恶化等社会问题也随之而来。2005 年，由联合国秘书长科菲·安南倡议的《谁在乎谁赢》（Who Cares Wins）研究报告正式发布，其中首次提出了 ESG 概念，即环境（environmental）、社会（social）与治理（governance）的缩写。这不仅是对诸多社会问题的回答，也是对 20 世纪 50～90 年代"伦理投资""社会责任投资""可持续发展"等理念的一种整合与进步。随后的十几年间 ESG 发展得到了长足的进步，气候披露准则理事会（CDSB）、可持续发展会计委员会（SASB）、价值报告基金会（VRF）及国际可持续发展准则理事会（ISSB）等机构相继成立。国际可持续发展准则理事会在 2023 年 6 月 26 日正式发布《可持续发展相关财务信息披露的一般要求》（General Requirements for Disclosure of Sustainability-related Financial Information，IFRS S1）和《气候相关信息披露》（Climate-related Disclosures，IFRS S2）。两项信息披露标准将于 2024 年 1 月 1 日之后的年度报告期生效。虽然 ISSB 准则不是环境、社会和治理（ESG）信息披露领域的唯一标准，但其影响不容忽视。新准则之下，企业遵守以气候相关信息为代表的可持续信息披露准则，将与遵守其他类型财务信息披露要求同等重要，全球 ESG 信息披露报告的制定也将愈加全面、规范。ISSB 准则实施后，将进一步提升全球可持续发展信息披露的透明度、问责制和效率，推动全球经济、社会和环境的可持续发展。ISSB 准则将会成为一种通用的语言，助力企业讲述可持续性"故事"。ISSB 准则可能会被更广泛的监管机构和证券交易所接纳，对于企业的 ESG 信息披露、参与资本市场扩大融资途径，都会造成直接影响。

资本市场对于 ESG 的关注程度也在不断提高。2006 年，责任投资原则组织（PRI）在联合国支持下成立，PRI 将责任投资定义为："该投资把 ESG 因素纳入投资决策和积极行使股东投票权，以提高回报、更好地管理风险，以及创造对现实世界的积极影响。"PRI 为广大投资机构建立了 ESG 投资的基本原则与框架，直至 2022 年，国内投资机构中加入 PRI 的机构增至 74 家。在 PRI 的推动下，ESG 投资与责任投资的理念开始在全球资产管理行业快速发展。从国际 ESG 投资的资产规模看，2021 年 12 月，全球 ESG 基金总资产已达到 2.74 万亿美元，较 2020 年增长 66%。全球投资界，包括美国和欧洲管理资产规模最大的贝莱德和东方汇理，都已在积极布局 ESG 投资。从国内资本市场看，自 2016 年以来，中国证券投资基金业协会积极推广 ESG 理念，发起并开展了 ESG 专项研究。国资委于 2022 年发布《提高央企控股上市公司质量工作方案》，要求中央企业集团公司要统筹推动控股上市公司进一步完善 ESG 工作机制并提升 ESG 绩效，力争到 2023 年央企控股上市公司实现 ESG 报告披露"全覆盖"，在资本市场中发挥带头示范作用。同时，由于摩根士丹利资本国际公司（MSCI）将对所有纳入 MSCI 指数的上市公司进行 ESG 研究并定期公布 ESG 评级结果，自 2022 年 A 股正式被纳入指数后，MSCI 的 ESG 评级也将引导国内市场进一步完善 ESG 信息披露，提升资本市场各参与方对 ESG 要素的理解和认知。2023 年 6 月，国内"中国 ESG 上市公司先锋100 榜单"发布，国际上"全球首套 ESG 披露准则"发布——国际可持续准则理事会（ISSB）正式发布首批国际可持续信息披露准则。一股覆盖各行业的"ESG 热潮"正席卷而来。在这股热潮下，很多投资人将 ESG 作为评估一家企业是否具有投资价值的重要标准。

随着全球对可持续发展的共识日益深入，社会对企业在绿色发展、节能减排、社会责任、诚信经营和合规管理等方面的要求也越来越多、越来越严格，推进 ESG 实践已成为企业在新时代的必然选择，有助于企业形成差异化的核心竞争优势，助力积极应对相关变革。

（二）什么是 ESG

ESG 在 2004 年由联合国全球契约组织首次提出，发展至今得到了国际社会的广泛认可，是环境（environmental）、社会（social）和公司治理（governance）的缩写，2006 年，联合国责任投资原则组织（UN PRI）将 ESG 纳入投资决策考量过程，多应用于金融机构投资决策考量的指标。它相对于过去单一的财务报告，更多考虑到了利益相关者，包括对环境的影响，承担的社会责任，与员工、供应商、用户之间的关系等，是对一家公司治理、业务发展的成果和规划等更为全面的展现，被称为企业的"第二张财报"。就目前 ESG 国际评级标准来看，ESG 中的 E（环境）不只是指外部环境（绿色低碳、节能减排等），还包括企业内部工作环境，若企业存在工作环境恶劣、室内污染、噪声等问题影响员工身体健康，都会被判定 E 这块做得不好。ESG 在很多方面与 CSR（企业社会责任报告）相关联，但 ESG 中的 S（社会）并不仅仅指践行社会责任，它也包括了为社会创造价值，企业需要为促进经济发展做出贡献，并为社会文化文明风气做出贡献。ESG 中的 G（治理），除企业内部管理之外，G（治理）包含企业与外部组织间的关系，和对这些国内外以及行业内外组织网络的治理。要做好 G（治理），需要参与到国内外行业组织和国际组织中，在关注和实现企业自身生存与发展的情况下，为整个行业和全球命运共同体的建设做出贡献。

（三）ESG 基本理论

利益相关者理论起源于 20 世纪 60 年代的西方国家。学者们从各种角度来定义利益相关者，其中，影响最为深远的为：利益相关者是指能够影响组织目标达成，或被组织目标达成影响的个人或群体。该理论认为企业是各利益相关者间达成的多边契约，企业通过消耗利益相关方提供的资本进行生产经营，生产经营后的资本升值又反馈至每个利益相关方。利益相关者理论认为企业是真正物质拥有者的地位会被逐步削弱，取而代之的是，企业的股东、债权人、员工、供应商、企业所在地居民等一切与企业经营相关的个体的地位会逐步上升。基于利益相关者理论，企业要想长久发展，就不能将股东利益最大化作为唯一的目标，而应该将利益相关者的利益纳入公司的发展规划中，形成一种与利益相关者基于信任的稳定合作关系，ESG 信息披露是取得利益相关者信任的良好途径。企业进行 ESG 信息披露，是将自身的优势展现在利益相关者面前，也是对各利益相关方监督的反馈，能够有效地赢得利益相关者的信赖，利益相关者对预期投资风险持乐观态度，便会更愿意对其进行投资。

在市场经济活动中，持有丰富信息的企业通过不同形式向外界输送企业的内部信息，以此吸引潜在投资者的关注，减小投资者的顾虑，使其做出投资决策，这便是信号传递理论。企业是信息传递中的优势方，利益相关者只监督企业的经营，并不能充分地了解企业的真实情况，这便形成信息不对称。企业利用自身信息优势，传递只对自己有利的信息，来吸引利益相关方的投资，获取更大的利益。而利益相关方则因为所获取的信息不足而更大可能造成决策失误。基于信号传递理论，信息不对称现象在资本市场中一直都存在，投资者希望能充分了解企业以降低投资风险，提高投资回报；企业希望能让投资者了解自身的优势及潜力以获取更多的投资。企业作为信息优势方，通过 ESG 信息披露，向外界传达营销良好的信号，以此来获得投资者的认可，减少投资者的顾虑。当企业主动披露 ESG 信息以区别于其他企业，投资者有更多的信息判断企业的潜力，可以降低决策的失误率，做出合理的投资。而且投资者也更愿意对信息披露完整的企业做出积极的反应，踊跃进行投资，促进企业股票上涨，这大大降低企业的融资成本，提高融资效率，进而提升了企业价值。相反，如果企业进行 ESG 信息披露时遮遮掩掩，由于逆向选择现象的存在，投资者会因为信息缺失，对该企业的投资持谨慎态度，这样企业的融资成本上升，上升的成本超过 ESG 信息披露的成本，得不偿失。

可持续发展理论。可持续发展思想产生于 20 世纪五六十年代，当时人们正处于经济发展的“风口”，人口的增长和资源的消耗对环境构成了极大的压力。为了满足当代人类的需求，同时不损害子孙后代的需求，人们提出了可持续发展的理念。可持续发展的三个基本原则是公平性、普遍性和持久性。为了进一步明确这一理念，罗马俱乐部一个非正式的国际著名学术团体在同一年发布了著名的研究报告《增长的极限》，提出了"持续增长"和"合理持久的均衡发展"的概念。1987 年，联合国世界与环境发展委员会发布了报告《我们共同的未来》，该委员会由挪威首相布伦特兰担任主席。这份报告正式提出了可持续发展的概念，并对人类共同关心的环境与发展问题进行了全面的论述。这份报告引起了世界各国政府组织和舆论的极大重视。在 1992 年的联合国环境与发展大会上，与会者达成了共识，认为可持续发展是一个重要的发展方向。

（四）ESG 理念重塑企业价值观

从企业的角度看，ESG 的主流化意味着社会已经对企业运作的外部影响有了新的认识，对企业的价值有了新的评估标准。随着"创新、协调、绿色、开放、共享"的新发展理念在资产管理行业落地，以及"十四五"期间将持续提高环境质量并建立健全环境治理体系，ESG 管理理念逐渐成为企业绿色可持续发展的理想载体。ESG 管理要求企业在环境保护、社会影响和公司治理这三个方面综合发力。环境保护方面，公司应当提升生产经营中的环境绩效，以尽可能降低公司运营对外部生态环境质量的影响。社会影响方面，公司应当秉持较高的商业伦理、社会伦理和法律标准，重视对地方社区的影响和公司员工的保护。公司治理方面，公司应当完善自己的企业制度，形成科学的管理体系。良好的 ESG 管理可以帮助企业更好地进行内外部治理，包括吸引人才、开拓市场、建立品牌声誉、应对气候变化挑战，获得可持续价值和长远发展。

客观来说，ESG 信息披露水平的提升能够为企业带来一定的价值增益，具体体现在外部投资接入、公司股价上浮及面对"黑天鹅"事件有较强的风险抵御能力等方面。因此，利益驱动导致同行业内企业间的博弈、比较与竞争频繁出现，相互间的决策存在刺激性与辐射性；其次，当前政府监管、市场环境、社会舆论及媒体监督的压力使得企业必须在环保及社会责任方面做出相应贡献。同行业内企业特征、生产经营结果存在渐进一致性，其所面临的相似外部环境使得其一定程度上存在"抱团取暖"的行为，进而形成一种相互模仿学习的氛围，这也是群体"避害"动机的体现；最后，行业内标杆企业会对其余企业产生强有力的辐射作用，影响其行为与结果，企业间存在的"攀比"行为会导致披露结果向好的方向集聚。而若整体环境较差，出于组织合理及合法性的考量，在进行 ESG 信息披露时企业只需满足最低标准。以上三方面使得企业在模糊决策的情境下，企业 ESG 信息披露的行为会受到行业内其余企业 ESG 信息披露行为的影响，从而产生同群效应。

中国在 ESG 领域也开展了自己的探索和实践。近年来，中国经济发展进入新常态，正处于高速增长阶段转向高质量发展阶段的转型关键期，可持续发展成为微观企业乃至宏观经济的转型新方向。在以往重视高速增长的经济发展模式下，企业对社会的负外部性影响往往让位于快速发展的经济目标。经济转型过程中社会主要矛盾已经发生本质变化，人民日益增长的美好生活需要促使企业行为的外部性受到广泛关注。而 ESG 理念寻求生态环境保护、社会和谐发展以及优化公司治理、强调企业正外部性的理念与中国新发展理念在底层逻辑上具有高度一致性，加快推进 ESG 理念是适应可持续发展需求与向国际传递负责任的大国形象的重要手段。"十四五"规划《纲要》明确提出，推动绿色发展，促进人与自然和谐共生。国资委也成立了社会责任局，职责包括"抓好中央企业社会责任体系构建工作，指导推动企业积极践行 ESG 理念，主动适应、引领国际规则标准制定，更好推动可持续发展"。

随着 ESG、CSR 等可持续发展报告的激增，报告的质量和有效性也开始成为关注的焦点。越来越多的相关方希望可持续报告能依据最公认的国际标准进行编制并接受独立审验，确保报告目的得到实现。虽然当前中国 ESG 投资进程持续加速，中国 ESG 实践在探索中稳步向前，但是不论是从理念层面、还是在实践层面，以及在 ESG 与可持续发展议题上，仍有许多空白亟待填补，许多分歧亟待弥合。简单套用国际广义 ESG 理念可能会带来水土不服，践行 ESG 理念需要深入把握国情、社情、民情。要依托社会主义国家的优势，汇聚各方、形成合力，共同推动中国 ESG 理论和实践的发展。比如在"社会"维度，相对于国外看重的社区概念，国内应该更加注重乡村振兴、共同富裕等课题，社会公益志愿力量也应该成为推动中国 ESG 本土化发展的重要力量。

（五）ESG 信息披露

ESG 信息揭示了更多维度的非财务信息，有助于提高信息透明度，完善信息环境。ESG 信息反映了企业创造长期价值的方法、实现良好决策的内部体制建设，规避风险以及把握机遇的能力，弥补财务信息无法充分揭示的企业潜在风险和不确定性因素，减少信息不对称。尤其在全面注册制的背景下，ESG 信息有助于提高市场效率、完善估值投资模型，协助投资者更好地筛选优质企业，持续促进市场透明度。

1. 企业 ESG 信息披露现状

ESG 是近年来金融市场兴起的重要投资理念和相关企业行动指引，亦是可持续发展理念在金融市场和微观企业层面的具象投影。随着中国经济进入高质量发展新阶段，尤其在"双碳"目标、共同富裕等国家战略背景之下，ESG 越来越受到各方关注和重视。早在 2019 年，上海证券交易所就发布了《上海证券交易所科创板股票上市规则》，对科创板上市公司提出 ESG 强制披露要求。2020 年，深圳证券交易所修订《上市公司信息披露工作考核办法》，重点关注是否主动披露环境、社会责任和公司治理（ESG）履行情况，报告内容是否充实、完整。在国家层面，2022 年 4 月，中国证监会发文，要求上市公司在与投资者沟通内容中增加 ESG 信息。2022 年 5 月，国资委印发《提高央企控股上市公司质量工作方案》，其中提到将推动央企控股上市公司完善 ESG 工作机制，在资本市场发挥带头示范作用，要求央企上市公司到 2023 年全部要披露 ESG 报告。从监管层面，中国对于上市公司 ESG 信息披露的要求逐渐严格，从"倡导自愿披露"转变为"部分企业强制披露"。

乘着国内"双碳"东风，ESG 报告逐渐成为企业社会责任类报告不可或缺的部分。企业做好 ESG 不只是讲好故事，被动例行合规而已，它更能促进企业资本市场的表现以及业务的长远发展。ESG 作为一项新的评估企业价值的指标，立足于"创新、协调、绿色、开放、共享"的新发展理念，更加关注企业对自身价值以外的贡献情况，而不限于传统的分析框架。

中国上市公司协会数据显示，超过 1 700 家上市公司单独编制并发布 2022 年度 ESG 的相关报告，占比达到总上市公司的 34%。据《中国上市公司 ESG 行动报告（2022—2023）》显示，截至 2023 年 6 月底，A 股上市公司中共有 1 738 家独立披露了 ESG/社会责任报告，同比增加 22.14%。从企业属性来看，国有企业的 ESG/社会责任信披率显著领先。以 2023 年数据为例，中央国有企业的 ESG 相关信披率达 73.5%。

2. 企业 ESG 信息披露存在的问题

首先，缺乏一个 ESG 披露的标准框架和体系，企业按照什么样的信息内容、格式、范围、指标体系等来披露，这些都需要从国家层面进行明确，才能实现企业 ESG 信息披露的实质性、可靠性、可比性和公开透明。其次，披露体系也不完善。企业基本上都是基于自愿的原则进行选择性披露，并没有明确的、规范的综合 ESG 信息披露要求。最后，中国很多企业对于 ESG 的认识不到位，很多企业没有认识到 ESG 的重要性，ESG 实践发展比较滞后，没有相应的人员来专门负责 ESG 信息披露，也没有能力来披露相应的 ESG 信息。

3. ESG 报告披露评价

在可持续发展报告披露的评价方面，我国学者们主要运用内容分析法对公司披露内容深度挖掘，以报告原则为基准进行披露质量评价。第三方评级机构对上市公司 ESG 报告披露的评价是当前投资者的重要参考，不同的评级机构有不同的指导体系并通过发布 ESG 相关指数来指导投资者开展投资活动。其中，发布最早的是 1990 年多米尼 400 社会责任投资指数，它由符合一定社会性评选标准的 400 家上市公司组成，重点考量环境绩效、劳工关系、社区关系、产品质量安全等 7 个方面的内容。当前国际主流的第三方评级有道琼斯可持续发展指数（DJSI）、碳信息披露项目（CDP）、Sustainalytics、MSCI ESG 指数；国内主流的 ESG 评级有华证、中证、商道融绿、Wind ESG、富时罗素等。国内评级采用金字塔式评分体系，以 ESG 中环境、社会、治理三个一级指标为主要框架，层层分解各个指标至公司层面的底层指标。评级结果则是基于指标权重的分布，结合不同行业之间的差异，以绝对得分和相对排名来确定最终结果。与国际 ESG 评级体系不同的是国内 ESG 评级的指标设置了违法违规行为、精准扶贫等指标，更加贴合中国当前发展现状。可以看出，当前国内外关于上市公司 ESG 治理的第三方评级研究很多，不同评级机构侧重点不同，或是结合通用标准和行业标准进行打分，或是看重 ESG 表现的风险影响，具体评价指标体系指标更是多达数十甚至过百。随着评价体系的日趋复杂，一方面监督企业提高可持续发展信息披露的透明度，另一方面评级机构不同指标的采用也使得公司披露标准不统一导致评价结果差异较大，不能真实全面地反映上市公司的治理状况。

在此基础上，人们又对各种指标加以细化并形成了一套评价体系（见图 3-1），该体系被公司用来规范和监督自身行为，同时会由专门的评估机构生成报告以供市场投资者等人查阅。

一级指标	二级指标	三级指标
E环境	E1环境管理	环境管理体系目标、员工意识、节能节水政策、绿色采购政策等
	E2环境披露	能源消耗、节能、耗水、温室气体排放等
	E3负面事件	水污染、大气污染、固体废气污染等
S社会	S1员工管理	劳动政策、反强迫劳动、反歧视、女性员工、员工晋升培训等
	S2供应链管理	供应链责任管理、监督体系等
	S3客户管理	客户信息保密等
	S4社区管理	社区沟通等
	S5产品管理	公平贸易、符合环境和政策要求的产品等
	S6公益事业	关注慈善基金，引领公益力量；地球生态和多样性，支持双创等
	S7负面事件	员工、供应链、客户、产品等负面事件
G公司治理	G1商业道德	反腐败和贿赂、纳税透明等
	G2公司治理	信息披露、董事会独立性和多样性、管理层薪酬等
	G3负面事件	商业道德、公司治理负面事件

图 3-1 企业 ESG 评价参考维度

ESG 注重企业的可持续发展，倡导企业在运营过程中更加注重环境友好（Environmental）、社会责任（Social）以及公司治理（Governance）。主要包含三个维度：环境维度，主要关注企业生产经营中环境管理能力、环境信息披露和有关环境的负面事件；社会维度，主要通过关注企业在员工管理上的合规性、包容性和多样性，员工薪酬与福利，在客户管理上是否注重保护隐私，在产品管理上是否符合相关标准和政策，在公益事业上是否主动有所作为，来判断一家公司在社会责任方面是否具有积极正面的影响；公司治理维度，主要关注包括董事会结构、股权结构、管理层薪酬及商业道德等问题，在公司治理方面是否及时进行信息披露，以及股东和管理层的利益与职责、避免腐败与财务欺诈、纳税透明、董事会构成的独立性与多样性等方面。

二、案例资料

（一）中芯国际基本情况

中芯国际集成电路制造有限公司（简称中芯国际）成立于 2000 年，总部位于上海。中芯国际及其子公司是世界领先的集成电路晶圆代工企业之一，也是中国技术最先进、配套最完善、规模最大、跨国（地区）经营的集成电路制造企业集团，提供涉及通讯产品、消费品、汽车、工业、计算机等不同领域的 0.35 微米到 14 纳米不同技术节点、不同工艺平台的集成电路晶圆代工及配套服务。中芯国际晶圆厂建造足迹遍布上海、北京、天津和深圳，在美国、欧洲、日本和中国台湾创建营销办事处，在中国香港也创建了代表处。2004 年 3 月中芯国际上市港交所（981HK）和纽交所，2019 年退市纽交所后于 2020 年 7 月上市科创板（688981SH）。自创建以来，中芯国际已然成长为世界排名第 4 的晶片代工企业，其产品质量、环保措施、员工安全卫生以及质量管理体系均通过 ISO 和 OHSAS 的认证，在逻辑工艺领域和特色工艺领域内的技术水平处于国内领先地位。除此之外，中芯国际自上市伊始获得诸多荣誉：2017 年，中芯国际获得"中国大陆创新企业百强榜单"荣誉，2019 年，中芯国际在中国电子信息百强企业榜单中名列第 24，2020 年跻身福布斯全球企业 2 000 强，在 2021 年《财富》中国 500 强排行榜位列第 382 位，2022 年 1 月获得发改委认定的国家企业技术中心资格。中芯国际致力于成为优质、创新、值得信赖的国际一流集成电路制造企业，构建秉持诚信、坚守质量标准、高效执行、持续创新、承担责任的价值观，重点提升其生产运营能力、技术研发能力、客户服务能力以及市场竞争能力，迈进稳定、发展以及战略竞争的新纪元。

（二）中芯国际 ESG 信息披露的进阶

截至 2023 年年底，中国公司 ESG 信息披露仍缺乏统一的披露标准和指引，以及对 ESG 理念的理解和重视程度不同，上市公司 ESG 相关报告的质量和内容存在较大差异。对于中芯国际，其相关 ESG 信息的披露也经历了不同的阶段。2008 年至 2020 年，中芯国际持续发布《企业社会责任报告》，2021 年起开始发布《环境、社会及管治（ESG）报告》，在报告中制定各项持续改进目标并进行披露。

2008—2009 年是中芯国际 ESG 报告披露的初步阶段。该阶段报告主要基于 CSR（社会责任履行），根据实时情况选择性地披露管理层、环境保护、社区参与和员工保护等信息，无具体的披露框架体系和披露格式，环境层面主要集中披露能源和水资源的保护以及节能、节水工程信息，对于污染排放信息披露较少，社会层面结合实时事件披露员工关爱、健康与培训、社区投资（如兴建学校）和志愿者参与情况，未披露客户、供应链以及产品责任等详细信息，无披露评级标准与评级结果，无披露参考依据。

2010—2013 年是中芯国际 ESG 报告披露的发展阶段。该阶段报告仍主要基于 CSR，不过报告的框架体系逐渐有迹可循，主要分为建立信任、以人为本和保护环境三个方面。信任部分主要披露社会责任管制架构、执行政策、公司治理、行业标准以及有关客户和供应商的信息，以人为本部分主要披露员工雇佣、健康与安全、发展与培训、劳工准则和社区投资等信息，环境部分披露了有关 ISO 认证的信息、排放物、绿色生产、能源资源和水资源的使用和节约以及环保意识的推广等。随着 2012 年港交所《环境、社会及管治报告指引》的发布，中芯国际 ESG 信息披露逐渐规范化。

2014—2015 年是中芯国际 ESG 报告披露的过渡阶段。虽然报告未直接披露有关参考依据，但是披露框架逐渐成形并且内容基本符合《环境、社会及管治报告指引》的相关要求，且开始披露评级依据、评级标准和评级结果，2015 年中芯国际评级标准为四星。框架体系主要分为六个部分，分别是公司简介、利益相关方的沟通、公司治理、客户服务与供应链管理、以人为本和保护环境，还未形成以环境、社会和公司治理为划分且与《环境、社会及管治报告指引》相对应的议题管理，简单地将议题划分为显著议题、一般议题和次要议题。随着整合报告理念开始被重视，研究学者倡议在披露独立的社会责任报告的同时不能与财务报告的有关信息完全脱离，因此中芯国际 ESG 报告中开始包含市场状况、财务状况等反映经济层面的信息，为完善后阶段的报告框架奠定基础。

2016—2021 年是中芯国际 ESG 报告披露的上升阶段。该阶段开始，中芯国际明确披露报告的参考依据为上述提及的标准指南，且每年保持一致（与准则更新同步），同时该阶段报告均后附《环境、社会及管治报告指引》框架各层面的说明和披露页码索引，披露完整性显著提升，除此之外，中芯国际基本形成环境、社会、企业治理和经济四个方面的议题管理局面。

2022 年 3 月中芯国际第一次独立发布《2021 年度环境、社会及治理（ESG）报告》，报告范围、图文设计水平、可读性方面均有出色的表现，同年 6 月，公司对 2021 年 ESG 报告作出修订，最终报告内容扩充近 20%，可见该公司对 ESG 颇为重视。2023 年 3 月，中芯国际再度独立发布 2022 年度 ESG 报告。中芯国际 2018—2022 年报告议题汇总见表 3-1。

表 3-1　中芯国际 2018—2022 年报告议题汇总

	2018 年 CSR 报告	2019 年 CSR 报告	2020 年 CSR 报告	2021 年 ESG 报告	2022 年 ESG 报告
环境议题	环境保护政策 环境保护管理体系 温室气体管理 能源管理 水资源管理 空气污染物管控 废弃物管理 环境保护意识	环境保护政策 气候变化与能源管理 水资源管理 空气污染物管控 废物管理 环境保护意识	环境保护政策 气候变化与能源管理 水资源管理 空气污染物管控 废物管理 环境保护意识	环境保护政策与管理 气候变化 能源管理 水资源管理 废水管理 废气管理 废弃物管理 环境保护意识	环境保护政策与管理 气候变化与温室气体管理 能源管理 水资源管理 废水管理 废气管理 废弃物管理 环境保护意识

表3-1(续)

	2018 年 CSR 报告	2019 年 CSR 报告	2020 年 CSR 报告	2021 年 ESG 报告	2022 年 ESG 报告
社会议题	员工概况 权益保障 职业发展 职业健康安全 员工生活 客户服务 供应链管理 慈善公益 教育支持	人才吸引及留任 职业发展 职业健康安全 多彩生活 客户服务 供应商管理 医疗援助 教育支持 公益活动	人才吸引与留任 职业发展 职业健康安全 多彩生活 客户服务 供应商管理 医疗援助 教育支持 公益活动	招才引智 人才留任 员工权益 职业发展 员工关怀 优化客户服务 提升产品质量 加强供应链管理 兴办中芯学校 中芯奖助金 关爱青少年健康 流动的善意	招才引智 人才留任 性别平等的职业发展 员工权益 员工关怀 优化客户服务 产品质量管理 加强供应链管理 兴学助教 关爱青少年健康 坚持消除饥饿行动
治理议题	社会责任治理 公司治理 创新管理	社会责任政策 社会责任管理机制 利益相关方沟通 公司治理 道德与法规遵循 创新管理	社会责任政策 社会责任管理机制 利益相关方沟通 公司治理 道德与法规遵循 创新管理	ESG 策略 利益相关方沟通 重大性议题管理 中芯国际董事会 风险管理 出口合规管理 商业行为与道德规范 内部审计 信息披露 筑牢信息安全屏障 坚持自主创新	ESG 策略 ESG 管治架构 利益相关方沟通 重大性议题管理 风险管理体系建设 出口合规管理 责任矿物管控 商业行为与道德规范 信息数据安全 创新研发
经济议题	市场地位 产品与服务 财税信息	市场地位 产品与服务 财税信息	市场地位与产品 财税信息	公司简介 中芯国际里程碑 2021 年中芯荣誉	公司简介 中芯国际里程碑 2022 年中芯荣誉 2022 年 ESG 亮点绩效

三、案例分析

鉴于中芯国际在 2022 年 3 月才第一次独立发布公司年度 ESG 报告，到 2023 年年底，共独立发布 2 次年度 ESG 报告，本书以 2022 年中芯国际 ESG 信息披露情况为例分析其 ESG 信息披露行为。

（一）中芯国际 2022 年度 ESG 信息披露

1. 环境管理

公司建立四大环境保护管理体系（见图 3-2），通过实时监控日常经营管理过程中的产污环节、能耗环节、排放环节以及有害物质处理环节等指标，实现生产过程中的环保管控目标，助力公司实现绿色节能运营目标，最终成长为绿色低碳企业。

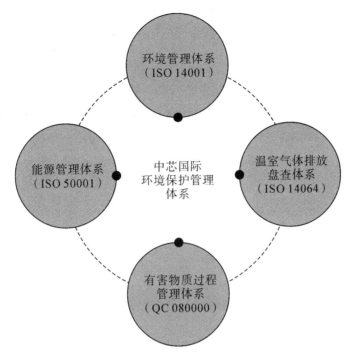

图 3-2　中芯国际低碳管理体系

环境管理体系。中芯国际设置专业的管理部门严格把关生产运营中可能存在的产污环节，控制各类污染物的产生及排放；通过增设环保项目、运行控制、运营监督等措施，高标准完成生产过程中的环保实践，提升公司环境绩效。在面临气候变化带来的经营危机与挑战时，中芯国际持续推进公司可持续发展，以气候变化为底层逻辑，完善气候变化政策、气候变化风险与机遇识别、温室气体核查体系、公开披露环境责任信息机制四大架构，使其能够更好地让公司在面临气候变化时提供决策支持。

温室气体排放盘查体系。中芯国际依照国际 ISO 组织的 ISO 14064 温室气体排放标准建立温室排放气体盘查体系，2022 年单位产品温室气体直接排放强度为 3.3 千克二氧化碳当量/8 英寸晶圆当量-光罩数，同比增长 10%，单位产品温室气体排放量为 10.2 千克二氧化碳当量/8 英寸晶圆当量-光罩数，同比增长 9.71%，温室气体排放强度待进一步优化。

能源管理体系。中芯国际依托国际 ISO 组织的 ISO 50001 能源管理体系设立三级能源管理架构，2022 年单位电能消耗强度同比下降 7.21%，单位天然气消耗强度同比下降 7.86%，单位蒸汽消耗强度同比增长 33.33%，单位水资源消耗强度同比下降 3.3%，能源消耗总量为 3 376.52 百万千瓦时，能源消耗强度为 13.45 千瓦时/8 英寸晶圆当量-光罩数，同比提升 5.32%。该体系监控下，公司在实现经济效益的同时并未很好兼顾环境效益，但是在后续发展上，公司兼顾了绿色运营，比如建设光伏项目降低厂区能耗、高标准建设绿色产区等。

有害物质过程管理体系。根据该体系，公司对废水、废气、废弃物进行分类管理以及流程控制，从源头加强管控有害物质的产生，而已产生的有害物质争取做到 100% 合规处置或者环保回收，整个产生过程进行数据监控，并向社会公开，接受公众监督，同时动用公司资源与号召力，鼓励员工参与环保活动。

中芯国际在环境保护方面的举措数字化程度较高，每个环节基本都有相应的指标去监控，后续则需要反过来，通过数据指标反馈从源头解决问题，而不是仅做单纯的数据汇总。另外，加大力度落实战略层面制定的绿色可持续发展举措。

2. 社会责任履行

以员工为核心，构建社会责任架构。在中芯国际以员工为核心动力的前提下，尽管2022年全球经济环境不确定因素增加，但公司仍旧大规模招募新员工，新增员工7 606名，同比增长54.3%，员工总人数达到21 619人，劳动合同签订率100%。为了留住人才，中芯国际一直重视员工权益、激励机制、职业发展三大方向。在员工权益方面，公司制定相关制度，完善公司福利体系，比如创建安全工作环境、关心员工身心健康、完善生活设施丰富员工生活、创建学校满足员工子女教育需求；在激励机制方面，公司除了提供具有竞争力的薪酬体系外，还增加股权激励、专项奖励和长期服务奖励，如2021—2022年间，共计向5 119名员工授予股权激励；在职业发展上，公司建立了管理类和技术类双向晋升通道，每个通道均有清晰的职业发展规划，同时公司在工程技术及研发序列上设立了快速发展项目，以技术为基础建立快速晋升通道，另外，为了提升员工自身竞争力，公司还开展多种培训课程、建立在线学习平台、与校企合作为员工提供继续教育机会。

中芯国际通过积极参与公益、教育事业，以实际行动回馈社会。2022年，公司参与志愿者活动的人数约1.4万人，服务时长超4万小时，相比2021年均出现了大幅提升，但是在公司开展"芯肝宝贝计划"、肝移植、人工耳蜗和先天性心脏病救助等项目援助上，2022年公益捐赠647万元，帮助患者119名，在社会公益捐赠方面相比2021年出现了较为明显的下滑。其次，公司在上海和北京创建的两所民办学校，在学费方面，非员工子女没有折扣，且学费较高，若是从公益教育角度出发，还需寻求教学质量与费用之间的均衡。

与公司利益相关者做好紧密沟通。中芯国际通过公告、热线与邮箱、股东大会、调研等方式，获取利益相关方关于ESG方面的建议和期望，确认重大性ESG议题，并对其进行分析、审核和讨论。在客户服务上，中芯国际通过严格的质量管理体系生产产品，并准时向客户交付高标准的优质产品，对于客户的需求与建议，公司及时做出反馈，使得客户对公司满意度连续多年在80分以上。在供应商管理中，中芯国际将ESG风险管理理念融入供应商管理，通过降低风险高区域的供应商占比来降低了产业链与环境对公司正常经营造成的风险。

中芯国际在社会机遇方面的改革力度与公司行业地位有所差距，且举措较为单一，未来需要加大在该领域里的布局。

3. 公司治理

从公司披露的ESG报告来看，目前公司董事会里有9名董事会成员，其中独立非执行董事4名，占比44%，超过上市公司要求独立董事占比1/3的要求，有利于保证公司绩效，避免大股东等核心方损害公司利益情况的发生。董事会下设审计委员会、薪酬委员会、提名委员会和战略委员会，各委员会受其各自职权范围的管治，其中审计委员会作为董事会下属日常运作机构，与内部审计机构合作，合规开展审计与监督工作，及时防范日常经营风险，保障企业长期健康经营发展。

中芯国际在报告中提到了风险管理体系的建设，主要分为决策层面和实施层面，并披露了以董事会为首、下设审计委员会、风险管理委员会、风险管理工作小组的风险管理框架。从报告中，未能看到企业是否对供应链风险进行了系统性识别，这显然将成为其 ESG 建设中的一大漏洞。

总体来看，中芯国际在公司 ESG 信息披露上，在环境总评中侧重污染与废物排放，社会责任总评中侧重员工情况、社会贡献指标等，公司治理总评中主要提及架构、运营管理。

（二）外部对中芯国际 2022 年度 ESG 信息披露的反馈

上市公司实施 ESG 和 ESG 披露，既是公司内部的自发行为，又是外在监管和第三方评估的结果。在政府、媒体以及行业等群体对企业履行社会责任的水平需求越来越高时，ESG 也在向着更深入的方向发展，并将科技创新、脱贫攻坚、污染防治等相关内容纳入 ESG 的履行与评价体系中，进而推进企业发展壮大，最终达到可持续发展目的。同时，政府、媒体以及行业等群体也会对企业披露 ESG 报告的质量进行监督和评价，从而促进企业践行 ESG 理念。在 2018 年 9 月，证券监督管理委员会公布了最新的上市公司管理规范，强化了社会责任和信息披露的规定，并指出在环保等社会责任方面，上市公司要发挥表率的作用，同时建立起 ESG 信息披露的基础架构。

作为第三方的评级机构，他们对中芯国际 ESG 表现的评定结果存在较大差异。中芯国际 ESG 报告中显示（见图 3-3），2022 年，中芯国际分别获得恒生 ESG 指数 A+评级、ISS ESG "最佳"等级、中证 ESG 指数 AA 评级。另有 9 家 ESG 评级机构也分别对中芯国际作出评级（见表 3-2），分别是路孚特、中财绿金院、商道融绿、盟浪、中诚信、秩鼎、晨星 Sustainalytics、妙盈、华测 CTI，其中秩鼎给出了 AA 级，具体来看，该机构在环境、社会责任、公司治理方面分别给出 AA 级、A 级、AA 级，是所有评级机构中，给出评分最高的机构，总体而言，评级达到 A 级及以上的只有 3 家，占比 33%，与中芯国际获得的 ESG 成就相比，评级等级差距较大。

图 3-3　2022 年度第三方评价机构评级情况

表 3-2　9 家机构对中芯国际的 ESG 评级

名称	季度	评级结果
华测 CTI	2022Q1	BBB
盟浪	2022Q2	BBB+
妙盈	2022Q2	BBB
中财绿金院	2022Q4	B+
晨星 Sustainalytics	2022Q4	31.38（Core）
秩鼎	2023Q1	74.55（AA）

表3-2(续)

名称	季度	评级结果
路孚特	2023Q2	64.9（B）
商道融绿	2023Q2	A-
中诚信	2023Q3	AA-

一般来说，一份完整 ESG 报告的 E、S、G 三个维度普遍参考权重是 10%、60%、30%，通过对中芯国际 2022 年 ESG 报告进行粗略的统计与划分，其对应的三个维度内容占比分别为 17.34%、49.33%、33.33%，在内容篇幅分布上，这次的 ESG 报告相比2021 年，内容篇幅减少了 18% 左右，但是在设计排版方面做了进一步优化，大大提升了报告的观赏性、可读性。其次，中芯国际与标准 ESG 报告在环境总评与社会责任总评两个维度权重划分差距较大，如环境总评中侧重污染与废物排放，社会责任总评中侧重员工情况、社会贡献指标等，另外在公司治理方面，主要提及架构、运营管理，三个维度的内部指标权重、指标完善性以及执行力度的不同，造成了各评级机构之间的评级差异。

事实上第三方评价机构在分析与评价的过程中所依托的评价依据，依然是各企业自行披露的社会责任报告。虽然第三方评价机构对中芯国际所给出的当年评级在一定程度上反映出了中芯国际在报告期内 ESG 的实践情况，但是却无法准确反映出中芯国际的实际履行情况。一份兼具可读性与可靠性，并且具有更高透明度的 ESG 报告，更能准确反映企业在一定时期内的环境维护、社会责任履行及公司治理水平，因此，对披露信息进行进一步完善，避免机构的误判风险，这也是中芯国际下一步需要改进的地方。

（三）中芯国际 ESG 披露存在的问题

1. 披露信息不足

ESG 报告中的信息披露以定性说明为主，对于量化指标的披露主要体现在能源消耗、气体排放、累计专利、员工人数、公益支出这几个方面，信息披露涵盖范围小且数据信息泛化，并不能很好地为报告使用者提供可比较的数据信息。另外，报告中只披露了相关议题的正向表现，对于发展过程中的不足之处以及未来的改进方向并未提及，容易导致信息不对称现象的发生，使得信息失真，给投资者决策造成一定程度的误导。再者，信息披露的深度不够，报告中只披露了浅显的信息，对于这些信息能够带来怎样的经济后果，文中并无说明，报告可读性不强，投资者就相关信息还需要大量收集资料才能为投资决策服务，降低了企业吸收投资的效率。另 ESG 报告缺乏负面信息和挑战的披露，会导致内容不完整、不平衡，无法反映公司在 ESG 方面的真实状况和潜在风险。

2. 部分议题重视程度低

近年来，全球气候变暖，极端天气频发，如森林火灾、暴雨洪涝，无一不是大自然向我们发出的警告，该企业在气候变化如此严峻的时刻，将气候变化议题仅作为一般性重要议题进行披露，显然是未能深刻意识到气候变化对多方面活动产生的影响。在互联网信息技术高速发展的今天，企业间的竞争正在逐渐向数据竞争转移，通过加工"有效"数据可以实现企业增值，因此，对于信息安全和隐私的保护变得尤为重要，中芯国际将此议题列为一般重要性议题进行披露，且披露信息较少，措施有效性需进一步检验。

3. 披露内容缺乏一致性及真实性

目前，我国 ESG 报告分为自愿披露和强制披露两类，且披露内容还未形成统一标准。根据中芯国际连续多年来的 ESG 报告可知，其信息披露在内容和形式上并未形成体系，虽连贯发布，但纵向可比性较差，就相关内容方面，并不能给投资者带来直观、系统的感受。另外，在自愿披露背景下，社会责任报告的可靠性在很大程度上，也取决于保证披露内容真实性与过程完备性的外部审计。该公司虽然在报告期后附有行业评价，但仅仅是围绕企业及行业发展做出的评价，并未对该报告披露内容进行考核，其披露信息真假不定。同时，在国内的 ESG 评级机构中也未曾发布具体议题的得分情况，ESG 理念的相关实践信息有待考察。

从报告整体情况看，中芯国际的 ESG 信息披露质量并不稳定，中芯国际披露的信息很大一部分都是积极的，基本没有出现对企业不良信息的描述。中芯国际在 ESG 报告中，描述了大量企业的环境保护制度、社会福利、员工福利以及企业治理方面的信息，与其丰富的披露内容相对的是，企业的披露标准和披露内容整体比较模糊，没有一个具体的规定，这种情况下，ESG 报告很容易出现回避不利信息的情况。同时，以财务报告为例，年限之间的可比性非常重要，但是中芯国际 ESG 报告中只有一部分数据性的信息是与往年进行了比对的，缺少行业间的对比。文字性的描述信息则每年的侧重点都不一样，ESG 相关的内容处于每年变化状态中，外部信息使用者无法准确进行逐年的信息对比，信息可比性较低，降低了信息的使用价值，进而降低了 ESG 报告披露质量。

（四）建议与对策

通过上述分析发现，中芯国际在环境、社会、治理三个维度的不同方面，都取得了优异的成绩，但在披露过程中还存在不足之处。随着用户消费观念的转变，健康、低耗的产品将快速充斥市场，并受到广大消费者的青睐。针对上述分析中存在的问题，提出以下建议。

1. ESG 信息披露层面

（1）完善信息披露内容

在量化指标方面，通过明晰可量化指标及指标度量标准，适当扩大量化比例，增加数据信息，提供简洁明了的非财务信息，有助于投资者进行定量分析，衡量企业在环境、社会、治理这三方面产生的经济效益。同时，企业应在报告中注明量化指标的数据来源，证明其信息真实可靠，便于投资者理性决策。在披露内容的广度和深度方面，企业可以减少不重要信息的披露，在重要议题上多角度披露，深挖关键议题与经济效果之间的联系，降低冗余信息，提高信息可利用性和参考性，为报告使用者提供高质量信息。

（2）提高相关议题的重视程度

面对日益严峻的气候条件，加深企业对环境信息披露的认识，增强企业环保意识迫在眉睫。另外，大数据时代的到来，信息成为企业增强核心竞争力的一种战略资源，在利益的驱使下，用户的数据信息泄露事件屡见不鲜，提高维护信息安全和保护隐私的意识，增加用户对企业产品的认同感，才能提升用户黏性，扩大企业市场份额。

（3）向 ESG 信息披露国际标准趋近

ESG 报告作为企业编制的非财务信息披露报告，在不断发展的过程中产生了多种信息披露指标体系，这些指标体系侧重点、内容不同以及定量指标均不相同。主流的 ESG 信息披露指标之间差异性很大，因此企业根据不同披露标准发布的信息一般情况下不可以在全球或全行业内进行对比，所以很难进行企业自身 ESG 治理水平的评价。随着 ESG 评价应用领域的不断扩展，统一的 ESG 信息披露标准可以实现 ESG 治理和评价结果的同行业、跨时间、跨地区可比，更有利于全球企业协同推进 ESG 治理。

2023 年 1 月 15 日，ISSB（国际可持续发展委员会）批准了企业机构两个披露标准 IFRS-S1 和 S2 中的首个，并将于 2023 年第二季度末发布，这意味着全球 ESG 披露有了共同的国际标准。全球将于 2024 年引入强制性 ESG 披露。因此，中国企业，尤其是国际化企业，除了重点关注中国国内监管的 ESG 披露需要外，将被要求开始根据气候相关金融披露框架工作组（TCFD）的要求报告与气候相关的金融风险。但是目前我国企业 ESG 报告披露最主要的问题是与国际 ESG 信息披露要求格式差异大，信息丰富程度参差不齐，企业需要在原有框架的基础上，梳理内部管理体系及制度，对比 ESG 评价体系或 ESG 信息披露的要求，完善 ESG 方面的战略，逐项将 ESG 事项引入企业管理制度中。

（4）结合行业特性披露 ESG 信息

中芯国际考虑自身可承受的信息披露成本，结合行业主流标准及监管部门的要求，从已有的报告编制标准中选择一套或者多套进行对标，在建立完善 ESG 合规义务管理体系的基础上，根据自身行业、业务的特点及实际情况，强化 ESG 管理制度，不必生硬地执行各项指标。

2. ESG 制度体系建设与监管体制

（1）完善 ESG 披露制度

ESG 理念在我国的发展时间较短，国内对 ESG 制度及体系的研究还处于起点阶段，对 ESG 报告的内容规范也处于摸索状态，由于缺乏相应的制度体系，导致企业 ESG 报告的披露内容存在差异。因此，通过出台相关准则及法规，建立完善的信息披露制度，规范资本市场上的有关条款，使得企业披露内容符合基本需要，便于使用者横纵对比。此外，在统一规范后，结合企业的具体情况，在特定指标中灵活选择与本企业相适应的指标进行披露，增强制度的灵活性，既有利于降低企业披露成本，又能够整合信息，以满足投资者需要。

（2）建立健全 ESG 评级体系

当前，国内外 ESG 评级机构泛滥，大部分机构所采用的是综合打分法，不同评级机构中对不同指标所占权重并不相同，评分的侧重点也不同，因此对 ESG 的评价具有较强的主观性，缺乏一个统一的衡量标准。因此，政府、企业及相关机构应积极合作，建立一套系统、综合的评级体系，加强社会对 ESG 评级的认可度，将 ESG 评级结果纳入报告范围，提高报告透明度，让投资者进一步了解企业 ESG 的实践效果。另外，评级机构的评级结果需要定期更新公布，以反映公司的最新情况和变化。

（3）加强 ESG 监管

贯彻落实 ESG 理念，需要多方共同合作。政府可以建立相应的激励机制，引导企业自主披露 ESG 信息，保证资本市场信息的公开透明，促进企业可持续发展。媒体方面，可以将 ESG 表现优异的企业作为宣传对象，在扩大企业知名度的同时，积极引导其他企业践行 ESG 理念；同时遵循客观、公正的原则，揭露企业 ESG 报告中的数据造假行为，促使监管机构积极行动，引导企业树立良好的企业形象。公司层面，应该将 ESG 理念与企业治理结构相结合，优化企业治理结构，促使企业在提升经济效益的同时，注重环境效益和社会效益形成良性循环，为经济高质量发展贡献力量。另外，企业可以通过提高内部控制的有效性，强化与各有关方之间的沟通，以此确保 ESG 理念的执行情况，从而增强企业的长期价值。

随着近年来企业的环境、社会责任意识的提升以及"双碳"目标的提出，各企业纷纷重新规划其战略方针，低碳型、环保型、健康型的产品不断涌现。在企业战略管理与日常运营中融入 ESG 理念，是企业良性发展的必经之路。同时，现阶段企业面临着国家监管和自身转型的双重压力，将 ESG 贯穿于企业运营的方方面面，能够有效提升企业的可持续发展能力，进而增加企业价值。其长期良好的 ESG 表现，能够有效发挥信号传递的正向作用，扩大企业影响力。ESG 报告中披露的相关信息能够为使用者提供更多的非财务信息，便于其投资决策，也能够帮助企业了解自身表现，提出意见并改进企业经营行为，提升治理水平且降低企业风险，从而使得企业在资本市场中的认可度得到提升。

案例分析题

1. 中芯国际 ESG 实践对其可持续发展的影响是什么？

2. 企业良好的 ESG 发展实践会影响到商业信用融资吗？

3. 如何有效提升企业 ESG 信息披露质量？

4. 尝试基于可持续发展理论、经济外部性理论和利益相关方理论，探讨企业进行 ESG 建设的意义。

项目训练

券商助力企业 ESG 发展理念

随着我国经济结构转型与高质量发展，ESG（环境、社会责任及公司治理）理念不断深入，逐渐成为证券行业的发展共识。券商不仅自身积极践行 ESG 理念，还通过绿色债券等金融产品的发行、承销或投资等助力推进行业 ESG 理念。

2023 年 11 月 13 日，两家券商同日发布 ESG 相关进展。国泰君安证券发布消息称，近日，自主研发上线了覆盖境内 1.4 万家市场主体的 ESG 评价系统，实现了 ESG 特征识别、评估、监控、预警的可视化呈现，并建立了债券 ESG 投研体系，将 ESG 理念融入债券投资制度建设、标的筛选、投资决策、风险管理等各项环节。海通证券则着力于打造绿色、低碳、智慧、高效数据中心，完成数据中心动力基础设施多项节能改造，并在机房巡检机器人投用的基础上，再次投用供配电智能巡检机器人，成为首家投用动环（动力环境监控系统）巡检机器人的证券公司。

海通证券表示："作为ESG理念及行业数字化转型的先行者，将始终秉承绿色低碳发展理念，深耕ESG建设，坚持科技创新赋能，积极推进数字海通智能化运维管理，助力提升公司ESG治理水平。"

证券行业正在不断推进ESG治理深化。目前已有多家券商设立了发展战略与ESG管理委员会。同时，券商也积极披露ESG报告，此前43家上市券商发布了2022年度社会责任报告，从完善公司治理、推动绿色发展、承担社会责任等多维度展示了其ESG工作成果。

另中国证券业协会官网显示，2023年上半年，证券公司服务实体经济直接融资3.13万亿元，服务173家企业实现境内首发上市，承销（管理）发行绿色公司债券（含ABS）融资金额768.74亿元、科技创新公司债券融资金额1224.20亿元、民营企业公司债券融资金额1522.41亿元。截至2022年年末，88家证券公司"一司一县"结对帮扶脱贫县334个。

中投协咨询委绿创办公室副主任郭海飞对《证券日报》记者道："作为资本市场重要中介机构，证券公司践行ESG，一方面可将ESG理念融入公司治理或管理运作，不断提升公司ESG水平，从而提高公司美誉度和品牌度，帮助公司赢得更多优质客户、拓展市场，助力行业高质量发展；另一方面则可通过相关ESG业务开展，引导市场资源不断流向可持续发展领域，推动绿色债券等可持续金融市场不断发展壮大，为实体经济绿色低碳转型提质增效。"

当前阶段券商如何进一步践行ESG理念？郭海飞表示，首先，证券公司应制定ESG发展目标和战略规划，健全完善ESG管理体系和制度，设置ESG部门和相应负责人，定期披露ESG信息和发布ESG报告；其次，证券公司应不断加大绿色债券等可持续金融产品的发行或承销，加大可持续金融产品创新力度，在二级市场股票投资和其他投资业务中融入ESG理念，同时做好绿色债券可持续金融产品发行前、存续期和期满后的ESG信息的定期披露工作，确保可持续金融的ESG效益真正落实，而不是沦为"漂绿、伪绿"产品，加强ESG负责任投资的宣传推广等。

国泰君安证券表示，未来将进一步贯彻长期投资、价值投资、负责任投资的理念，依托ESG投研能力的先发优势，丰富ESG产品供给，加大指数开发及产品建设，持续提升绿色金融服务能级，为客户创造长期可持续的稳健收益。

在北京社科院副研究员王鹏看来，一方面，券商应加强ESG研究和投资能力，加大对ESG领域的研究投入，提升自身在ESG领域的专业能力和影响力。同时，券商可以积极开发ESG投资产品和服务，引导投资者关注环境、社会和治理因素，推动资本市场的绿色转型；另一方面，除了建立和完善ESG信息披露制度，提高ESG信息的透明度和可信度，券商可以积极参与ESG评价体系的制定和完善，推动ESG评价标准的统一和规范化。此外，券商还应重视员工的ESG意识和能力培养。

资料来源：根据网络上公开资料整理。

讨论题：金融中介机构如何有效助力企业ESG发展理念建设？

案例四 | 苏宁易购并购家乐福（中国）公司

---- ■教学目的与要求 ------

　　并购是一种依靠外部力量来增强企业实力的方法，可以促进并购双方的资源整合，提高企业的核心竞争力，以此更好地应对市场环境的变化。但并购行为本身是一柄"双刃剑"，企业在通过并购获得收益的同时，必然也伴随着一定的并购风险，如投资战略决策不当、对并购目标估值定价不合理、融资和支付方式选择不恰当、并购后整合不力等，都会影响并购后的协同效应。通过对本案例的学习，学生应熟悉企业并购动因与绩效评价，以及对并购后出现的问题进行分析，探讨并购后经营状况的改善与协同发展。

一、背景知识

（一）并购动机

　　企业想要成长，一种方式是靠自身的时间积累形成企业特色和竞争优势，另一种方式就是通过并购。我国并购活动始于 20 世纪 80 年代，并随着证券市场的建立而发展，虽然历史并不是很悠久，但是成长速度极快。企业采取并购活动的直接动力在于追求企业价值及企业资本最大幅度的增值。并购活动是企业用来提高市场份额，加强企业综合实力，提升企业核心竞争力的有效手段，同时也是企业实行产业结构优化整合的关键措施。企业并购的动机主要有五个方面。

1. 协同效应

　　协同是指通过并购双方优势的单向或者双向转移，从而使并购后双方的价值综合大于并购前单方价值的简单相加，从而实现价值创造。企业兼并对价值改变的最明显表现即规模经济效益的取得。

2. 财务协同效应

企业完成并购活动后对财务效应的追求是企业采取并购手段的重要动力。财务协同效应主要是指给企业在财务方面带来的种种效益，主要体现在企业的生产经营、财务管理等各个方面，涵盖了税务及会计处理的相关效应。

3. 企业发展动机

企业可以运用两种基本方式进行发展，一是通过内部投资新建方式扩大生产能力，二是通过并购获得行业内原有生产能力。比较而言，并购往往是效率比较高的方法。这是因为并购有效降低了进入新行业的壁垒，且大幅度降低了企业发展的风险和成本。随着技术更新速度的加快，技术壁垒成为企业在原行业保持竞争优势及进入新行业的障碍，通过并购实现技术协同，成为企业发展的一个重要战略。同时，企业在参与国际竞争时，往往通过并购东道国的原有企业，获取信息协同，消除进入新市场面临的信息偏差与不对称，以降低企业经营的成本与风险。

4. 市场份额效应和利润空间

市场份额指的是企业的产品在市场上所占份额，也就是企业对市场的控制能力。企业市场份额的不断扩大，可以使企业获得某种形式的垄断，这种垄断既能带来垄断利润又能保持一定的竞争优势。因此，这方面的原因对兼并活动有很强的吸引力。

5. 企业发展的战略动机

根据企业生命周期理论，每一个企业的产品都有一个开发、试制、成型、衰退的过程。对于生产某一主导产品的企业，一方面可以不断地开发新品种适应企业的生命周期，另一方面则可以制定较长远的发展战略，有意识地通过企业并购方式进行产品转移，明显的表现是企业通过并购有效地占领市场，企业通过并购能够实现经验共享和互补，企业通过并购能获得技术上的竞争优势。

（二）并购的类型

并购的类型按并购双方所处的行业，或者说按并购的结果状况及所涉及的产业、行业、产品是否相同来划分，主要分为横向并购、纵向并购和混合并购三种类型。

横向并购是指企业为实现扩大经营规模、降低经营成本和达成协同促进目标，对本行业内的同类产品公司展开的并购。此类并购行为对提升企业市场占有率、减轻同行业领域竞争激烈程度和加强垄断地位均具有较大的促进作用。

纵向并购是指基于企业总体战略目标，公司为达成经营模式一体化而开展的并购行为。并购公司根据自身经营业务特性选取经营合作较好的上下游产品生产商或销售商等开展并购行为。

混合式并购是指企业为实现多元化经营战略、扩大产品和服务种类、涉猎更多业务领域的目标，进而在企业自身经营范围之外选取经营发展模式、产品服务种类等皆不相同企业进行的并购活动。混合式并购有利于公司进军陌生领域进行发展、打破当前业务成长壁垒。

按照并购目的的不同，可以将并购类型分为战略并购和财务并购。战略并购是以企业自身发展战略为导向，通过优化资源配置方式，提升企业核心竞争力，实现协同效应，创造大于各自独立价值之和的新增价值的并购活动。财务并购多是重组财务结构来改善现金流量，实现财务上的短期盈利，所以此种并购方式的目的一般是赚取优质产品的差价，或者是借壳上市。

按照支付方式的不同，并购大致分为现金支付、换股支付、债务型并购和混合并购方式。在早期的金融市场，并购大多为小规模交易，因此通过现金就可以完成。在换股支付方式下，收购方不需要支付巨大的现金流，所以不会增加过多的财务压力。债务型并购，主要是指收购债务过高企业的并购行为，虽然支付较少的成本就可以完成，但是偿债风险较大。混合并购方式，就是将现金支付以及换股支付等方式合并进行的并购。

二、案例资料

（一）并购双方简介

1. 并购方：苏宁易购

苏宁易购集团股份有限公司创办于1990年，是一家经营商品涵盖传统家电、消费电子、百货、日用品、图书、虚拟产品等综合品类的零售企业，2004年7月在深圳证券交易所上市，名为苏宁电器（002024）。作为中国民营企业的重要代表，苏宁易购经过近30年的发展，在国内的线下销售模式中名列前茅。此外，苏宁易购也注重线上销售模式，在"新零售"这一线上线下相结合的销售模式中，其处于领先地位。自2011年以来，苏宁推进了"科技转型、智慧服务"的发展战略，将"店商+电商+零售服务商"作为零售模式发展的趋势，已构建起全场景布局、多产业协同发展的智慧零售版图，实现从线上到线下、从城市到乡镇的全覆盖。2018年2月7日公司名称由"苏宁云商集团股份有限公司"变更为"苏宁易购集团股份有限公司"，简称为"苏宁易购"。

2. 被并购方：家乐福（中国）公司

家乐福（中国）公司于20世纪90年代中期进入中国大陆市场，在21世纪初达到了巅峰。截至2018年底，家乐福（中国）公司在大陆拥有210家大型综合超市以及24家便利店，在全国22个省份的51个大中型城市都开设了经营门店，是中国快速消费市场几大巨头之一。家乐福（中国）公司是传统外资零售企业的典型代表，其业绩从2014年开始持续下滑，到2017年，家乐福（中国）公司的负债总额已经超过了资产总额，净亏损10.99亿元。其盈利能力持续不断下降，利润空间越来越小。2018年，家乐福（中国）公司虽然亏损额减小到5.78亿元，但是依然处于资不抵债的状态。

（二）并购过程

为了在零售市场中更具竞争力，苏宁易购通过多种方式扩大业务范围。在近十年的扩张过程中，苏宁易购通过并购扩大规模，获得更多的资源、市场和经济效益，进行了资源的优化配置，实现技术上的优势互补，人才上的相互借鉴和管理上的相互融合。并购帮助苏宁易购扩展线上业务品类范围和发展线下业务，并且形成了协同效应，但是多元化并购也带来了诸多风险。近年来苏宁提出了智慧零售发展战略，过度的多元化的扩张导致了企业的资金过于分散，使企业投资的项目面临着资金短缺的风险。2012—2019年苏宁易购的并购历程见表4-1。

表 4-1　2012—2019 年苏宁易购的并购历程

年份	并购事项
2012	0.66 亿美金收购"红孩子"及其旗下"缤购"等品牌
2013	4.2 亿美元收购聚力传媒 68.08% 的股份；2.5 亿美元收购 PPTV
2015	5.23 亿元收购江苏舜天足球俱乐部
2016	19.6 亿元入股意大利国际米兰足球俱乐部，拥有 68.5% 股权；3.2 亿美元购入龙珠直播
2017	42.5 亿元收购天天快递
2018	以全资收购的方式收购迪亚中国
2019	以 27 亿元的价格成功并购万达百货，以 48 亿元的价格购买家乐福（中国）公司 80% 的股份

资料来源：苏宁易购公告。

2019 年 6 月 22 日，苏宁易购和家乐福（中国）公司正式签署并购合同，苏宁易购以 48 亿元的价格并购家乐福（中国）公司 80% 股份。苏宁易购是以电器为主的线上线下融合的新型零售商，家乐福（中国）公司是以食品为主的传统超市连锁企业。家乐福进入中国市场 20 多年来，一直引领国内大型商超业态连锁发展的运营。近年来，家乐福（中国）公司面临着来自传统实体零售商和电商巨头的激烈竞争。在这种竞争环境下，家乐福（中国）公司需要不断创新、调整战略，以保持市场竞争力。

该交易由苏宁易购全资子公司苏宁国际完成股份购买。苏宁国际以现金支付的方式在 2019 年 9 月 27 日完成了交易款项，正式完成了并购。随后，家乐福（中国）公司更名为苏宁易购家乐福（中国）公司。苏宁易购并购家乐福（中国）公司的战略并购活动是苏宁易购智慧零售布局的关键一步，这次并购促进了线上电子商务企业和线下商超融合发展。此次交易完成后，苏宁将增强其在消费品类的场景、供应链、人才和运营经验等方面的储备，进一步完善对多元化、全渠道、全品类、全场景等方面的战略布局。

（三）并购的动因

1. 满足消费升级的要求

伴随着中国网络零售市场用户群体的扩大，中国网络零售市场交易规模在持续增长，但是其增速却是逐年下降。随着新零售和中国的第三次消费升级，在满足了一般的功能性消费后，消费者转而寻求更高层级的个性、社交、尊重等深层意义的产品需求。消费者更注重在消费环节当中的服务体验，也就是消费当中的附加值部分。为满足顾客多样化、个性化、多层化的消费需求，苏宁易购重视服务体验、产品品质和特殊需求，在发展其核心业务的基础上，扩充产品品类与服务范围，因此选择收购家乐福（中国）公司作为其线下综合超市。

2. 战略布局的需要

近年来，越来越多互联网巨头开始加大线下零售市场的布局。门店构成了大促"近场"服务的重要一环，在购物体验和服务升级等方面扮演起更加重要的角色。线上和线下的融合更有利打造完整和优质的消费体验。传统零售商也需要积极实施转型升级策略，加强数字化和服务体验的建设，以保持在零售市场中的竞争优势。苏宁易购在线上业务方面表现出色，拥有强大的电商平台和物流配送能力，但线下实体店方面的销售规模相对较小，与传统线下商超相比存在短板。通过并购家乐福（中国）公司，苏宁易购可以迅速拓展自己的线下门店网络，通过加大在线下零售市场的投资和布局，更好地满足消费者需求。

3. 获取战略性资源

随着零售革命的到来，消费品市场的发展趋势和格局发生了翻天覆地的变化。电子商务与传统零售的界限逐渐消散，各种新技术、新概念、新模式应运而生。在消费流通领域大变革的背景下，想要在零售市场获得更大的空间，需要有兼顾成本、效率和体验的零售基础设施作为支撑，而供应链就是其中重要的一环。苏宁易购通过并购家乐福（中国）公司，可以利用其在全国范围内的商超零售门店和仓储物流系统，进一步完善自身的线下渠道网络，同时还可以获得该公司在快速消费品类采购和供应链方面的专业能力，利用其与国内外优质供应商和品牌商建立起来的合作关系，实现快消品类采购成本的降低和商品质量的提升。

（四）并购后的经济后果分析

1. 经营协同效应分析

苏宁易购完成并购以后，推进线上和线下销售方式进行融合，向新零售领域又迈进了一大步。2019 年第三季度，苏宁易购并购家乐福（中国）公司之后，其整体市场分渠道份额和线上市场份额短期内在市场中有了小幅提升。苏宁易购并购了家乐福（中国）公司，打通了家乐福原有会员体系，继承了家乐福（中国）公司原有的市场份额和家乐福（中国）公司原有近 3 000 万的会员。苏宁易购的整体市场分渠道份额从 2019 年第三季度的 22.6% 到 2020 年第一季度提升到了 25.3%。2020 年上半年苏宁易购在半年报里宣布，家乐福（中国）公司的第一阶段整合较为顺利。并购后，短期内苏宁易购加快扩大了销售规模，进一步占据市场份额，在一定程度上增强了销售能力。但是受社区团购低价扩张冲击、公共卫生事件反复等不利因素的影响，家乐福（中国）公司 2020 年亏损继续扩大，苏宁的线上渠道也没有给家乐福（中国）公司提供有效助力。

在物流配送能力方面，并购后苏宁易购得到增强。家乐福（中国）公司在全国共有 6 个大仓储配送中心，覆盖了大部分的一二线城市，极大提升了物流配送的效率，保证商品的质量。苏宁易购推进了门店仓一体化，将家乐福（中国）公司的门店作为线上线下融合的重要节点，利用门店自有仓储空间和设备，为周边用户提供快速便捷的到家服务，缩短了履约时间和距离。并购后由于供应链整合扩大了规模优势，双方在快消、生鲜的联合采购不断加强，进一步降低采购和物流成本。

但是，公共卫生事件的发生使零售业受到严重冲击。线上业务也一直都是家乐福（中国）公司的短板。家乐福（中国）公司的经营模式是牺牲价格优势，以低于市场价格的手段吸引客流，同时靠向商品供应商收取进场费、促销费、上架费等各种费用来获利。家乐福（中国）公司固化了的供应链和难以为继的进场费模式导致家乐福（中国）公司的没落，苏宁易购也没能把自己的线上经验复制给家乐福（中国）公司，给百货超市赋能。苏宁易购发生流动性危机后，家乐福（中国）公司得不到进货的资金，无力支付供应商货款，供应商拒绝供货。2020 年家乐福（中国）公司门店缩减为 228 家，2021 年再降至 205 家。2022 年家乐福（中国）公司连续关了 58 家门店。苏宁易购并购了家乐福（中国）公司，不仅没有帮忙做大做强，反而被家乐福（中国）公司拖入了深渊。

2. 财务协同效益分析

并购的财务协同效应指的是并购后可以为企业带来财务利益。苏宁易购收购家乐福（中国）公司，除了产生了节税效应，并购后是否产生了财务协同效应？是否带来财务收益？并购事件在 2019 年 9 月份完成，本案例选取苏宁易购并购家乐福（中国）公司前后的运营能力、偿债能力、盈利能力和发展能力指标进行对比分析。

（1）运营能力分析

企业的运营能力主要是指运营资产的效率以及产生的效益，运营能力越强，说明企业在日常经营活动中有更大的优势。本案例选取应收账款周转率、存货周转率、流动资产周转率和总资产周转率四个指标（见表 4-2）对苏宁易购并购前后的运营能力变化（见图 4-1）进行分析。

表 4-2　苏宁易购运营能力指标

财务指标	年份				
	2018	2019	2020	2021	2022
应收账款周转率/次	53.9	29.05	23.75	18.57	15.90
行业平均应收账款周转/次	18.61	18.24	20.33	19.4	17.42
存货周转率/次	10.20	9.38	8.80	7.10	6.14
行业平均存货周转率/次	30.44	54.3	78.25	80.72	40.59
流动资产周转率/次	2.23	2.13	2.21	1.52	1.06
行业平均流动资产周转/次	2.01	1.92	2.04	1.94	1.78
总资产周转率/次	1.37	1.23	1.12	0.73	0.46
行业平均总资产周转率/次	1.57	1.51	1.58	1.40	1.20

数据来源：苏宁易购年报和新浪财经网。

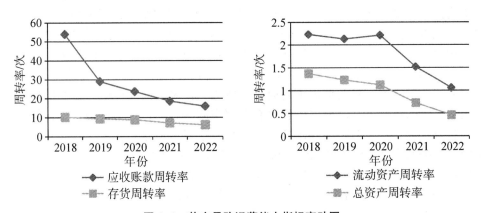

图 4-1　苏宁易购运营能力指标变动图

苏宁易购并购后应收账款周转率、存货周转率、流动资产周转率及总资产周转率总体上呈现下降趋势。受公共卫生事件等因素的影响，消费者需求下降，导致存货积压，同时，家乐福（中国）公司被并购时仍处于亏损状态，家乐福（中国）公司的应收账款的增长速度远高于销售收入的增长速度，因此应收账款周转率、存货周转率等持续下降。苏宁易购对家乐福（中国）公司并购后由于百货的经营能力不住，整合效果受到影响，资产使用效率降低，导致其运营能力的下降。与行业平均水平相比，苏宁易购的这四个运营能力指标的波动方向与行业平均相同，但是 2021—2022 年 4 个运营能力指标均低于行业均值。总体来看，苏宁易购运营能力指标下降一方面受系统性风险影响，另一方面并购并未产生应有的效果。不管是切入便利店和生鲜电商，还是转型尝试新零售，家乐福（中国）公司都无法跟上新消费的步伐，家乐福（中国）公司的不断衰落，对苏宁易购的运营能力产生负面影响。

（2）偿债能力分析

债务通常由长期和短期债务组成，本案例选取苏宁易购的流动比率和速动比率对其短期偿债能力进行分析（见图4-2），选用资产负债率对长期偿债能力进行分析（见图4-3）。苏宁易购偿债能力指标见表4-3。

表4-3　苏宁易购偿债能力指标

财务指标	年份				
	2018	2019	2020	2021	2022
流动比率	1.41	1.00	0.86	0.68	0.57
行业平均流动比率	2.58	4.1	2.98	2.9	3.51
速动比率	1.17	0.78	0.67	0.57	0.49
行业平均速动比率	2.08	3.56	2.42	2.27	2.89
资产负债率/%	55.78	63.21	63.77	81.83	89.22
行业平均资产负债率/%	39.57	37.24	38.22	40.02	38.11

数据来源：苏宁易购年报和新浪财经网。

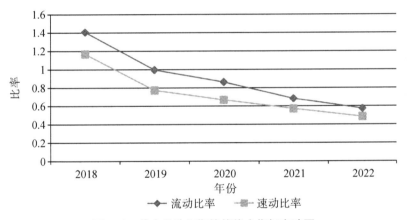

图4-2　苏宁易购短期偿债能力指标变动图

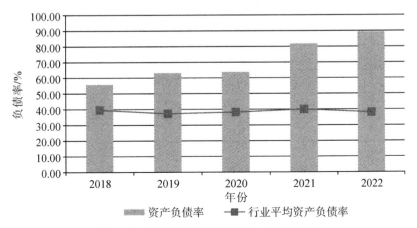

图4-3　苏宁易购长期偿债能力指标变动图

苏宁易购 2019 年产生了两次大规模并购，大量的并购资金来源于借款。并购家乐福（中国）公司对苏宁易购偿债能力产生了巨大影响，极高的杠杆率使得其偿债风险短期内急速提升。在短期偿债能力方面，流动比率和速动比率从并购后一直下降。流动比率 2018 年 1.41，2022 年降为 0.57，速动比率 2018 年度 1.17，2022 年降为 0.49，且其流动比率和速动比率远低于行业平均值。并购之后虽然使得苏宁的智慧零售体系得到一定的完善，但是苏宁易购对家乐福（中国）公司并购后的整合与资产整备并不顺畅。并购后苏宁易购的资产负债率越来越高，且一直远远高于行业平均值，长期偿债能力相对较弱，影响企业经营的同时带来较高的财务风险。

（3）盈利能力分析

良好的盈利能力是企业进一步扩大生产，开展后续经营活动的保障。本案例选用苏宁易购的销售毛利率、销售净利率、净资产收益率（ROE）以及总资产报酬率（ROA）等指标对其的并购前后盈利能力进行分析。苏宁易购盈利能力指标见表 4-4，盈利能力指标变动见图 4-4。

表 4-4　苏宁易购盈利能力指标

财务指标	年份				
	2018	2019	2020	2021	2022
销售毛利率/%	15.00	14.53	10.99	6.60	7.57
行业平均销售毛利率/%	33.83	35.90	35.13	34.36	32.48
销售净利率/%	5.16	3.46	-2.12	-31.81	-23.54
行业平均销售净利率/%	7.33	-2.92	8.69	5.31	2.48
净资产收益率/%	16.83	11.77	-5.08	-79.42	-67.59
行业平均净资产收益率/%	18.27	5.40	14.66	1.86	-6.10
总资产报酬率/%	8.59	7.51	-2.12	-25.28	-10.04
行业平均总资产报酬率/%	15.81	9.17	14.40	7.42	6.36

数据来源：苏宁易购年报和新浪财经网。

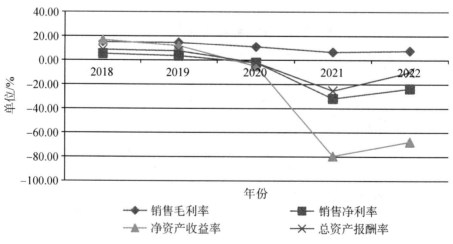

图 4-4　苏宁易购盈利能力指标变动

并购以后苏宁易购销售毛利率、销售净利率持续下降。受公共卫生事件的影响，苏宁易购的线下业务遭受到了不小的打击，销售业绩下滑。2020年苏宁易购70%的业务收入来源于线上。近几年电商企业网络销售竞争尤为激烈，行业的销售毛利率、销售净利率、净资产收益率、总资产报酬率下滑趋势明显，但是苏宁的下降趋势却非常剧烈。2020年苏宁易购销售净利率呈现负增长，主要是因为苏宁近几年的并购扩张，日常运营费用快速上升，而采取的销售政策又减少了营业利润，所以盈利能力才会迅速下降。并购家乐福（中国）公司虽然能够丰富苏宁易购的产品品类，降低其对家电产品的依赖，但在面对内外部环境的变化时，苏宁易购没有强化自身的经营，整合效果欠佳，没有充分发挥并购的协同效应。

（4）成长能力分析

成长能力是对企业扩展经营能力的分析，能有效衡量企业未来生产经营活动发展潜力。本案例选用营业收入增长率、净资产增长率和总资产增长率指标对苏宁易购的成长能力进行分析。苏宁易购成长能力指标见表4-5，成长能力指标变动见图4-5，营业收入增长率变动见图4-6。

表 4-5　苏宁易购成长能力指标

财务指标	年份				
	2018	2019	2020	2021	2022
营业收入增长率/%	30.35	9.91	−6.29	−44.94	−48.62
行业平均营业收入增长率/%	47.30	29.52	20.11	86.82	0.36
净资产增长率/%	5.50	−1.25	−11.83	−59.64	−51.29
总资产增长率/%	26.83	18.75	−10.47	−19.52	−18.04

数据来源：苏宁易购年报和新浪财经网。

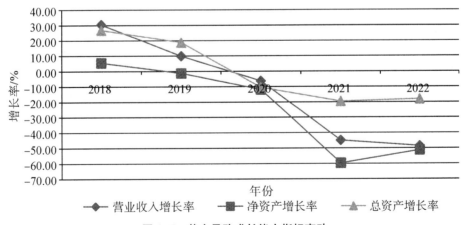

图 4-5　苏宁易购成长能力指标变动

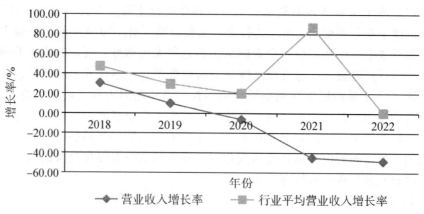

图 4-6　苏宁易购营业收入增长率变动

营业收入增长率反映了一个企业的主营业务在市场上的占有能力和业务能力，用于判断其发展能力。并购后受公共卫生事件的冲击，对企业正常经营造成负面影响，导致成长能力严重受阻，发展状况不好。并购家乐福（中国）公司之后苏宁易购想达到优势互补的目的，但是并购之后获取的资产未能很好运作，整体收入水平不容乐观。并购家乐福（中国）公司导致资产增加，之后总资产增长率和净资产增长率又出现较大幅度的下降。家乐福（中国）公司自身资不抵债，给苏宁易购也带来了财务压力。并购家乐福（中国）公司后，苏宁易购为了降低费用和负债，对其他子公司进行了处置，再加上又实行了一些过于盲目的投资，近三年资产增长率和净资产增长率一直呈现负增长趋势。

苏宁易购并购家乐福（中国）公司虽有一定的积极影响，但在后续的发展上并不成功。家乐福（中国）公司实体门店众多，品牌效应很强，并且拥有自己的物流供应链，在运营线下门店也拥有丰富的经验，苏宁易购在"新零售"模式下，为了自身未来的发展和提升行业内竞争力并购家乐福（中国）公司。从并购的财务协同效应上来看，此次并购使得苏宁业务规模有所增长，同时还收获了一定的节税效应，但是此次并购花费大量现金，后续继续花费更多的资金用于家乐福（中国）公司后期的经营工作，加重了苏宁易购的财务负担，造成企业的财务风险过高。此次并购后，二者的资源未充分整合，另外家乐福（中国）公司在并购之前已经连续七年亏损，经营业绩较差，导致并购后苏宁易购的运营能力、盈利能力和成长能力都在持续减弱，未能达到预期的效果。

案例分析题

1. 并购方如何合理选择目标企业？
2. 如何控制企业并购的风险？
3. 新零售背景下电商如何实现并购后的协同效应？
4. 并购家乐福（中国）公司后，苏宁易购的财务状况如何？

福莱特并购案例

1. 并购方与被并购方

（1）福莱特玻璃集团公司

福莱特玻璃集团股份有限公司是一家集玻璃研发、制造、加工和销售为一体的综合性中大型企业，创建于 1998 年。2015 年 11 月福莱特在香港联合交易所主板上市，2019 年 2 月在上海证券交易所主板 A 股上市。

福莱特公司目前为全球光伏玻璃行业第二大企业，主要产品涉及太阳能光伏玻璃、优质浮法玻璃、工程玻璃、家居玻璃四大领域，以及太阳能光伏电站的建设和石英岩矿开采，形成了比较完整的产业链。作为全球第二大光伏玻璃企业，福莱特密集推进扩张计划。

（2）被并购方情况

福莱特本次收购凤砂集团控股的三力矿业 100% 股权和大华矿业 100% 股权。三力矿业、大华矿业分别于 2003 年、2011 年成立，三力矿业的主要资产为凤阳县大庙镇玻璃用石英岩采矿权，保有储量为 3 744.50 万吨。大华矿业的主要资产为位于安徽省凤阳县灵山-木屐山矿区玻璃用石英岩矿，资源储量为 2 084.30 万吨。

本次收购有助于福莱特公司提升玻璃用石英岩矿资源的储量，有助于公司保障生产基地的用砂需求和品质安全，降低石英砂原材料波动对上市公司产品成本及业绩的影响，提高公司抵抗风险的能力，符合公司整体的发展战略。

2. 并购的动因

（1）光伏行业的发展

能源危机进一步加剧，光伏能源发电为解决世界性能源难题提供了方向。民众对于新能源需求在逐渐增加，对于生活环境的改善诉求在逐渐深化，为光伏产业发展创造了良好的社会文化环境。尽管在政策调整下，我国光伏应用市场有所下滑，但受益于海外市场增长，我国光伏各环节产业规模依旧保持快速增长势头。

中国光伏产业起步较晚但呈现迅速发展的势头。2010 年后，在欧洲经历光伏产业需求放缓的背景下，我国光伏产业迅速崛起，成为全球光伏产业发展的主要动力。随着化石燃料燃烧带来的成本上涨和环境污染等原因，光伏发电作为清洁能源的重要来源之一受到了越来越多的关注。光伏玻璃作为晶硅光伏组件的必备辅材，其强度、透光率等直接决定了光伏组件的寿命和发电效率，因此，光伏玻璃产业是光伏行业的重要组成部分，其发展与光伏行业的发展和变化息息相关。

（2）内部动因

由于整个光伏行业蓬勃发展和公司产销规模进一步提升，公司光伏玻璃产能稳步扩大。为保障扩产后的顺利生产，稳定、持续、优质的原材料供应尤为重要。福莱特公司对光伏玻璃生产所需的主要原材料石英砂的需求大幅增加。同时，随着光伏玻璃行业的发展，产地分布有限的优质石英砂将成为相对紧缺的资源。基于生产端的价值链并购，其并购标的的选择一般倾向于保证原料的价值和质量，从而保持价格稳定。福莱特收购三力矿业、大华矿业顺应行业发展趋势，可以利用被收购方公司原有资源优势，提升玻璃用石英岩矿资源的储量，有助于上市公司保障生产基地的用砂需求和品质安全，降低上市公司对外购石英砂的依赖，降低石英砂原材料波动对上市公司产品成本及业绩的影响。

福莱特选择在成本结构方面进行优化，石英砂是公司生产光伏玻璃和浮法玻璃的重要原材料之一。此次斥资收购上游两家石英岩矿企业，一方面可以控制生产成本提升自己的盈利水平，另一方面也能完善产业链。

3. 并购的过程

2021年10月27日，根据公司战略发展需要，福莱特召开第六届董事会第十次会议，审议通过了本次交易的相关议案。

2021年10月27日，凤砂集团召开股东会审议同意了凤砂集团将其持有的三力矿业100%股权和大华矿业100%股权转让给福莱特。本次交易前，凤砂集团直接持有大华矿业100%股权、三力矿业100%股权。

2022年2月13日福莱特公司召开了第六届董事会第十五次会议，审议通过了《关于公司收购安徽凤砂矿业集团有限公司持有的安徽大华东方矿业有限公司100%股权和安徽三力矿业有限责任公司100%股权的议案》。

2022年3月1日公告完成了相应的股权工商变更登记手续，大华矿业和三力矿业已成为公司的全资子公司。

4. 并购的支付方式

并购支付方式的理性选择是完成并购交易的关键过程之一，适合自身发展情况的支付方式能够助力双方顺利达成并购。此次公司通过支付现金和承担债务的方式完成收购。

（1）并购价款

根据《股权转让协议》，福莱特玻璃集团股份有限公司购买标的资产的总对价即交易总价款，包括股权转让价款和承债价款两个部分，通过支付现金和承担债务的方式购买股权。交易总价款为人民币334 394.76万元，包括受让标的股权支付的股权转让价款人民币280 500万元及承担标的公司欠交易对方凤砂集团债务人民币53 894.76万元。其中，承债价款为公司代三力矿业和大华矿业向交易对方凤砂集团支付的截至审计基准日（2021年12月31日）三力矿业及大华矿业应付凤砂集团的股东借款。

2021年9月底，大华矿业、三力矿业的账面净资产分别为4 842.11万元、-1 743.23万元，合计为3 098.88万元。本次交易标的公司估值相对3 098.88万元的账面净资产，溢价率高达108倍。公司给出的解释为矿业权评估增值较高主要系三力矿业和大华矿业取得矿业权成本低，而近年来当地矿产资源具有较高的市场价值所致。

（2）付款方式

本次交易除了承担债务外，其余为现金收购。福莱特以银行转账等方式分三次（见表4-6）支付本次交易的交易总价款。

表4-6 福莱特并购款项的支付

支付安排	支付比率/%	累计比率/%	支付金额/万元	时间安排
第一期款项	60%	60%	200 636.856	于附条件生效的《股权转让协议》及补充协议生效后10个工作日内
第二期款项	30%	90%	100 318.428	于标的资产交割后10个工作日内
第三期款项	10%	100%	33 439.476	于第二期款项支付完毕后一年内

资料来源：福莱特公告。

5. 并购的经济后果分析

（1）市场的短期反应

股票价格波动本身指的是企业由于受到政治、经济、市场等多种因素的影响，使得企业股票的价格不断变化，围绕供求状况不断波动的过程，反映在企业股价变动图上，表现为增值的上升状态、贬值的下跌状态以及稳定的状态三种。股票价格的波动受到这几个因素的影响：政治性因素（战争、政权、政府政策）、经济性因素（供求状况、市场价格水平、通货膨胀水平）、财政金融性因素（市场利率水平、国家汇率水平等）、公司性因素（减资、拆股、增资配股和除权除息）和市场性因素（技术力量、人为操纵）等。

上市公司收购在一定程度上能实现优劣势互补，扩大优势企业的生产规模，参与新的行业领域，提高竞争力，更具有发展前景，是一种利好消息，能够刺激市场上的投资者买入，在买入单的推动下，个股股价会出现大幅上涨的情况。福莱特此次收购主要是延伸产业链，化解产能扩张对石英砂需求日益增长的矛盾，一方面可以控制生产成本，提升自己的盈利水平，另一方面也能完善产业链。

福莱特公司 2021 年 10 月 28 日公告收购决议后股价出现短暂上升趋势。2022 年 3 月份完成并购活动后，福莱特公司股票行情持续呈现下跌的趋势。公司内部的经营状况、盈利能力、现金流等情况，外部的宏观经济因素、中观经济因素和市场因素以及国际政治形势、国家之间的战争等政治因素都会影响公司的股价。

公司在正式发行收购公告后，外界投资者会根据公告接收到所传递的信息进而做出相应反应，公司股价会因此产生波动。股价的变动情况可以反映出市场对于公司收购活动持有的态度。本案例选取该公告日为基准日，对该基准日福莱特股价变动情况进行分析。即对 2021 年 10 月 28 日前后十个交易日（10 月 28 日记为 T=0，10 月 14 日记为 T=-10，11 月 11 日记为 T=10）的收盘价与股价涨跌幅度进行分析，来判断收购公告对福莱特股价的影响，并以同时期上证涨跌幅为对比数据。

从图 4-7、图 4-8 可以看出，21 天内上证指数出现小范围的上下波动，福莱特股价的变动趋势幅度大于上证指数，公告发布前 3 天大于同期上证指数涨跌幅，在公告发布前一天，福莱特股价出现大幅上升，可能是由于信息泄露导致市场提前得知消息进而作出反应，从中可以看出市场对于福莱特收购反应十分剧烈，且表现出积极反应。而在公告正式发布后，福莱特股价涨跌幅与上证指数涨跌幅趋于一致，但是幅度变化较大。总体来看，短期市场对于并购反应积极，对股价造成正面影响，公告发行后平均股价高于发行前股价水平。

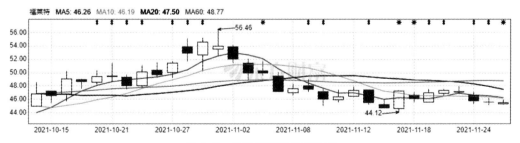

图 4-7　并购前后股价变动图

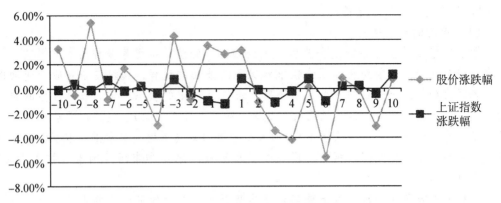

图 4-8　并购前后股价低涨幅变动图

（2）并购后盈利能力分析

盈利能力是企业在维持正常的生产经营状态下实现资本增值或者赚得利润的能力，也是企业能够持续稳定发展的保障。此次并购是对上游企业的并购，主要考虑利用被收购方公司原有资源优势，保障生产基地的用砂需求和品质安全，降低石英砂原材料波动对上市公司产品成本及业绩的影响。本案例主要选取了福莱特公司的销售毛利率、销售净利率、总资产报酬率和净资产收益率指标（见表 4-7）来对比此次并购前后盈利能力状况（见图 4-9）。

表 4-7　福莱特公司盈利能力指标

季度	2021Q1	2021Q3	2022Q1	2022Q3	2023Q1	2023Q3
销售毛利率/%	54.83	38.60	21.47	22.08	18.47	21.23
行业销售毛利率/%	24.51	23.75	21.26	22.30	23.79	23.23
销售净利率/%	40.74	27.09	12.45	13.41	9.53	12.41
行业销售净利率/%	11.38	10.24	10.03	11.46	12.61	11.83

数据来源：福莱特公司 2021—2023 年季报。

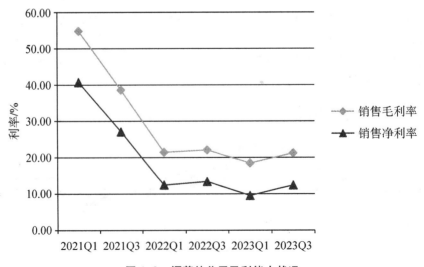

图 4-9　福莱特公司盈利能力状况

销售毛利率反映销售收入水平的指标，该指标的高低反映了企业的盈利能力的强弱。福莱特公司 2022 年 1 季度完成并购后，销售毛利率和销售净利率却呈现出一直下降的态势，主要是宏观经济不景气，需求不及预期，受下游需求减弱及库存增加影响，光伏玻璃价格下跌。另一方面是自 2023 年 1 季度以来，天然气和纯碱的价格上涨，光伏玻璃成本压力增加，公司盈利空间进一步压缩，到 2023 年 3 季度销售毛利率和销售净利率指标才开始回升。

总资产报酬率和净资产收益率也是用来衡量企业盈利能力的常用指标。并购后这两个指标也是呈现下降的趋势。福莱特 2021 年总资产报酬率是 15.27%，2022 年度总资产报酬率降为 9.50%；2021 年度净资产收益率为 20.00%，2022 年降为 16.27%，两个指标有较大幅度的下降，主要是并购后福莱特 2022 年度净利润为 21.23 亿元，较 2021 年度净利润 21.20 亿元仅仅增加了 0.14%，而公司的总资产和净资产并购后大幅度提升。

（3）并购后的财务风险分析

偿债能力是反映企业偿还到期债务的承受能力，是企业良性生产和发展的关键。从企业并购活动的角度来分析，在并购活动完成后，企业的规模得到进一步扩大，相应的企业拥有的资本也会提高一个台阶。伴随着企业资本的不断积累，企业的偿债能力也会得到不断的提高，有利于企业投融资活动的健康发展。通常来讲，成功的企业并购会大幅度加强企业的偿债能力。

本案例选取并购前后的偿债能力指标的变化进行财务风险的分析，包括短期偿债能力和长期偿债能力。

福莱特公司短期偿债能力指标、并购前后短期偿债指标变化、并购前后资产负债率变化及并购前后银行贷款的变化分别见表 4-8、图 4-10、图 4-11、表 4-9。

表 4-8　短期偿债能力指标

	2021Q1	2021Q3	2022Q1	2022Q3	2023Q1	2023Q3
流动比率	2.13	1.51	1.04	1.27	1.27	2.06
速动比率	1.91	1.26	0.86	1.08	1.01	1.86
现金比率	0.94	0.46	0.29	0.4	0.31	0.84
资产负债率/%	30.92	36.71	47.66	54.02	57.26	46.44

数据来源：新浪财经网。

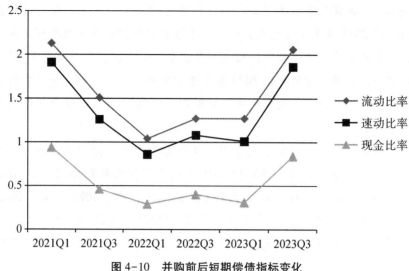

图 4-10　并购前后短期偿债指标变化

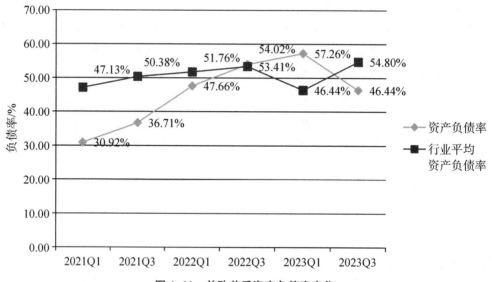

图 4-11　并购前后资产负债率变化

表 4-9　并购前后银行贷款的变化　　　　　　　　　　　　单位：亿元

	2021Q3	2021Q4	2022Q1	2022Q2
长期借款	13.82	19.68	31.98	30.92
短期借款	14.26	18.61	25.53	19.66

数据来源：新浪财经网。

从表 4-8、表 4-9 和图 4-10 可以看出，并购后的流动比率、速动比率、现金比率指标数值远低于并购前，并购完成的当期即 2022 年第 1 季，三项指标的下降幅度最大，因为福莱特为了支付并购的对价，尤其涉及支付部分现金，对福莱特而言，形成了较大的财务压力。

在本次收购中，福莱特公司为了支付收购对价，价款中一半以上的资金来自专项并购贷款，并购后负债规模进一步加大，短期借款、长期借款、应付债券和这几个项目均出现较大幅度的增加，导致 2022 年度资产负债率上升至 56.67%，高于行业平均水平 53%。流动比率则下降至 1.18，低于行业平均水平 2.02，速动比率低于行业平均水平 1.66。到 2023 年度公司的短期偿债能力和长期偿债能力开始逐渐回升。

一方面，公司举债会引起资产负债率的上升，企业的杠杆水平会更高，使得资本结构发生变动，也会降低企业的偿债能力，增加财务风险，进而改变市场对企业的判断与评价；另一方面，公司通过负债的方式来弥补资金缺口，筹集巨额现金往往要负担较高的财务费用，短期内可能会对公司的生产经营产生一定影响，融资成本的增加会加大企业的偿债压力，而且也会给企业后续的经营与整合带来一定的限制。长期来看，并购后后续的资源配置、整合工作和持续发展仍然需要充足的现金流来支持。

光伏产品作为重要能源和未来发展方向，早已在各国宏观调控部门间成为共识。受到光伏产业发展强劲趋势的驱动，制造光伏玻璃的福莱特公司对产业链中的上游原材料如硅片、银浆、纯碱、石英砂等的需求越来越强烈。并购成为企业一个低成本扩张的机会。企业并购的目的并不是简单的取得被并购企业的管理权，更重要的是通过对双方企业的资源进行优势整合，将并购协同效应发挥至最大，推动企业的发展。如果不能合理管控并购后的整体经营风险和财务风险，其结果不仅仅是无法达到预期的目标，更严重的是可能毁损原有企业价值，所以后续的管控和整合十分重要。

讨论题：根据福莱特收购三力矿业、大华矿业后财务状况的变化，分析可能存在的风险。

案例五 | 吉利对外直接投资模式选择及财务风险防控

■**教学目的与要求**

对外直接投资作为中国企业响应国家"走出去"战略的主要方式，助力企业去寻求获取市场、先进技术、先进管理经验等战略性资源，促进企业发展的同时，也需面对不同的风险。通过对本案例的讨论学习，学生应了解中国企业对外直接投资的理论背景、动因及模式选择，把握企业对外直接投资过程中的财务风险及相应防控。

一、背景知识

（一）企业对外直接投资的相关研究

2000 年之前，中国企业的对外直接投资（Outward Foreign Direct Investment，以下简称 OFDI）水平较低，2001 年中国政府确立"走出去"战略，随着"走出去"战略和"一带一路"倡议的深入实施，作为中国企业"走出去"的主要方式，对外直接投资驶入了高速发展的快车道。2018 年，中国对外直接投资流量为 1 430.4 亿美元，全球占比 14.1%，居于全球第二位，截至 2018 年年底，中国企业在境外设立对外直接投资企业 4.3 万家，遍布在全球 188 个国家或地区，对外直接投资存量达 19 822.7 亿美元，全球占比 6.4%，位居全球第三（2018 年度中国对外直接投资统计公报，2019）。近几年来，逆全球化潮流涌动，中国对外直接投资的年规模出现下降趋势。

中国企业对外直接投资的快速增长，在促进国际资本流动以图合作共赢的同时，更有助于实现资源的全球配置，进而有利于释放企业在国内面临的产业结构调整和转型压力，有利于释放国内经济下行压力下的市场风险，有利于充分利用国际国内两个市场，有效平衡和降低企业单一市场的运营与行业周期性风险，更有利于企业成长。然而，从技术水平、管理能力等因素来看，中国对外直接投资的绝大部分企业同发达国家仍存在较大差距，使得中国企业面临跨国经营水平较低、国际化绩效较差等诸多问题。在中国企业"走"得更广的同时,我们希望其能够更好地"走进去",更加希望其能"走上去"。那么,企业作为实施国家"走出去"战略与践行"一带一路"倡议以推动国内产业结构转型升级的重要载体,做好对外直接投资过程中的风险防控,势必会影响到对外直接投资助力企业可持续发展的成效,进而影响到国家"走出去"战略目标的实现,也是政府科学引导企业对外直接投资和企业合理地实施对外直接投资策略的重要依据。

1. 中国企业对外直接投资的特性及动因

(1) 中国企业对外直接投资发展的制度驱动性

2001年确立"走出去"战略以来,在中国政府对企业跨境投资的大力支持和引导下,对外直接投资进入了快速发展的轨道。商务部数据显示,2002年至2016年,我国对外直接投资流量年均增速高达35.8%,2017年国家加强对海外投资的真实性和合规性审查,使当年对外直接投资出现近14年来的首度下降,同比下降19.3%,但对外直接投资行业结构更趋优化,且仍位居全球第三。中国影响企业对外直接投资的相关政策是随着"走出去"战略的发展而推进的。这一战略旨在通过进一步减少或消除企业跨国投资的阻碍,来增强中国跨国企业竞争优势。

中国企业对外直接投资呈现出规模逐年扩大、领域不断拓宽、对外直接投资实力持续增强、跨国并购日趋活跃等一系列特点,且中国企业海外投资更加注重全球产业链布局和本地化运作,"走出去"正迈向更高层次,对外体现在对外直接投资从资源寻求型转向资源、技术、市场全面寻求型,投资领域从商贸服务扩展到一般制造、高端制造、新兴产业等多重领域,投资形式也出现多元化发展。

可以看出,得益于中国制度因素的驱动,中国的对外直接投资发展迅猛,因而制度力量可能对中国跨国公司的国际化扩张决策产生深远的影响,如有的对外直接投资项目被视为政府发展计划的一部分,在很大程度上影响了对外直接投资的结构。中国对外直接投资具有其特有的要素驱动机理。资本、技术、管理和信息等直接诱发要素可以统称为生产要素驱动因素,是任一国家对外直接投资都不能缺少的决定因素。中国对外直接投资决定因素还包括由技术创新和制度创新所组成的"创新驱动因素",制度创新驱动是中国对外直接投资的特色,源于中国对外直接投资大多情况下通过顶层设计后向下传导,从"走出去"战略的提出与推进,再到"一带一路"倡议的实践都体现出制度经济学范式的特征。

从发达国家对外直接投资的典型化事实来看,发达国家跨国公司的母公司主要集中于从事研发等总部密集型活动,即创造跨国公司的"所有权优势",而将生产、加工等劳动密集型活动外包给海外子公司或其他企业,导致母公司对技术人员、管理人员等熟练劳动力的需求高于生产人员,优化母公司员工结构。然而对于所有权优势相对缺乏的中国企业来说,我国企业对外直接投资的动机是为了获取海外技术和资源,从而更好地发挥国内企业的相对成本优势,服务于海外市场和国内市场需求。虽然相对于发达经济体,中国海外投资所有权、内部化优势等不明显,但也有自身的比较优势,如中国的对外直接投资不同于西方的重大创新就在于从国家战略层面推动对外直接投资增长,"走出去"战略通过国家层面的制度支持,能够帮助企业降低"外来者劣势",并为其提供制度上的保障,进而有利于降低不确定性和交易成本。这也有助于解释当前中国企业海外投资迅猛发展的行为。

综上，对外直接投资应当视为中国经济发展战略的一部分而不仅仅是企业的自发行为，即不是完全以企业选择和企业行为作为"走出去"的基础，而是以国家战略、政府支持、企业行为和市场行为共同构成"走出去"的基础。

（2）中国企业对外直接投资动因分析

自 21 世纪初确立"走出去"战略以来，在中国政府对企业跨境投资的大力支持和引导下，中国企业对外直接投资进入了快速发展的轨道。国内外学者针对中国企业对外直接投资动因进行了解释。国际直接投资理论中，通常将 OFDI 动机分为自然资源寻求、市场寻求、效率寻求或战略资产寻求四种。当前，中国企业对外直接投资动因有其更加多元化的自身特征，除上述四大动因之外，还有国家战略利益寻求动因，如提升本币金融影响力、分散外汇资产风险、提升本国政治经济综合影响力等，这在"一带一路"倡议的推进中得以很好地体现。

在研究中国企业对外直接投资动因的结论中，较多学者认为战略性资产寻求是中国企业对外直接投资的最主要动因。不同于西方发达国家跨国公司拥有先进的技术、资本雄厚、丰富的管理经验等，为寻求利润而进行对外直接投资，中国企业大多在全球竞争力上处于劣势，向行业综合发展状态高于自身的发达国家投资，OFDI 项目规模一般较小，除华为等少数公司已跻身于国际先进的行列外，大多数企业还处在国际化初级阶段，寻求成本最小化的效率并不是中国企业对外直接投资的主要动机，这主要源于国内生产成本仍占据优势，使中国企业更有可能在国内而非中国以外的低成本地点建立生产设施，它们进入海外市场的动机很大程度上是为了学习先进的技术和管理经验，相对于获取短期利润，国际化所包含的学习机会和互补性资产的获取机会显得更为重要。

综上，中国企业对外直接投资应当视为中国经济发展战略的一部分而不仅仅是企业的自发行为，可见，中国的 OFDI 是在一种非成熟市场经济下由政府主导和推动的对外直接投资模式，使得企业对外直接投资动因包含获取战略性资产、自身利润最大化和国际化发展的企业目标以及获取战略性资源、加速知识创新、促进国内产业升级、提升国际竞争力的国家目标。

2. 对外直接投资模式选择理论基础

（1）资源基础理论

Wernerfelt 于 1984 年创建资源基础理论。资源基础理论的核心要义是企业基于自身资源和能力与其他企业竞争，旨在解释企业如何在竞争环境中保持独特和持续的优势。Wernerfelt 提出能推动企业成长的要素是企业有价值的资源，且资源应具有异质性和不完全流动性，因而在构建资源影响企业竞争优势或企业成长的研究框架中，主要基于两个假设：第一，企业拥有的资源具有异质性；第二，资源在企业之间具有不完全流动性。基于资源基础理论的观点，企业资源是企业拥有的人力资本、技术资本、声誉等，能够提升企业核心竞争力并会促进企业绩效的提升。

从资源基础理论出发，企业的海外扩张是企业成长的模式之一，源于扩张能够产生一种资源利用的途径。对外直接投资既是资本在全球的跨境流动，同时也是优化全球资源配置。中国企业对外直接投资是将企业剩余资源和部分既有资源转用的一种战略行为，并与寻求市场、先进技术、先进管理经验等战略性资源的动机有关，亟须从外部网络中获取补充资源，通过资源的获取与有效整合，激发企业成长的同时，也需面对不同的风险，体现在：

一方面，中国企业的对外直接投资行为，实质上也是企业的一种多元化战略和成长方式，利用自身的比较优势，主要以提升技术能力、拓展市场为导向的对外投资扩张，以期获得先进技术、管理技能等战略性资产和市场；同时，企业也要提升自己的国际化经营能力，进而有效地整合和配置资源。对于发展中国家的大部分企业而言，企业自身在技术水平、管理水平等方面存在缺陷，通过对外直接投资的形式嵌入不同环境，可能可以在一个更为先进的市场上获得有关信息，积累经验，进而提高自己的整体运营能力，从而形成一种追赶（国际）先进企业的态势，以获得在全球化竞争中的优势。此外，与吸引外商直接投资相比，对外直接投资可以增强由内向全球化战略创造的"被动"学习模式中的"主动"性质，即对外直接投资通过主动嵌入到国外市场环境中，可以接触到更多的新外部资源，这些资源可能无法通过外商直接投资接触到，例如隐性知识，而获得广泛的外部资源是提高其竞争能力的关键因素。

　　另一方面，很多中国企业又是在缺乏所有权优势和吸收能力相对低下的情况下以加速或超负荷的方式实现国际化，这将导致中国企业无法有效消化和吸收国际化经验，最终影响国际化的绩效。如海外并购的目标公司，一般都是当时经营存在困难或近几年业绩持续下滑的公司，且大多是溢价收购，或并购后双方不能进行有效的整合，势必对国内母公司的财务状况产生不利影响（尤其是刚完成并购的几年内）。此外，企业在从事海外生产、经营时必须适应不同制度环境、经济状况、文化习俗、价值观念等变化，这可能会导致代理问题、资源分配无效，导致企业可能会遭受"多样性嵌入折价"。此外，海外子公司极易受到东道国潜在的政治、经济、行业等风险的冲击，逆向传递至国内投资公司，而多国嵌入、多公司嵌入性可能会进一步扩大投资公司的经营风险，从而侵蚀投资企业的价值，不利于企业的成长。

　　（2）风险管理理论

　　18 世纪中期，法国著名管理学亨瑞·法约尔在其书中正式将风险管理的思想引入企业经营领域。因企业并购活动作为企业经营战略的重要组成部分，涉及各方的利益，风险管理理论恰能为企业的并购行为提供坚实的理论保障。企业主要基于识别风险、评估风险、风险控制等环节对企业经营活动进行行之有效的风险管理，并购方企业对并购风险的识别应该及时，并且持续关注并购事件可能对企业发展造成的负面影响，重视并购风险管理理论体系中并购风险识别以及并购风险评估这两个重要步骤。

　　风险识别主要是针对整个并购环节中存在的已有或潜在的风险因素，进行辨识及描述。这一过程需要建立在对并购活动信息进行收集并深入分析的基础上，才能系统地识别出各种可能会影响目标达成的因素。企业进行并购行为的动因虽不一而足，但往往是为了获取具有竞争优势的资源，能否实现好的并购效果往往受到企业自身内外部因素的共同影响。

　　风险评估则是依托风险识别，进而选取合适的评估方法来评估各风险因素的影响程度及发生概率，进而确定重点风险管理对象，对企业有针对性地进行后续风险管理做好基础。目前，企业主要采用德尔菲法、层次分析法以及模糊评价法等风险评估方法。综合运用常用的风险评估方法，可以借助专家的经验和能力来评价风险，并将定性的评价转变成可客观量化的结果，得出跨国并购案例整体的风险水平，明确不同风险因素的权重和影响效果，企业在后续发展中可以针对影响程度大的风险因素，进行有针对性风险防范。

（3）对外直接投资模式影响

在海外经营的子公司在东道国享有相同的制度优势，然而，它们无法从这些制度中平等受益，与其进入模式也有很大关系，如并购还是绿地投资。并购可以更快地获取东道国经济制度上的创新支持。此外，利用被并购企业原有的网络，可提高企业与本地商业环境和制度的快速融合。并购企业还可以使子公司从其合作伙伴和合作伙伴的其他联盟那里获取缺乏、耗时且难以自行发展的知识，促进子公司的经验学习，使他们能够更好、更快地利用东道国的资源。因而，从并购企业中获得的收益会相对较快，使子公司能够提高其创新能力然后将其转移回国内母公司，以提升其创新绩效。相比之下，绿地投资会产生更高的交易成本和时间上的不经济性，如在组建联盟，寻找供应商以及与本地代理商建立网络方面需要进行广泛的尝试，以及试图从东道国的体制优势中学习和受益的障碍，进而影响公司吸收外国制度利益和开发创新能力的效率和能力。

二、案例资料

本案例以吉利收购戴姆勒为例，探析中国企业对外直接投资模式选择及其财务风险防控。

（一）收购双方情况

1. 收购方

浙江吉利控股集团（简称吉利集团）成立于 1986 年，1994 年进入摩托车行业，1997 年开始涉足汽车行业，在浙江台州成立了吉利汽车，并于 2001 年正式获得了生产资质，成为中国第一家民营汽车企业。通过多年的发展，吉利集团已经发展成为一家涵盖多元化产业的全球型集团。

吉利汽车控股有限公司（简称吉利）隶属于吉利集团，是吉利集团的子公司，同时也是我国第一家在港交所上市的汽车制造企业，于 2005 年上市。吉利的品牌理念一直是造老百姓买得起的好车，始终以市场和消费者需求为导向，不断升级其技术，力求为消费者打造高品质的汽车。

吉利集团业务：吉利控股集团的业务主要涵盖了乘用车板块、商用车板块、科技板块、汽车运动与文化板块、出行板块、金融板块及教育板块。

吉利汽车主要财务指标：随着吉利汽车的规模不断扩大，营业收入和净利润等财务指标都有了大幅度的提升。2009 年营业收入仅 140.69 亿元，在 2018 年达到了 1 066 亿元，增长了约 657%；净利润也实现了极大的提升，从 2009 年的 13.19 亿元增长到 2018 年的 126.75 亿元。

2. 被收购方

戴姆勒股份公司（简称戴姆勒），总部位于德国斯图加特，是全世界规模最大的商用车制造商和豪华车生产商，同时也是全世界第二大的卡车生产商。戴姆勒发动机公司和奔驰公司于 1926 年 6 月 29 日合并，成立了戴姆勒-奔驰公司（Daimler-Benz）。戴姆勒-奔驰公司在 1998 年 5 月以 360 亿美元的价格并购了克莱斯勒汽车公司，公司更名为戴姆勒-克莱斯勒，成为全球第五大汽车巨头。2007 年 10 月 4 日，通过股东大会投票表决通过，戴姆勒-克莱斯勒公司名字变更为戴姆勒股份公司。

在华业务：早在 2005 年 8 月，戴姆勒就与北京汽车工业公司建立了合资企业——北京奔驰汽车有限公司，主要制造梅赛德斯-奔驰 C 级和 E 级两种轿车。在 2007 年 6 月，戴姆勒又与福建省汽车厂联合出资设立福建戴姆勒公司，双方各占 50% 的股份，主要制造小型商用车。截止到 2018 年，戴姆勒在中国有 13 家公司，其中包括与中国合伙人合资成立的多个公司。公司主营业务主要包括整车生产、整车销售和相关售后服务。其在中国的雇员总数已逾 2 万人。2018 年，中国市场是戴姆勒除美国外最大的国外市场，在中国市场的营业收入约 197.9 亿元，占全球 11.8% 的份额，同时在中国市场的销量占全球 28.4% 的份额。

主要财务指标：2016 年至 2018 年，戴姆勒的三项指标总收入、总资产和净资产都呈稳步上升趋势。另外 2018 年营业收入为 1 673.6 亿欧元，同比增长了 2%。

（二）收购过程

在经济全球化浪潮下，我国汽车企业的发展尽管举步维艰，但也开始走出国门，积极提高国际竞争力。吉利选择了一条通过海外并购实现对自身模式的突破的道路。吉利自 2005 年香港上市起至收购戴姆勒前，先后收购了英国锰铜、DSI、沃尔沃、宝腾和 Lotus。2018 年 2 月 24 日，吉利又一次创下中国汽车业海外收购最大标的，通过旗下海外企业主体，耗费约 90 亿美元收购戴姆勒公司 9.69% 的股份。虽然吉利只持有不到 10% 的股份，但因为戴姆勒公司股权结构较为分散，吉利此举已让其成为戴姆勒单一最大股东。从吉利的角度而言，大量购进戴姆勒股票，如果可以定向增发，在收购价格上各具优势。但国外公司更加注重对股东权益的保护，他们不愿意让股权稀释，因此戴姆勒拒绝增发新股。吉利集团最终只能选择通过二级市场这一途径，进行股权的收购。

为了此跨国并购活动的顺利开展，吉利集团在香港设立了一家专门用于拓展海外业务的新公司 Tenaciou3 Prospect Investment Ltd.（简称 Tenaciou3），而此次收购的整个过程都是由 Tenaciou3 间接完成的。同时整个收购过程所需的资金均由 Tenaciou3 利用海外资本操作完成，其中 2/3 的资金来源于摩根士丹利。同时，Tenaciou3 与美银美林集团和摩根士丹利达成了投资咨询协议，但吉利未正式公布入股资金的构成。由于此次收购数额巨大，需要大量的资金，Tenaciou3 以抵押形式于兴业银行香港分行借入16.7 亿欧元，用于收购戴姆勒在二级市场上的股票，同时由美银美林集团和摩根士丹利为其代持戴姆勒的股权。在发生大额现金流的情况下，吉利仍然保证了企业运营所需现金流的正常运转。吉利收购戴姆勒进程见表 5-1。

表 5-1　吉利收购戴姆勒进程

时间	具体情况
2017 年 11 月	吉利集团与戴姆勒在北京进行会谈。吉利集团表示，如果戴姆勒愿意折价发行新股，则计划收购 3%~5%。但戴姆勒认为这种方式可能会稀释现有股权，拒绝了这种方式。不过，仍然愿意接受吉利直接从二级市场购买股票
2017 年 12 月	吉利从兴业银行香港分行取得一笔约 20 亿美元的贷款，帮助吉利增持戴姆勒股份，同时 Tenaclou3 与摩根士丹利和美林银行签署了协议，由后者协助吉利收购戴姆勒股份

表5-1（续）

时间	具体情况
2018 年 2 月	吉利集团和戴姆勒均发布公开声明并宣布，吉利已通过旗下海外资金主体，完成了对戴姆勒的股份收购，共计 9.69% 的股份，按当天戴姆勒的股价，71.33 欧元，约合 626 亿元人民币，大约 90 亿美元。此次收购完成后，吉利将成为戴姆勒最大的股东，并承诺将长期持有其股权
2018 年 10 月	戴姆勒与吉利方面共同宣布，双方将在中国市场内开展高端汽车出行业务，合资公司使用的高端车型将包括但不限于梅赛德斯-奔驰品牌轿车，未来也将使用吉利旗下高端纯电动车型

资料来源：汽车行业报道及吉利公司文件整理。

根据德国《证券交易法》，当股比达 3%、5%、10% 及 15% 时，均需进行信息披露，同时戴姆勒公司规定每次收购的股比需低于 10%。从 2017 年 11 月开始，投资银行开始通过直接买入和借入股票的方式，在二级市场收购戴姆勒的股票，再一次性交割给吉利。交易结构组成为二级市场直接买入 2.9%，委托机构购入 2%，对冲基金借股 4.79%，共占 9.69%，股价合计约 90 亿美元，并依法进行信息通报。并购完成后，戴姆勒的股权结构如表 5-2 所示。

表 5-2　戴姆勒被吉利收购后的股权结构

股东	股权占比/%	表决权/%
吉利	9.69	9.69
科威特	6.8	6.8
雷诺日产	3.1	3.1
机构	61.4	61.4
私人	19.01	19.01

三、案例分析

（一）吉利跨国收购戴姆勒的动因

对于收购对象的选择而言，奥迪、奔驰和宝马作为德系车的三强企业，吉利集团若与之进行战略合作，均有助于吉利进军欧洲高端的汽车市场。分析这三家企业的股权结构，发现奥迪所属的大众集团，保时捷家族至今仍有超 30% 的股权，二股东、三股东占的份额也不小。宝马集团大股东科万特家族掌控着超过 46% 的股份，其追求最大单一股东的最大用意，就在于"抵御"宝马被外界收购。相较于这二强德企，戴姆勒股权分散、股东结构稳定，历史上，戴姆勒唯一一次增发是在 2008 年金融危机之时，其通过可转债的形式，引入了卡塔尔和科威特两个主权基金。在吉利进入之前，科威特投资局（Kuwait Investment Authority）一直是戴姆勒最大的股东，占 6.8% 的股权。戴姆勒的股权显然要分散得多，并购难度也小多了。除此之外，吉利集团表示戴姆勒公司创新能力最强、产品系列最全、潜力最大，基于以下因素考虑，最终促成此次收购行为。

1. 产业链升级转型

结合高债务的经济发展背景，去杠杆成为了企业减少资金沉淀，降低违约风险的首选方式，但与国内多数企业形成鲜明对比的是吉利集团大举进军海外市场。吉利不限制于自有业务范围，而是对未来的出行方式进行了积极探索，不断走出国门对外寻求合作。2016 年，国务院发布的《"十三五"国家战略性新兴产业发展规划》中，将新能源汽车产业考虑为战略性新兴产业。2017 年 4 月 25 日工业和信息化部、国家发展和改革委员会、科学技术部联合印发的《汽车产业中长期发展规划》进一步强调了要积极推进中国汽车品牌的转型升级，尤其是以新能源汽车和智能联网汽车为主要抓手，增强中国汽车品牌在国际市场的竞争力。吉利显然抓住产业链升级的背景，依托于企业的海外收购战略与国家发展战略高度一致的战略优势，此次对戴姆勒公司的收购行为，为其发展大出行生态领域产业、优化产业结构提供了途径。同时，戴姆勒作为汽车行业的领头羊，在电动汽车、智能汽车等方面的技术处于世界前列，因此，吉利若能与戴姆勒达成长期合作，将能够为其新能源等领域的发展提供有力支持，并且，这也是吉利实现产业升级的重要途径。

2. 获得技术优势

戴姆勒作为汽车行业的领军企业，在汽车电动化、智能化等方面的技术研发一直处于行业标杆地位。并且，世界汽车关键技术的研发大多始于美国、德国等国家。戴姆勒在电动汽车生产的本土化方面投入了大量精力，同时，在新能源汽车的技术研发和销售方面也具有丰富的经验。戴姆勒于 2017 年入股北京汽车，以 170 亿元的资金和北汽集团共同出资创建了新能源汽车基地。随后，在 2017 年，中国市场开始成为戴姆勒的主要阵地，其在中国市场的乘用车销量远超美国、德国等颇具影响力的国家。为了实现奔驰汽车在新能源领域的大力发展，戴姆勒先后投入了 100 多亿欧元用于实现全球新能源战略布局。首先，戴姆勒在技术上进行了全面升级，严格按照欧洲重卡标准，全面提升了生产线的自动化程度，为其新能源领域的发展提供了技术支持。同时在核心部件的制造以及 TOS 管理体系方面，戴姆勒也有很大的提升。通过产业结构与管理体系的优化，戴姆勒在整车制造及产品验证方面已经处于世界领先地位，这也正是戴姆勒的国际市场竞争力所在。

另外，由于戴姆勒对于新能源汽车技术的研发开始较早，积累了丰富的技术经验，这对于吉利来说，是极其宝贵的资源。尤其在燃料电池这一新能源汽车的关键技术方面，戴姆勒掌握着较为成熟的研发成果，可以为吉利在新能源汽车的发展上提供重要技术支撑。因此，吉利非常重视此次与戴姆勒的合作关系，对双方合作能够带来的技术进步寄予厚望，尤其是在锂离子电池和燃烧电池等方面的先进技术。

21 世纪的全球汽车行业面临巨大创新机遇和前所未有的挑战，我国汽车企业如果仅依靠自身现有力量，很难在国际竞争中保持一席之地。只能依托于通过协同效应来占领技术制高点。吉利的"蓝色吉利行动"，体现了吉利集团对未来发展的美好愿景，公司力争到 2020 年能够实现新能源汽车销量的快速提升，让此产品占到吉利整体销量90%以上。全国乘联会的统计数据显示，吉利新能源汽车销量距离行动目标的实现存在着较大差距。并且，长城公司作为吉利集团的同业竞争者，已经确定和宝马合资、福特和众泰在新能源领域进行联手。面对同业竞争者的威胁，吉利愈发迫切地希望能尽快找到合作伙伴，一起快速推动新能源汽车事业。戴姆勒集团在电动化、智能化、无人驾驶与共享出行各领域，一直都是行业内的标杆企业，并且长期以来，全球汽车的关键技术一直掌握在美国或德国手中。虽受限于贸易战，但是如果德国企业能够提供良好的合作机会，戴姆勒集团在锂离子电池和燃料电池方面的领先技术，能够帮助吉利集团获得其在电池技术领域的优势，并运用到其产品体系上。因此，吉利将戴姆勒公司视作实现未来发展的一个理想合作伙伴，希望依靠两者联合，优化其产品体系，加速实现新能源领域的全面布局，通过协同与分享来占领技术制高点。

3. 扩大市场份额

许多企业实施跨国并购的一个主要原因也是希望通过并购来提升企业的市场势力，从而提高市场集中度和市场竞争力，并进军国际市场。2009 年以后，我国汽车销量首次升至全世界汽车销售榜单首位，并在此后的十年稳居汽车销量第一。因此，我国也成为汽车企业竞相争取的市场。在市场良好的发展态势下，国内的车企不断通过合资来扩大市场份额。而吉利作为民营企业，其发展背景和市场实力相较于大型国有企业来说，存在一定差距。并且，吉利在海外市场的竞争力也相对较弱。因此，在这种背景下，跨国并购成为吉利进军海外市场的重要手段。

4. 提升品牌形象

吉利集团旗下所拥有的高端车型并不多。在新能源汽车成为未来趋势情况下，吉利可能需要在电动车技术方面比沃尔沃积累更多的合作伙伴来实现品牌提升。从品牌价值上看，戴姆勒作为奔驰母公司，吉利通过横向收购戴姆勒，能帮助吉利自身迅速进入到电动车领域，这样就会在中高端的市场上占据优势，进一步打开国内外市场。另一方面，戴姆勒作为奔驰的母公司，是世界公认的高档车，品质和安全性均有口皆碑。吉利也希望通过合作关系，借助戴姆勒的品牌号召力，获得无形资产的协同效应，提升其品牌在国际市场的知名度和影响力，进而提升国际市场竞争力，实现企业发展的战略布局。

综上，吉利汽车跨国并购戴姆勒，主要动机是寻求发展合作，顺应电动化潮流；扩大市场份额，提高市场竞争力；发展外延布局，达到协同增效的作用；整合优质资源以满足战略要求。

（二）吉利跨国并购戴姆勒的财务风险识别与分析

1. 定价风险

（1）估值风险

一般而言，对企业进行价值评估时采用的评估方法不同，得到的结果也不会一致。现如今，在对上市公司估值时广泛使用的方法有三种，分别是成本法、收益法和市场法。所谓成本法就是在评估公司价值时，依据该公司的资产成本进行评估。收益法是指在对企业价值进行评估时，在资产未来预期收益具有特定时期的情况下，通过预测有限期限内各期的收益额，以适当的折现率进行折现。而市场法则以市盈率法等为主。

吉利和戴姆勒关于交易相关的信息了解程度不是对等的，吉利要想全面掌握戴姆勒的情况存在较大难度，这在一定程度上也会使得吉利此次跨国并购的估值风险增大。此外，经济环境和政策方面的因素也会在一定程度上影响对于目标企业的估值。德国于 2017 年颁布了一项新的规定，是关于收紧外资收购的，专门用于规范外来资本的收购行为，德国对此审查将会更加严苛，这在一定程度上会限制我国企业在德国市场的投资活动。并且，我国的很多企业都有意在德进行投资，因为德国市场巨大，研发环境和发展前景良好，还有很多著名的自主品牌，因此很多国内的企业希望同德国企业展开合作。在此基础上，为了保护德国的本土企业的自身利益，政府就会采取一定的措施来限制国外资本的介入，防止本国市场失衡。且由于戴姆勒不愿股份被稀释，拒绝了吉利的要约收购，吉利只能通过在二级市场上购买戴姆勒的股份，进一步加大戴姆勒估值过高的风险。

（2）股价下跌风险

吉利在收购戴姆勒公司时是以直接在二级市场购买该公司股票的方式完成的，但是二级市场的股票价格并不稳定。按照相对估值理论，一旦股价较行业平均价格而言显著偏高，就表示股价在未来有朝均值回归的趋势。如图 5-1 所示，在戴姆勒被吉利收购的前后一段时间，其市盈率都显著高于行业平均值，戴姆勒公司的市盈率偏高，该股价被高估，因此有很大的跌落风险。吉利在收购股份后，担负了巨额债务，面临着很大的偿债压力。因此，吉利要偿还资本运作的负债，就要依靠该公司的未来收益。然而，戴姆勒公司在被收购后，如图 5-2 所示，戴姆勒公司的股价下跌，影响了投资者的信心。而吉利因为采用了较为特殊的领子期权策略，为吉利所持的股份起到保护作用，降低了戴姆勒股价波动的风险。

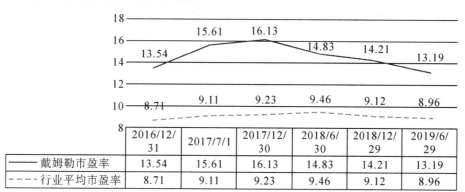

	2016/12/31	2017/7/1	2017/12/30	2018/6/30	2018/12/29	2019/6/29
戴姆勒市盈率	13.54	15.61	16.13	14.83	14.21	13.19
行业平均市盈率	8.71	9.11	9.23	9.46	9.12	8.96

—— 戴姆勒市盈率　　- - - - 行业平均市盈率

图 5-1　收购前后戴姆勒市盈率情况

数据来源：万得（wind）数据库。

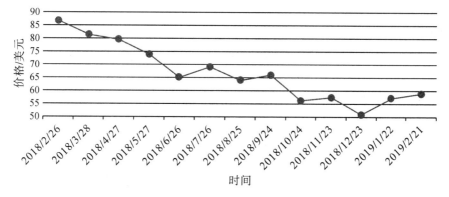

图 5-2　戴姆勒股价波动情况

数据来源：万得（wind）数据库。

2. 融资风险

融资风险一般广泛存在于并购的实施阶段。这一风险往往代表了企业在面临巨额支付对价的时候所具备的筹资能力，还包括因不合理的融资方式导致的融资风险，以及因到期尚未偿还的高额利息导致的偿债风险。

（1）筹资能力

由于吉利的自身实力过硬，近年来实施过多次并购，再加上此次的项目有着不错的发展前景，这些都是吉利此次能筹集到资金的重要原因。吉利在这次对戴姆勒公司的收购过程中得到了外资的支持，主要是由摩根士丹利以及兴业银行构成的财团，该财团资金的一半以上都来自于摩根士丹利，这使得企业所面对的现金流压力被极大地缓解了。然而，按照全联并购公会公布的信息，在 2018 年 2 月吉利完成戴姆勒股票收购后，吉利的股价便一路下跌。从收购时的每股 23 元，一直持续到 2019 年，其股价都低于 20 元每股。在一定程度上，投资者偏好会受股价下跌的影响，因为这一现象暗示该公司可能存在高负债、总借款剧增的风险。因此，评级机构对吉利的发展前景也不再看好，在摩根士丹利发布的两次报告中，吉利的评级从"中性"变成了"减持"，这使得吉利的融资难度可能会增大。

（2）融资方式

本次收购，吉利在二级市场上所买的戴姆勒股票总额所占比例达到 9.69%，按照戴姆勒当天收盘价，共计高达约 90 亿美元，这也是中国的汽车行业并购案例中标的最大的一次。按照李书福所说，本次收购的资金来源大部分源于海外资本，国内资金根本没有被使用，其中 80% 的外资源于国外的外资银行，还有少部分源自国外的中资银行，以及部分是来自吉利自身的资金，这就是市场化的资本组合。同时，这次收购过程中，吉利同高盛签订了领子期权的合约。吉利公司把自己收购股权的一部分留给银行作质押，以得到收购资金。吉利同时还使用了领子期权，实质上就是一个"封顶和保底"的策略，股价可以被控制在相对合理的区间，进而提高资产的质量，同时更多地争取到银行贷款。这种融资方式可能引发债务风险，还可能由于并购效果无法达到预期而产生利息支付等风险。

（3）偿债能力

汽车行业属于资金密集型行业，项目投资需要大量资本的投入，企业的自有资金通常难以支持企业去进行投资活动，因此企业往往会进行负债筹资以作为资金的保障力量。由此导致汽车企业的资产负债率要高于一般行业。吉利近几年不断进行收购的行为，除了动用自有现金以外，还运用了借款、发债等举措以筹得投资资金。

在并购发生以前，吉利集团短期偿债能力虽然稍显薄弱，但比较稳定，基本与行业平均水平持平，2014 年至 2016 年流动比率和速动比率都维持在 1 以上。结合汽车企业特点，汽车产品容易出现滞销、积压等情况。速动比率跟流动比率的不同在于，速动比率将存货科目金额进行了剔除，与汽车企业资产情况适应度较高，能更为有效地体现汽车企业的短期偿债能力。吉利收购行为发生在 2017 年年末到 2018 年年初，从表 5-3 可见，吉利集团在收购发生以后，流动比率和速动比率指标急速下降到 0.98 和 0.88，大幅度低于行业均值，表明短期偿债能力明显下降，短期偿债风险较大。

综合长期偿债指标在并购前后的表现来看，长期偿债能力明显减弱。收购前五年内吉利的资产负债率在 2016 年达到最高，此后两年虽然出现好转并呈下降趋势，但仍高达 50% 多的比率。2018 年吉利汽车以约 90 亿美元购入德国戴姆勒集团 9.69% 股权，以及此前 32.5 亿美元控制瑞典沃尔沃集团 8.2% 股权和 15.6% 投票权后，吉利的负债水平大幅上升，吉利已经面临着巨大的债务压力。截至 2018 年年底，吉利集团总借款（包括银行借款及应付债券）较之 2017 年底增长幅度巨大，增加 164%，达到 34.2 亿元。吉利的几次收购行为均运用了大量的杠杆融资，吉利集团的资金面压力大幅增加，吉利集团只能寄希望于并购后的良好的资本回报和整合效果。

表 5-3　吉利长短期偿债能力指标

长短期偿债能力指标	年份				
	2014	2015	2016	2017	2018
流动比率	1.42	1.24	1.16	1.06	0.98
流动比率行业均值	1.13	1.35	1.33	1.42	1.92
速动比率	1.33	1.18	1.09	0.94	0.88
速动比率行业均值	0.95	1.16	1.12	1.24	1.61
资产负债率/%	53.15	53.33	63.47	59.04	50.39

数据来源：吉利 2014—2018 年年报。

从表 5-4 中可以看出，吉利集团流动负债的占比一直大幅度高于企业的长期负债占比。对于像吉利这样的资产流动性较差的大型汽车企业而言，较为理想的负债结构应该是以长期负债为主，以增加的企业还款的时间弹性。但从吉利集团的负债结构及发债情况来看，吉利对债券融资的依赖加剧，吉利集团的长期负债占负债总额的比重在不断下降，流动负债过多，企业的长短期债务结构不合理。

表 5-4　吉利负债结构

负债结构	年份				
	2014 年	2015 年	2016 年	2017 年	2018 年
流动负债/亿元	178.45	204.49	406.3	499.02	437.6
长期负债/亿元	19.69	21.04	22.66	2.68	23.26
负债/亿元	198.14	225.53	428.97	501.7	460.86
流动负债占比/%	90.96	90.67	94.72	99.47	94.95
长期负债占比/%	9.94	9.33	5.28	0.53	5.05

数据来源：吉利 2014—2018 年年报。

3. 支付风险

（1）现金支付风险

吉利汽车 2017 年年报显示，资产合计 849.81 亿元，流动资产 530.08 亿元，非流动资产 319.73 亿元。而本次收购按戴姆勒当天的股价，71.33 欧元，约合 626 亿元，支付对价占吉利总资产约 73%。本次用于收购股份的现金中，吉利的自有资金比重较小，吉利通过境外机构贷款获得足够的收购资金，现金支付会使得吉利在交易完成后面临一定的流动性风险。不过，吉利同时使用领子期权在一定程度上控制了现金支付产生的现金流风险。

（2）汇率风险

由于外汇汇率变化的不确定性，会影响企业的获汇成本，加大企业海外并购的风险。尤其是当并购方通过现金支付的方式购买目标企业的股票或资产时，随着汇率的波动，目标企业的股票价格也会随之变动，同时并购方支付的成本可能也会随之增加。如图 5-3 所示，从 2016 年开始，人民币兑欧元的汇率持续走低，到 2018 年年末甚至达到了 5.01% 的跌幅。人民币兑欧元的贬值意味着企业在偿还债务时，要用更多的人民币来兑换同金额的欧元。虽然在 2017 年年初，国际货币市场人民币兑欧元的汇率小幅度回调，但是仍然有短期内人民币贬值的风险，增加了企业的债务成本和偿债压力。

图 5-3　人民币兑欧元汇率波动

数据来源：百度股市通。

　　在出口业务方面，吉利集团的出口销售大部以美元计价。如图 5-4 所示，从 2017 年年初到 2019 年年底，戴姆勒公司被收购之前，人民币兑美元的汇率反复波动，而且波动幅度较大。跨国收购因此所面临的汇率风险也较大，特别是对于收购金额巨大的项目，更加需要规避汇率风险。

图 5-4　人民币兑美元汇率波动

数据来源：百度股市通。

　　4. 整合风险

　　跨国并购所要面对的第一个问题就是，企业在陌生的国家、商业环境以及不同的文化背景下如何生存、发展。戴姆勒的管理层并不乐意接受吉利的股权收购，在并购初期，戴姆勒就没有接受吉利以折价发行新股的方式收购的请求，出于担心公司当前的股权被稀释。随后，吉利退而求其次，通过在二级市场购买股票的方式完成了收购。此外，由于吉利对戴姆勒的收购牵扯到的利益方众多，所涉资金量庞大，有着长远的影响，吉利在承担舆论压力的同时，还要对其员工、利益相关者等进行安抚，增强他们的信心。以下从文化整合以及战略整合两方面分析吉利并购戴姆勒面临的整合风险。

（1）战略整合风险

据公开资料，截至 2017 年 12 月 31 日，戴姆勒公司的股权结构为：机构投资者占比最多，高达 71.2%，个人投资者所占比例为 18.9%，科威特投资局和雷诺日产分别占比 6.8%、3.1%，可见戴姆勒被收购前股权是较分散的。吉利收购戴姆勒后，吉利持有股份已经超过了科威特投资局，一跃成为最大的单一股东。根据德国相关的企业收购方面的规定，表示股东要想真正掌控企业，所拥有的投票股权必须大于 75%。尽管吉利拥有的股权已经达到 9.69%，但是仍旧不能确保能跻身董事会。并且即便进入董事会，能占多少席位、拥有多少话语权也不得而知。确切地说，吉利与戴姆勒的合作如何展开，吉利进入戴姆勒监事会是第一步，但这并非易事。在德国，上市公司的管理结构是监事会加管理委员会，即大监事会、小董事会（即管理委员会）的模式。在公司的日常管理细节上，监事会不会参与其中，但仍旧保留对董事会的领导权，董事会实质上就是执行经营部门。理论上看，作为大股东的吉利集团，有很大可能进入戴姆勒监事会。从戴姆勒角度来看，由于股权分散，戴姆勒集团一直试图寻找长期战略投资人、有很强烈的稳定股权结构的需求，以此抵御资本市场的波动。下一步如何合作关键取决于吉利是否能在董事会或监事会里取得席位，如果按照吉利当初的战略目标，希望与戴姆勒集团在未来出行领域携手发展，实现并购双方的战略协同效应，就一定要取得话语权，才能在具体运营层面取得突破，只是通过股东大会的形式，则无法对戴姆勒日常业务产生太大影响。虽然目前吉利通过收购已成为最大的单一股东，但是不到 10% 的股份，想要进入戴姆勒集团的董事会并不容易，进入公司决策层也是需要股东大会投票的，因此也难以左右戴姆勒高层的决策，吉利具有较少的话语权。在公司治理方面，也不会对戴姆勒核心业务有更多插手，这明显不利于实现双方公司的日后战略整合，存在未知风险。

（2）文化整合风险

企业文化是企业在长期的生产经营过程中逐步形成的，独一无二的价值体系。当企业并购活动发生时，必然触动两个企业之间的文化的碰撞，如果企业间的文化背景差异性较大，且容忍度较低，最终将会产生较大的文化冲突，难以实现双方的文化整合，最终可能导致预期的并购效果无法达到。

戴姆勒公司靠技术起家，公司长期以来的发展理念是只追求生产出高质量、高性能的汽车产品，经过长时间的发展与沉淀，戴姆勒汽车如今依旧领跑全球高档车市场。而吉利发展初期经营理念是要造老百姓买得起的车，所以总是采用低价格优势来维持客户群体，在为人们提供较高性价比汽车的同时，也在人们心目中形成了低档次的品牌形象。尽管吉利目前积极向高端化、国际化靠拢，但以吉利旗下现有的汽车品牌来看，都不能满足吉利对市场更高地位的要求，而且也不能满足今后市场竞争的需要，仍有很大的发展空间。吉利和戴姆勒都具有长远的品牌历史，两者在新能源以及高端出行方面具有一致的愿景，只是基于品牌文化和长期的经营理念势必会产生新的碰撞。

吉利表示遵守戴姆勒公司的企业章程和治理架构，尊重公司的文化和价值取向，积极做到价值认同。但是吉利和戴姆勒集团都具有独特的企业文化且深入人心，每一个公司都不可能放弃原有的企业文化，全盘接纳合并方的企业文化。因此在尊重双方长期以来的文化背景以及经营理念的基础上，在收购完成后的文化整合环节势必发生摩擦与碰撞，倘若无法做到求同存异、协调发展，将会放大并购双方的文化差异，文化整合风险扩大。

（三）吉利跨国收购戴姆勒的财务风险应对举措

1. 全面调查目标企业，聘请专业机构协助估值

在并购准备阶段，财务风险产生的原因通常是由于信息不对称导致的对目标企业的估值存在一定偏差。甚至有的企业为了在并购时获得一个较高的估值，可能会粉饰其已披露的财务报表。因此，企业在并购前应对目标企业进行全面充分的调查。同时，在评估目标企业的价值时，还应该选择合理的估值方法，可以根据实际情况聘请专业机构协助进行估值，尽可能减小估值的误差，进而降低定价风险。

2. 企业可以拓宽融资渠道，同时选择适合自身的融资结构

常见的融资方式有发行债券、银行贷款、证券融资和股票融资等。融资成本的大小在一定程度上受融资方式的影响，企业可以根据自身的资金需求情况，尽可能扩宽融资渠道，使得企业在获得足够并购资金的同时降低融资成本和融资风险。同时，银行贷款和发行债券这类的债权融资可能会增大企业的偿债压力，而权益性的融资又可能会使企业面临股权分散的风险。因此，企业要选择合适的融资结构，避免过多依赖某种特定的融资方式，从而尽可能降低融资带来的财务风险。此外，企业还可以借助金融工具来达到控制融资风险的目的，吉利在此次并购中就是通过领子期权的合理使用达到既提高了融资效率，又很好地控制了财务风险的目的。

3. 选择合理的支付方式

我国大多数的企业在实施跨国并购时依然选择了现金支付的方式，现金支付虽然便捷，但可能会使得企业面临较大的现金流压力。股权支付也是我国企业实施跨国并购时较为常见的一种支付方式，股权支付虽然不会对企业的现金流产生影响，但存在稀释企业股权的可能性，与权益性融资一样，可能会使得企业的股权分散、控制权减弱。而杠杆支付可能会增大企业的偿债压力。因此，企业要尽量避免使用单一的支付方式，可以根据企业的资金需求和资本结构，将现金、股权和杠杆三种支付方式按一定比例进行组合，这样有助于降低支付方式不合理带来的财务风险。此外，在跨国并购过程中，汇率的波动同样也是企业需要重点关注的。针对汇率波动带来的风险，可以利用衍生品来降低风险，比如签订远期汇率合约或者使用套期组合工具。

4. 制定战略发展方案，重视并购后的整合

企业在并购前要做好市场调研，找准自身和目标企业的定位，分析清楚双方的优、劣势，充分了解双方所在国家的相关政策等，并在此基础上制定战略发展方案。国际上关于跨国并购的"七七定律"指出 70%的跨国并购失败于跨国并购后的企业文化整合。因此，针对文化整合风险，企业首先应重视并尊重并购双方存在的文化差异，分析文化差异的关键点，增强双方的文化交流；同时可以开展文化融合培训，减轻并购后的文化整合风险。此外，企业还需重视并购后的财务整合。对于双方在会计制度、经营战略等方面存在的差异应有明确的认识，在此基础上积极进行财务制度的整合与监督，以期达到实现双方利益最大化的效果。

▰ 案例分析题 ▰

1. 吉利公司为什么选择跨国收购戴姆勒？

2. 领子期权在吉利收购戴姆勒中的应用经验给其他企业进行类似投资活动中带来了哪些启示？

3. 如何评估吉利收购戴姆勒的风险？

4. 如何有效降低对外直接投资过程中的财务风险？

▰ 项目训练 ▰

跨国收购下的协同发展

1. 迈瑞医疗收购德国 DDSG

深圳迈瑞生物医疗电子股份有限公司（简称迈瑞医疗）于 2023 年 7 月 31 日发布公告，公司拟通过全资子公司迈瑞全球（香港）有限公司（MR Global（HK）Limited，简称迈瑞香港）及迈瑞香港的全资子公司 Mindray Medical Netherlands B. V.（简称迈瑞荷兰）以现金形式收购由 Gorka Holding GmbH（简称 GHG）持有的 DiaSys Diagnostic Systems GmbH（以下简称 DDSG，标的公司）的 75% 股权，收购总价预计约为 1. 15 亿欧元。此次交易交割完成后，迈瑞荷兰与 GHG 将向 DDSG 按各自持股比例分别增资3 000 万欧元和 1 000 万欧元，增资款项用于支持标的公司未来业务发展。

迈瑞医疗主要从事医疗器械的研发制造及营销服务业务，公司主要产品覆盖生命信息与支持、体外诊断以及医学影像三大领域，拥有国内同行业中最全的产品线。截至 2023 年 7 月 31 日，迈瑞医疗在北美、欧洲、亚洲等地区的约 40 个国家设有 51 家境外子公司；在国内设有 21 家子公司以及 30 余家分支机构，已建立起基于全球资源配置的研发创新平台。

2022 年度，迈瑞医疗实现营业收入 303.66 亿元，同比增长 20.17%；实现归母净利润 96.07 亿元，同比增长 20.07%。其中，公司年内境外收入 116.98 亿元，同比增长16.86%，占当期总营收 38.52%。

本次交易标的 DDSG 成立于 1991 年，总部位于德国的 Holzheim（霍尔茨海姆），公司是全球知名体外诊断品牌，在生化试剂、质控品和校准品领域深耕 30 余年，有着丰富的经验积累；同时在欧洲、亚太和拉美地区均拥有生产基地。截至 2023 年 3 月 31日，DDSG 营业收入 3 398 万欧元，净利润 106 万欧元。

针对本次跨境收购，迈瑞医疗表示，体外诊断是公司核心业务方向之一，不断提升产品性能、完善海外供应链布局是公司体外诊断业务发展战略方向。公司积极寻找全球优秀标的进行并购整合，内外协同发展。迈瑞医疗方面认为，公司与 DDSG 有着很强的业务互补性，通过本次收购，公司能够更好地整合资源，完善海外供应链平台，支持海外中大样本量客户群突破；同时将获得优秀的体外诊断国际化人才队伍，有利于加速公司体外诊断业务国际化布局和提升产品竞争力。

DDSG 创始人则表示，其拥有丰富的产品及成熟的生产布局，这与迈瑞医疗完整的体外诊断（IVD）产品解决方案和全球化网络形成优势互补，是 IVD 业务实现协同的理想合作伙伴。双方将发挥各自优势，协同共赢，在全球范围内实现全面可持续发展。

2. 森泰股份收购 Fortress

安徽森泰木塑集团股份有限公司（简称森泰股份）2023 年 6 月 25 日发布公告称，根据森泰股份战略发展需要，公司控股孙公司 Eva-Last USA Inc.（简称耐特美国）与 Fortress Iron L. P.，dba Fortress Building Products（简称 Fortress）等相关方签署 Letter of Intent for Strategic Transactions（《战略交易意向书》），拟设立境外子公司收购 Fortress 在北美区域内的相关经营资产。

据森泰股份介绍，Fortress 为公司在北美区域的独家代理客户，2022 年 1—6 月进入当期前五大客户，本次交易初定收购价格约为 450 万美元，占森泰股份 2022 年 12 月 31 日经审计净资产约 5.53%。

森泰股份主营高性能木塑复合材料、新型石木塑复合材料及其制品和应用的研发设计，产品主要应用于户外设施、建筑装饰、室内家居等领域，并以海外市场销售为主。据森泰股份 2022 年年报，公司全年实现营业收入 8.21 亿元，其中境外收入 7.65 亿元，占比总营收 93.18%。

据悉，Fortress 实为森泰股份在北美区域的独家代理客户，双方于 2016 年开始合作。Fortress 作为一家新型建筑产品公司，参与和主导产品的设计开发，并通过成熟的商品销售渠道和分销体系出售产品。

森泰股份表示，如最终顺利完成本次相关收购，公司将获得 Fortress 在北美区域的销售渠道业务、相关经营资产，有利于进一步开拓北美销售市场业务。

3. 鼎胜新能源收购 Slim 铝业

江苏鼎胜新能源材料股份有限公司（简称鼎胜新材）于 2023 年 2 月 8 日召开第五届董事会第三十一次会议审议通过了《关于收购境外公司股权的议案》，公司以现金形式收购 Rolling Mills International Holding GmbH 和 Rolling Mills International GmbH 持有的 Slim Aluminium S. P. A.（简称 Slim 铝业）及其全资子公司 Slim Merseburg GmbH（简称 Slim Merseburg）及 Slim Aluminium Assets GmbH（简称 Slim Alu GmbH）100% 的股权。收购总价预计 5 630 万欧元。

鼎胜新材将利用 Slim 铝业的先进生产设备及完整产业链扩大布局欧洲的电池箔本土化生产，依托上下游产业链的完整性，扩大欧洲市场占有率，以此提高公司产品在国际市场的知名度。

资料来源：根据网络上公开资料整理。

讨论题：以上跨国收购案例可能存在的潜在财务风险有哪些？该如何防控？

案例六 云南白药混合所有制改革

■**教学目的与要求**

国有企业一直以来在我国经济社会发展过程中占据着重要位置，发挥着中流砥柱的作用。由于许多国企自身缺乏活力和竞争力、绩效低下、治理结构不健全等，积极推进经济体制改革作为增强国企的活力和竞争力的重要方式，受到了国家和大部分国有企业的重视。党的十八大以来，国有企业混合所有制改革逐渐进入重要关头，不同方式的混改亦对企业造成了不同的影响。通过对本案例的学习和讨论，让学生了解国企混改的方式和混改经验，掌握混改对企业绩效的影响和评价方法。

一、背景知识

（一）混改的背景

1997 年 11 月，党的十五大报告首次出现了"混合所有制"这一概念，强调国企改革要以公有制为主体、不同所有制经济共同发展。2013 年十八届三中全会上突出强调混合所有制经济是国企改革的目标方位，要高度重视混合所有制经济的发展，奠定了全面深化国企改革的战略基础，从制度的层面要求国有经济与非国有经济之间要向着混合所有制经济的方向前进。2014 年国企改革的"四项改革试点"中增加了混合所有制改革，注重混改精神在工作中的实际运用。

党的十九大进一步提出实行混合所有制改革要有长远眼光和战略意识，要明白为什么而混改，要分析企业现阶段面临的发展难题，从而进行实质性的混改。国企改革开始逐步进入深水区和攻坚区。与此同时，国务院以及各部委也加大力度推进各领域国企混改。2018 年国企改革"双百行动"正式实施，强调要在改革的关键领域率先突破，聚焦重点领域优势企业，厘清公司治理与国有财产的界限，促进国家资源合理配置，向纵深的方向推进改革。2019 年，国家制定了《中央企业混合所有制改革操作指引》，其中提到国企混改可以通过股权转让和首发上市等方式引入非公有资本。2020

年，国家出台了《国企改革三年行动方案》，方案中提出，要完善国资监管体制，深化混合所有制改革。方案的颁布，为国有企业的下一步改革制定了更明确的规划，也标志着我国混合所有制改革进入了关键阶段。2022 年是国企三年改革的最后一年，国有企业在公司治理、所有制结构改革、高管薪酬、员工激励等方面都已进行了不同方向和程度的改革，特别是在"深化改革三年行动"中，国有企业利润年均增长率达到了 12.1%，实现改革成果总体稳定化和制度化。

（二）混合所有制改革

混合所有制改革最早在 20 世纪 90 年代提出，是由一种所有制向混合所有制转变的改革方案。在宏观方面，混合所有制改革就是使公有和私有经济同时存在企业中。在微观方面，就是由几个性质不同的投资方联合成立一家公司，每个投资方都是股东，持有不等比例的股权。混改的实质是通过引入包含民营资本、集体资本、外资资本等在内的非国有资本投资主体，采用多种方式参与国有企业混合所有制改革，健全混合所有制企业法人治理结构，提高效率、增强活力，发展壮大国有经济。

随着社会经济市场的不断变化与发展，混合所有制改革的出现是一种必然结果。国有企业通过引入其他性质的投资主体不是单纯为了追求股权的混合形式，而是为了优化股权配置，为我国的国有企业注入新动力，引入各种类型的投资者，也能够助力企业发展，提高企业的生产效率，建立一种新的现代化治理体系，提升企业综合竞争力。

（三）混合所有制改革的主要路径

1. 改制上市

改制上市是对企业进行所有制变更，通过合并、分立等方式将企业改组成股份制企业，通过发行股票上市，达到优化股权结构、完善企业治理和整合企业资源等一系列经济行为。通过 IPO 或借壳上市等方式，一方面帮助国企以较低的融资成本在资本市场上进行增资扩股；另一方面帮助国有企业更好地解决债务问题。与此同时，通过上市引入市场化的监督机制能够对企业的管理经营进行更好的监督，避免独立董事监督缺位等问题，有助于提升国有资产的运营效率。

2. 并购重组

并购重组是在混合所有制改革中国有企业收购非国有企业，通过股权投资或者企业并购等渠道，使自身的业务领域进一步拓展，实现价值链和产业链的整合。一国企的主动并购可同业、可跨行也可跨国，以多途径实现产权的多元化发展与公司的国际化扩张。国有企业的并购重组可以分为以下三种情况：横向并购重组即企业并购产业相近的其他企业扩大规模，有降低成本的优势；纵向并购重组，即将上下游公司进行整合，对生产链中属于必要环节的公司进行并购的过程，包括运输公司和包装公司等，形成一体化的管理经营，减少公司的运营成本，确保公司获得最大化效益。混合并购重组，即同时开展横向和纵向并购重组的过程，可以降低经营风险实现多元化经营。

3. 引入战略投资者

战略投资者一般是指国内外专业的行业或财务投资者，拥有丰富的投资经验以及整合经验。国企邀请多元化的战略投资者加入，不仅可以带来外部资源，能够有效改善企业的股权结构，让股权变得更加多样化，打破国有股东拥有绝对控股权的局面，让国有股东与非国有股东形成制衡，使得治理结构得到改善。此外，战略投资者在资金、技术、战略、管理等方面都有一定的优势，其加入产生的协同效应，还可以对国企的运营效率和成本收益形成倒逼效应，提升企业经营活力和经营效益。

战略投资者的对象选择一般有两类：一类是产业型战略投资者，这类投资者在行业中处于领先地位，所从事的业务一般与企业生产经营有较密切的关系，有资源互补或将产生协同效应等；另一类是财务型战略投资者，主要关注资本运作，通常企业上市后便逐步退出。

4. 员工持股

通过混改开展员工持股计划，核心是利益绑定，最终目标是共享发展成果，共享企业增量的利润成果，共担市场竞争风险。员工持股并不是国企混改的必须动作，但员工持股可以有效建立中长期员工激励与风险绑定制度，将员工的自身利益与企业的长远发展有机结合起来，必然会有利于国有企业吸引、激励和保留优秀人才，激发关键人才主人翁意识和创新热情。

二、案例资料

（一）云南白药概况

云南白药是云南省内第一家上市的企业，于 1993 年 11 月首次公开发行公司股票"云白药"A 股，同年 12 月在深圳证券交易所挂牌上市，1996 年公司正式更名为云南白药集团股份有限公司。云南白药属于中药公司，同时它也是中药行业中的龙头企业，是云南省内乃至全国知名的中药品牌。云南白药集团股份有限公司的控股股东为云南白药控股有限公司。2010 年，通过国有股份的划转受让，白药控股从其全资子公司（云南云药）手中无偿取得云南白药 41.52% 的股权，自此成为上市公司云南白药的控股股东，云南白药控股有限公司在混改之前则是由云南省人民政府国有资产监督管理委员会 100% 持股。所以实际上云南省国资委通过其控股子公司白药控股持有云南白药 41.52% 的股权。

（二）云南白药混改路径

2016 年，国家正大力推行混合所有制改革，地方国企的混改在政府的号召下加速推进，云南白药公司也于此时拉开了混合所有制改革的序幕。云南省政府积极推动其与投资者进行合作，促成了云南白药混合所有制改革的成功进行。在进行混合所有制改革之前，云南白药的股权结构与大部分国有企业一样，处于国有股"一股独大"的情况。云南白药混改前股权结构见图 6-1。

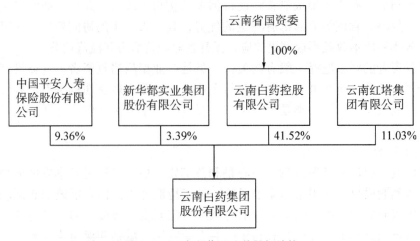

图 6-1　云南白药混改前股权结构

1. 第一阶段控股层面进行混改

（1）第一次引入战略投资者

2016 年 12 月，云南白药控股股东白药控股拟通过增资方式，引入新华都实业集团股份有限公司。新华都是一家主营零售的企业，公司主营业务主要为两大板块：其一为互联网营销，主要是为品牌商量身制定适合其产品推广的营销方案，从而获取服务收益。其二是超市百货业务，致力发展成为线上线下相互融合的中高档生活服务提供商。除了主营业务外，公司谋求多元化发展，为多个行业提供投资、管理及咨询等相关服务。新华都的实际控制人是陈发树。随着 2016 年国企混改的大力推行，陈发树获得了同云南白药合作的机会。2016 年 12 月，新华都同白药控股以及云南省人民政府国有资产监督委员会三方签订关于白药控股的《股权合作协议》。新华都通过增资 254 亿元的方式获取白药控股公司 50% 的股权，从而在实际上拥有云南白药约 20.56% 的股权。白药控股的股权结构变更为云南省国资委和新华都各持有 50% 股权。2017 年 3 月 16 日，增资完成，白药控股进行了工商变更登记；2017 年 4 月 19 日，白药控股召开董事会，白药控股高管都不再保留省属国企领导身份和职级待遇，而按市场化方式选聘职业经理人。由新设立的董事会决定经理人员的聘用，选拔新的具备综合素养、符合公司发展要求的职业经理人，充分调动经理人员的工作积极性，使企业重新焕发经营活力。

（2）第二次引入战略投资者

在引入战略投资者新华都后，白药控股由两大股东各持一半股份，在重大事项决策时很容易形成僵局，不能形成有效的决议。为了能够有效避免可能存在的尴尬局面，双方协商在公司股权结构中增加具有制衡性的小股东。经过投资者资格审查等重重考量，江苏鱼跃科技发展有限公司最终成为双方共同认定的对象。2017 年 6 月 6 日，白药控股拟通过增资方式引入江苏鱼跃科技发展有限公司（以下简称"江苏鱼跃"）成为第三方股东。此次改革中，江苏鱼跃拟增资约 56 亿元取得白药控股 10% 的股权。交易完成后，白药控股将形成云南省国资委 45%、新华都 45%、江苏鱼跃 10% 的股权结构。2017 年 6 月 28 日，白药控股完成了工商变更登记，混改完成。新华都以及其关联公司持有云南白药 3.39% 的股份，新华都董事长陈发树以自然人的身份也持有云南白药 0.86%的股份。在两度引入民营资本后，白药控股的股权集中度大幅下降，民营资本占比甚至超过国有资本占比。江苏鱼跃在股权结构中起到很好的平衡作用，白药控股的任何决策均需三者中的两方一致同意才能通过，没有任何一方股东能依靠自身力量实现对公司的控制，形成了三方制衡的局面。在混改中，民营企业进入到董事会中，管理层人员进行了变动。公司经营发展将更加趋向于市场化，且更加注重经营效益的提升和股东的回报。引入江苏鱼跃后的股权结构见图 6-2。

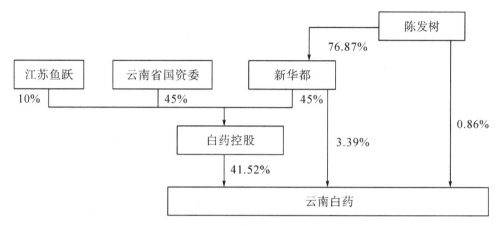

图 6-2　引入江苏鱼跃后的股权结构

2. 第二阶段混改

（1）反向吸收合并母公司整体上市

第一阶段混合所有制改革完成后，白药控股与云南白药之间管理架构出现重叠。按照传统架构，国有控股的上市公司的决策事项，一般要先上报给白药控股公司，根据控股公司领导的意见，上市公司的董事才敢做出决策。这种管理架构导致管理层级较长，影响了公司的经营决策效率。另外，白药控股除了是云南白药上市公司的持有股东以外，其自身也从事一些医药方面的业务，业务上有重叠，也存在潜在同业竞争的风险。2019 年云南白药开始了第二阶段的混合所有制改革，整体方案是推动上市子公司反向吸收合并母公司，分为定向减资和吸收合并两个步骤。在本次交易之前，若按照现有的股权比例直接进行吸收合并，那么新华都实业集团在上市公司的持股比例就会比国资委多。为了保证第二轮混改结束后民营资本与国有资本之间能够分权控制，形成良性的相互制约与监督的股权结构，混改采取首先从白药控股层面进行定向减资。2019 年 3 月，白药控股向新华都支付了 34 亿元的减资款，并将白药控股 4.32 亿股份完全注销。减资完成后云南省国资委、新华都、江苏鱼跃对白药控股的持股比例变为48.05%、41.28%、10.68%。

2019 年 7 月云南白药反向吸收合并母公司整体上市。吸收合并方云南白药向被吸收合并方白药控股的三家股东合计发行共计 6.7 亿股作为全部交易对价，同时白药控股将持有的云南白药股份予以注销。本次吸收合并完成后，云南省国资委、新华都、江苏鱼跃的股权比例分别为 25.14%、25.14%、5.59%。云南省国资委与新华都及其一致行动人并列为第一大股东，但均未取得控制权，云南白药成为无实际控制人且无控股股东企业，国有资本和民营大股东均衡持股的股权结构，形成国有资本与民营大股东之间的相互制衡。至此云南白药两个阶段的混合所有制改革完成。云南白药无控股股东，且无实际控制人。这种股权结构，好处是有利于互相牵制，共同决策，避免战略决策失误；坏处是可能出现重大决策因意见不统一，相互扯皮的问题。第二阶段混改后的股权结构见图6-3。

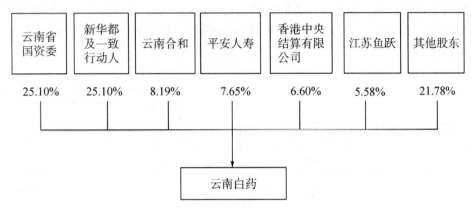

云南省国资委 25.10%　新华都及一致行动人 25.10%　云南合和 8.19%　平安人寿 7.65%　香港中央结算有限公司 6.60%　江苏鱼跃 5.58%　其他股东 21.78%

云南白药

图6-3　第二阶段混改后的股权结构

（2）实施员工持股计划

实施员工持股计划是最广泛运用的混改路径。2018年云南白药股东会通过了回购公司股份以实施员工持股计划的预案，宣布从二级市场上购买股票用于激励员工，激励对象包括董事监事还有公司及子公司的管理人员核心骨干。在2018年11月，云南白药通过自有资金回购公司股份，实施第一次员工持股激励计划。2020年3月，云南白药启动第二次股份回购，继续实施员工持股计划，在激发内部员工积极性的同时，吸引更多专业人才加入公司，建立长期有效的约束与激励机制，实现公司与员工的互利共赢。

三、案例分析

（一）云南白药混改的动因

1.响应国家政策

十八届三中全会后，国务院国资委相继出台一系列政策，大力推进国有企业混合所有制改革。截至2016年年底，已有68.9%的中央集团或其下属子公司展开了混合所有制改革，地方性国有企业及各级子公司进行混改的企业达到47%。2016年及以后，国家进一步加强了国有企业改革的重视。在当年的9月，国家发改委提出了"必须加快推进改革，解决国有企业主体不明，效率低下的问题"。在随后的十月份，"央企混改6+1"的公开发布标志着混合所有制改革进入了实践阶段。十八届六中全会后，国家以及地方各级政府对于混合所有制改革表态更加频繁，各大央企都在谈论着混合所有制改革的具体实施方案。

云南省积极响应中央号召，推进国有企业混合所有制改革，为了能够实现企业混合所有制改革有制度依据，陆续出台了一系列的政策。近20年来，云南白药一直保持健康发展势头，是云南省优质国有企业和全国民族医药工业的旗帜。

省委省政府决定将云南白药作为试点企业参与混改，混改的经验可为更多想要进行混改的企业提供借鉴。

2. 医药行业竞争激烈

随着生活水平的提高，人们愈加重视健康问题，这进一步促进了医药健康企业的发展。医药行业的大量红利吸引了更多的投资者进入医药行业。医药制造行业正处在完全竞争行业的市场中，大量企业的新设使得医药行业竞争更加激烈。"十二五"期间（2011—2015年），医药制造业因经济结构转型、宏观环境变化、医药产品成本价格等多重因素的共同影响，营业收入呈现出了缓慢下降的态势。同时，我国相继出台了一系列的政策来规范医药制造行业的发展。2016年深化医药卫生体制改革，鼓励和引导各方采取省际跨区域联合采购以及医院与药品生产企业直接结算等方式降低药品虚高价格。这些政策和制度的实施也使得整个医药行业利润率及营业收入进一步下降。

3. 经营业绩下滑

国有企业的经营管理通病"政企不分""经营权过度集中"等同样存在于云南白药，导致其缺乏一定的经营活力。如图6-4所示，云南白药2012—2016年间的营业收入增长率、净利润增长率均在波动中不断下降，其中净利润增长率降幅最大，从2012年的30.71%降低至2016年的6.35%。可见，混改前云南白药无论是盈利水平还是成长潜力，均出现了一定的疲软状态，业绩的持续下滑迫使云南白药不得不采取进一步的应对措施。因此，云南白药为了增强自身市场竞争力，也积极加入了混改大军，通过混改来完善企业经营管理模式，注入新的经营活力，增强自身的竞争优势。

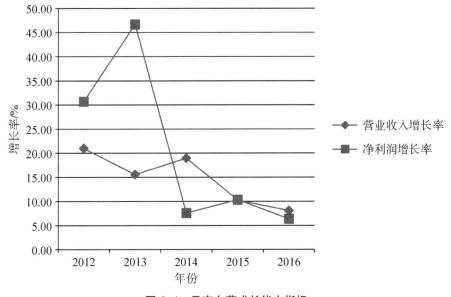

图6-4　云南白药成长能力指标

（二）云南白药混改的效果分析

1. 治理层面

引入战略投资者不仅可以将战略投资者的优质资产及优质资源引入到企业中，而且也能更好地引入民营企业灵活的市场机制，从而倒逼企业优化自身的生产管理模式，促进自身公司治理结构的优化和升级，最终实现企业经营效率的提升。

（1）构建多元化均衡的股权结构

在进行混合所有制改革之前，云南白药的股权结构与大部分国有企业一样，处于国有股"一股独大"的状况。经过两个阶段的混改之后,非国有战略投资者的融入,让云南白药形成了多股制衡的产权结构,持股5%以上的股东既有国有法人资本,也有境外法人资本与境内非国有法人。多元化的分权控制股权结构,能够使主要股东之间构成一种竞争关系,并且相互制衡与监督。私人资本的逐利性决定了其具有监督企业的动机,从而能够完善公司治理。多个大股东的存在是一种重要和有效的内部治理机制,异质性资本之间能够形成一种自动纠错机制,从而使得云南白药之前国有股一股独大带来的过度监督问题,以及控股股东"独断专行"的问题得到改善,进而减轻公司的代理成本,提高企业的治理效率。同时,不同资本之间可以充分发挥各自的优势,实现资本之间的协同效应,最大化企业价值。另一方面,云南省国资委与新华都对云南白药的持股相同,并列为第一大股东,形成了"双头型"股权结构。两大股东分别属于国有资本与民营资本,异质性大股东之间能够相互制衡,形成分权控制的格局,预防大股东的"隧道掏空"行为,保护中小股东的利益。

(2)董事会和监事会层面

2017年第一阶段混改完成之后,云南白药控股股东白药控股的董事会发生了变化,两家战略投资方都进入了白药控股的决策层。云南省国资委与新华都派驻2名董事,江苏鱼跃提名1名董事,白药控股的董事会由云南省国资委全权控制变为了民营资本占优的新结构。同时,上市公司云南白药的董事会也发生了变化,新加入的民营方新华都的两名成员加入了董事会。新的决策层结构提升了云南白药董事会的独立性与监督效力。民营资本的进入也推动了云南白药市场化经理人制度的建立,帮助企业建立更加科学的市场化高管薪酬与激励机制。2019年云南白药第二阶段混改完成后,组建了新一届董事会,云南白药新一届的董事会人员组成更加多元化,异质性股东实质性地参与到了公司治理中,异质性的董事之间能够相互监督制衡,有益于董事会独立性的增强。在新的公司章程中,云南白药新设立联席董事长职位,联席董事长的职权与董事长的职权并无差异。联席董事长的设立可以使得两名董事长之间形成权力的制衡、相互监督,防止董事会中出现董事长独断专行给企业公司治理带来风险,进一步提升了董事会的独立性,保障董事会职能的有效发挥。

在股权设计方面,云南省以白药控股整体资产作价,创造性地设计了国资与民资"均不控制""共存共进"的股权模式,在保持国有资本对优质国有资产控制的同时最大限度地调动了民间资本的积极性,最大限度地扩大经营管理自主权。据了解,这样的股权模式在全国国有企业混合所有制改革中少见。

2. 经营层面

云南白药作为医药行业的优质国企,虽然发展具有稳定性,但是与民营企业相比,较为明显的不足是在企业创新、企业经营机制和企业营销管理渠道方面远不如民营企业。云南白药通过混改来完善企业经营管理模式,注入新的经营活力,引入新的管理经验和新鲜的血液来加快企业的转型升级,激发企业的内生动力,增强云南白药的竞争优势。

(1)市场占有率分析

云南白药引入的战略投资者中,新华都自身拥有着强大的互联网营销能力以及广阔的销售终端,其业务涵盖了数字销售,互联网营销以及电商运营等,营销网络非常的广阔。云南白药在引入战略投资者新华都及江苏鱼跃后,充分利用战略投资者自身所拥有的营销渠道和互联网优势，形成了"线下+线上"的互联网营销模式，进而增强了企业的营销能力。云南白药工业及商业销售市场占有率见表6-1。

表6-1 云南白药工业及商业销售市场占有率

类别	年份				
	2015	2016	2017	2018	2019
医药工业销售额/亿元	92	91	100	107	110
医药工业销售市场占有率/%	0.34	0.31%	0.33	0.41	0.42
医药商业销售额/亿元	115	133	143	159	186
医药商业销售市场占有率/%	0.69	0.72	0.71	0.74	0.80

数据来源：根据公司年报及中国报告网相关数据整理所得。

在引入新华都后的2017年前后，云南白药医药商业的销售额发生了较大的波动，是因为云南白药积极与新华都进行了资源整合。除了形成了合理的公司治理体制外，作为一个非常成功的商业零售企业，云南白药充分利用其优势，根据市场消费者的习惯不断调整营销策略以及营销模式，加强与战略投资者之间的战略协同，从而不断提高自身的销售额。2019年，云南白药牙膏再次实现突破，顾客满意度指数居牙膏品类榜首，进一步增强了企业品牌在顾客心目中的地位。市场对云南白药产品的认可度不断提升，也进一步印证了混改在企业市场化发展中的积极作用。公司四大业务板块行业领先地位稳固。牙膏品类在行业增速趋缓的情况下，2022年依然保持行业市场份额第一的位置。药品板块的气雾剂占据行业95%以上市场份额，市场排名第一；创可贴占65%以上市场份额，市场排名第一。

（2）加大研发投入

医药健康行业的快速发展，离不开创新活动的支持与驱动。云南白药顺应混合所有制改革为云南白药注入体制机制活力，公司更是加大了对研发创新工作的重视，持续加大研发的投入。2017年研发费用是0.84亿元，到2022年研发费用达到3.37亿元。2021年公司在"以用户为中心"的底层逻辑驱动下，围绕"1+4"战略赛道的产品创新步伐再次按下加速键，聚焦中医药、口腔智护、皮肤科学、骨伤科、女性关怀等赛道的解决方案，产品梯队不断更新迭代。同时，通过有效的机制建设提高营销与研发之间的协同，技术人员必须具有营销思维，营销人员必须了解主流技术趋势，以实现技术与用户需求的有效结合，以整合式健康解决方案构建差异化竞争优势。

（3）混改后扩张

混改后，云南白药精简组织架构，压缩决策审批流程，为公司大幅进行扩张并购提供了组织基础；其本身充裕的资金储备及两次增资扩股带来的巨额资金也为其产业扩张提供了强有力的支撑；加之江苏鱼跃及新华都均有丰富的产业并购经验及项目资源，有利于公司在完善自身产业链与大健康领域两个方向进行大力的延伸整合。

云南白药在混改后，迅速加大在大健康领域的外延并购进程，投资范围涉及学科建设、产业投资基金、医疗大数据、智能中医医疗器材等，推进"大健康，新白药"战略的快速发展，为此，公司还根据投资并购业务的需求，设计了"投资并购训练营""项目经理训练营"学习项目，对学员进行投资并购相关知识体系及项目管理知识体系的培训，为新业务的开展做好知识储备。因此，公司混改后整合优势资源，使得资产、经营规模得到进一步扩大，同时又借助外延式并购扩张助推企业发展，有利于云南白药更好的应对未来的行业竞争格局。云南白药混改后的外延并购扩张情况见表6-2。

表6-2　云南白药混改后的外延并购扩张情况

披露期	标的方	取得方式	交易目的
2018.10	北京云数达科技有限公司	新设成立	向客户提供优质、高效的互联网医疗健康服务
2019.10	Sino Mab Bio Science Limited（中国抗体）	股份认购	加强公司在生物医药领域的布局，提高综合竞争力
2020.01	厦门榤联健康产业投资合伙企业	认缴出资	有效应对医药行业长周期的投资风险，深化推进公司骨伤科解决方案
2020.04	药品追溯信息技术公司	认缴出资	参与国家医疗大数据建设，提升公司在行业的影响力和市场地位
2020.06	云南白药集团上海科技有限公司	投资新设	满足美肤业务的生产经营需求，为健康事业部实现战略突破提供良好条件
2020.09	万隆控股集团有限公司认购换股	认购换股债券	实现大健康产业布局，在个人护理产品贸易等方面加强合作
2020.12	安徽金健桥医疗科技有限公司	增资受让	为云南白药医疗器械产业平台提供长远、持续、健康发展的动力
2021.03	云南白药（香港）有限公司	投资新设	建立公司海外资源整合机制，更好地完善公司战略布局

资料来源：云南白药公告。

3. 财务层面

云南白药混改打破传统国资绝对控股的混改模式，非公资本持股比例超过国有资本。在增资扩股的混改中，云南白药获得的现金投入达300多亿元，已形成体制、资金及政策等各方面条件的聚合和叠加，发展势头良好。2017年白药控股营业收入较上年增长8.34%，利润总额增长32.21%，净利润增长39.56%。上市公司股价从68.61元/股持续上涨，进入"千亿"市值企业行列。2018年公司仍然保持了持续增长的势头，2019年7月集团整体上市，上市首日的市值为1 074.93亿元，市值增幅高达94.03%。

云南白药通过混改，提升了公司治理效率，整合利用战略投资者的资源优势加速并购扩张，实现内生性生长与外延式并购双线共进的发展战略，这些都会体现在企业的财务效益上。

案例分析题

1. 讨论云南白药混合所有制改革的方式。
2. 分析云南白药混改前后产权结构特征。
2. 讨论混改中如何选择合适的战略投资者。
3. 采用相关财务指标展开分析，评价混改对云南白药企业财务绩效的影响。

中粮资本混改

中粮资本投资有限公司（简称中粮资本）由 1997 年 6 月 27 日成立的中粮明诚投资咨询有限公司发展而来，2001 年至 2015 年，经多次增资及股权划转，成为中粮集团的全资子公司，更名为中粮资本投资有限公司。中粮集团是中国最大的粮油食品企业，中粮资本作为中粮集团旗下的专业金融投资平台，依托中粮集团的产业背景，中粮资本的主营业务为保险、信托和基金等金融业务，公司注重旗下各个板块业务的协同发展，综合运用各金融业务探索产融结合，形成完整的金融服务链，服务于中粮集团全产业链。2017 年 2 月，中粮资本入围国家发改委第二批混改试点。

1. 混改的方式

中粮资本混改过程可以分为两个阶段：第一阶段，2017 年 4 月中粮资本引入战略投资者，优化其股权结构；第二阶段，2018 年 1 月中粮资本开始筹划借壳中原特钢上市，2019 年 1 月完成。

（1）第一阶段增资引入七家战略投资者

2017 年 8 月 7 日，中粮集团与首农集团、温氏投资、弘毅弘量、宁波雾繁、上海国际资管、结构调整基金和航发资产签署《增资及国有产权交易合同》，约定将其持有的中粮资本 1.794 2%、1.993 5%、3.588 3%、1.594 8%、1.594 8%、1.594 8%、1.594 8%（合计 13.755 2%）的股权以 14.54 元/股的价格分别转让给七名新股东。中粮资本引入的七家战略投资者中弘毅弘量、温氏投资和宁波雾繁三家是民营企业，另外，除首农集团外均为专业的投资公司或私募投资资金，与中粮资本的主营业务相似。

中粮资本增资转让后股权结构见图 6-5。

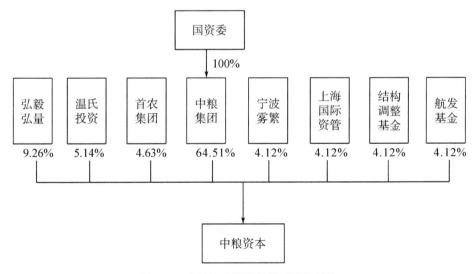

图 6-5　中粮资本增资转让后股权结构

（2）第二阶段"借壳"中原特钢上市

2017 年，中粮资本被选中第二批混改试点之后，公司内部有着"三步走"的一个改革逻辑，分别是引入战略投资者、上市和深化混合所有制改革。在 2017 年完成了第一步的混合所有制改革以后，为了继续深化混改，上市成为中粮资本下一步最主要的目标。相比于通过 IPO 上市，选择合适的上市公司进行曲线上市的方式更为方便快捷，同时可以节省大量成本，中粮资本将目标对准了中原特钢。

中粮资本整体借壳上市分为两步。第一步，2018 年 1 月 23 日，中原特钢的控股股东南方工业将所持有的中原特钢 67.42% 股份无偿划转给中粮集团，中原特钢经过股权的无偿转让后，控股股东变为中粮集团，但其实际控制人并未发生任何变化，仍然是国务院国资委。第二步，中原特钢与中粮集团进行资产置换，发行股份购买中粮资本资产，最终完成中粮资本借壳中原特钢上市。

中粮资本"借壳"上市的时间顺序见表 6-3。

表 6-3 "借壳"上市的时间顺序

时间	事件
2017 年 10 月 26 日	中原特钢为筹划控股股东变动停牌
2018 年 4 月 17 日	中原特钢控股股东无偿划转股份过户完成，控股股东变更为中粮集团
2018 年 6 月 12 日	《中原特钢股份有限公司重大资产置换并发行股份购买资产暨关联交易预案》获得国务院国资委批复通过
2019 年 1 月 23 日	获得中国证监会核准
2019 年 1 月 25 日	完成资产过户
2019 年 10 月 8 日	中原特钢在深圳股票交易所正式更名为"中粮资本"

资产置换置换出的资产为中原特钢持有的全部资产及负债，注入资产为中粮集团持有的中粮资本 64.51% 股权与置出资产等值的部分，剩余差额部分通过非公开发行股票的方式向特定投资者购买。资产置换完成后，中粮集团所持有的中粮资本 64.51% 股权所剩余的差额部分和由弘毅弘量、温氏投资和首农食品等七家战略投资方所共同持有的中粮资本 35.49% 的股权，由上市公司中原特钢通过非公开发行股票的方式进行收购。

2. 混改的动因

（1）依托中粮集团重塑体制

中粮集团作为我国最大的农粮央企，集团存在经济效益与资产效益不匹配、产业发展和国家需求不匹配以及国际化布局和国际化经营水平不匹配等问题，所以，中粮集团制定了重塑体制的发展战略。中粮集团对旗下十八家专业化公司积极开展混合所有制改革，使四个板块整体上市，通过混改上市，引入外部投资者实现了股权多元化，拓宽融资渠道，为业务发展获取资金保障。

（2）提升市场竞争力

中粮资本混改前的 2014—2016 年，净利润分别为 -4 664 万元、-21 335 万元、520 万元。2016 年中粮资本主营业务的经营成果并没有改善，营业利润仍为负数，但由于营业外收入为 8 120 万元，使得净利润大于零。中粮资本通过混改，一方面可以获得大额资金用于拓展业务，增加资产规模，另一方面可以对整体业务进行重新布局，整合战略投资者资源，改善公司经营业绩，提升自身的行业竞争力。

（3）优化公司治理结构

一个企业的股权结构反映了各个股东的持股情况，持股比例也反映了公司的控制权情况，是公司治理的基础。中粮资本混改前实质上由国资委全权控制，缺乏活力，

财务管理案例

· 104 ·

在经营决策中"一言堂"的现象也十分普遍。中粮资本通过混改引入战略投资者，使公司股权结构发生变化，健全公司法人治理结构，建立科学的现代企业制度。借壳上市使中粮资本实现与资本市场的对接，在资本市场和行业制度的要求下，公司的治理机制也会逐渐完善，从而可以有效提升企业市场化运营能力。

3. 混改对盈利能力的影响

为分析中粮资本的盈利能力情况，选取 2015—2021 年销售净利率、净资产收益率、总资产收益率三个财务指标进行分析，见表 6-4。

表 6-4　中粮资本 2015—2021 年盈利能力指标

项目	年份						
	2015	2016	2017	2018	2019	2020	2021
销售净利率/%	−22.35	0.59	−26.51	59.76	355.87	102.99	32.47
净资产收益率/%	−11.06	0.28	5.98	2.87	4.08	6.26	7.77
总资产收益率/%	−6.07	0.14	−7.17	2.36	1.79	2.13	2.20

数据来源：东方财富网。

在 2015 年、2017 年中粮资本的销售净利率都是负数，2016 年由于政府补助计入营业外收入，中粮资本的销售净利率勉强为正。2017 年中粮资本引入了战略投资者，中粮资本的销售净利率由 2017 年的−26.51%提高到 2018 年的 59.76%。2018 年金融行业整体呈下降的态势，中美经贸摩擦导致国内经济下行，资本市场波动大，多元金融行业的各项金融业务受到了较大的影响，但是公司引入了战略投资者进行混合所有制改革开始起到了积极的作用，中粮资本的盈利能力开始稳步上升，尤其是 2019 年初完成重大资产重组后，中粮资本置出原有钢铁资产并注入金融资产，主营业务由钢铁业务变更为金融业务，盈利能力得到明显改善。

总资产收益率反映全部资产的获利能力，是用以评价企业运用全部资产的总体获利能力的指标。2019 年到 2021 年中粮资本的总资产收益率稳步上升。净资产收益率是一种衡量股东收益的指标，其数值越大表示股东得到的收益就越多。在 2019 年完成借壳上市后，中粮资本的净资产收益率得到明显提升。公司完成混合所有制改革的第二步后，公司的投资回报能力有所提高，股东的投资收益有所增强。

4. 混改对偿付能力的影响

对于中粮资本混改前后偿债能力的变化，选取其 2015—2021 年的流动比率、速动比率和资产负债率三个财务指标进行分析，见表 6-5。

表 6-5　2015 年至 2021 年中粮资本偿债能力指标表

项目	年份						
	2015	2016	2017	2018	2019	2020	2021
流动比率	0.96	0.92	0.77	1.12	1.94	1.7	1.53
速动比率	0.70	0.66	0.55	1.1	1.94	1.69	1.52
资产负债率/%	47.67	51.52	54.11	64.19	67.99	72.93	75.78

数据来源：东方财富网。

在短期偿债能力方面，2018 年中粮资本的流动比率和速动比率一直高于混改前，2019 年两个指标数值上升幅度最快，于当年都达到最高值 1.94，2020 年、2021 年有所下降，但仍较借壳上市前有较大的提升，表明中粮资本的资产流动性得到较大的改善。资产重组结束后流动比率出现大幅度上涨的原因在于，中粮资本在通过资产重组实现上市目标之后，充分利用了资本市场的资本补充机制，凭借资本市场的优势补充了大量资金。从混改前后的对比来看，中粮资本混改后的短期偿债能力较混改前有较大提高，资产重组迅速改善中粮资本的短期偿债能力，有效降低了公司流动性风险。

中粮资本资产负债率与行业对比情况见图 6-6。

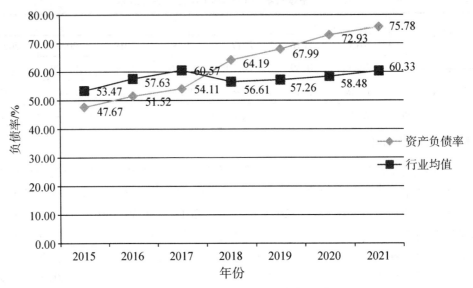

图 6-6 中粮资本资产负债率与行业对比

从资产负债率指标来看，中粮资本混改后该指标从 2017 年开始至 2021 年逐年上升，在多元金融行业，中粮资本的资产负债率混改后也一致高于行业均值，长期偿债能力差于行业水平。中粮资本通过资产重组实现上市之后，公司的资产负债率较高主要源于寿险行业和期货行业的业务特点。寿险行业先收取保费，再提供服务，保险公司资产主要来自于投保人缴纳的保费，且无须及时赔偿和给付的保险金占负债总额的比例极大；期货行业同理，先收取客户保证金，再提供服务，负债来源主要为客户缴纳的保证金。

中粮资本的上市进一步拓宽了融资渠道，为了满足扩大经营对资金的需求，公司债券的发行也推动了负债数值的上涨。

资料来源：中粮资本年报和公告。

讨论题：1. 讨论混改第二阶段中粮资本如何"借壳"中原特钢上市。

2. 讨论混改后中粮资本的成长能力和运营能力。

案例七 | 小米科技的"互联网+"盈利模式

■**教学目的与要求**

信息时代，互联网公司以其独特的盈利模式崭露锋芒，盈利模式也是财务管理的热点。通过本案例的学习，学生应了解盈利模式的理论背景、互联网公司盈利模式的独特性，掌握财务分析与评价的研究方法，领会企业多元化战略和生态系统建设要点。

引例

近年来，互联网公司的盈利模式一直备受关注。小米科技有限责任公司（以下简称小米）凭借其创新的商业模式和卓越表现，引起了广泛关注。初期，小米专注于手机业务，凭借精准的定位和出色的产品性能在市场上取得了显著成绩。随着竞争的日益激烈，小米面临前所未有的挑战。小米积极寻求行业风口，抓住了5G和物联网时代的机遇，迎来了崭新的发展空间。凭借敏锐的市场洞察力和勇于创新的精神，小米迅速调整了战略方向，逐渐将重心从单一的手机业务转向多元化的智能生态系统。积极投入研发和生产5G手机，并与各大运营商展开合作，推动5G技术的推广和应用。同时，小米在智能家居、智能穿戴设备和物联网设备等领域扩大了布局。小米的转型探索取得了显著成果，目前已成为全球领先的智能手机制造商之一，并在智能家居、物联网等领域取得了显著成绩。小米的盈利模式也正在焕发新的活力。

小米成功的转型为其他互联网公司树立了典范。在快速变化的市场环境中，敏锐的洞察力和灵活的战略调整成为克服困境、开辟新发展路径的关键要素。这些宝贵经验对于深入学习和理解互联网行业的盈利模式和企业战略的转变具有重要意义。除小米外，滴滴出行、新浪微博、58同城、西瓜视频等其他互联网公司同样面临着权衡和决策的挑战。在面对瓶颈时，这类互联网公司应如何扭转命运？它们需要审慎权衡各种因素，并制定相应战略，以适应变化的市场需求，并寻找新的增长机遇。

一、背景知识

（一）盈利模式的理论背景

盈利模式的理论背景涵盖了经济学、创新理论和市场定位等多个领域的基本原则。经济学原理为盈利模式提供了基础，通过供求关系、价格弹性等概念，帮助企业理解市场需求，确定适当的定价策略。创新理论强调创新对盈利模式的影响，鼓励企业在产品、服务和业务模式方面不断探索，以获取竞争优势。市场定位理论强调了企业如何通过了解客户需求、分析竞争环境来定位自己，以在市场中提供独特的价值。这些理论相互交织，为企业选择适合自身的盈利模式提供了有力的指导。

盈利模式的种类多种多样，可以从不同的角度进行分类。常见的盈利模式包括销售模式、订阅模式、广告模式、交易手续费模式、授权模式、附加值模式、租赁模式、会员模式、捐赠模式、免费模式、资产销售模式以及合作模式。每种模式都代表着企业如何从其产品、服务或价值创造中获得经济收益。企业在选择盈利模式时需要全面考虑市场需求、竞争环境、资源配置等因素，以确保盈利模式与企业战略相一致，从而实现稳定和可持续的财务绩效。不同的盈利模式具有不同的风险和回报特性，企业需要在多种模式之间进行权衡，寻找最适合自身发展的方式，以提升财务绩效并实现长期增长。

（二）互联网企业的盈利模式

互联网企业的盈利模式多样，涵盖了广告模式、订阅模式、电子商务模式、交易手续费模式、引导模式、免费与付费附加功能模式、内容许可模式、数据销售模式、虚拟货币与虚拟商品模式等。广告模式通过在网站、应用上展示广告获得收入，订阅模式提供付费订阅服务，电子商务模式在线销售实物产品，交易手续费模式作为交易中介收取费用，引导模式通过吸引用户生成潜在客户并销售，免费与付费附加功能模式提供基本免费服务，然后吸引用户付费升级，内容许可模式将内容授权他人使用以获取许可费，数据销售模式收集、分析用户数据并出售，虚拟货币与虚拟商品模式在虚拟环境中销售商品或货币。不同模式根据企业战略和市场需求的不同，为互联网企业实现盈利提供了灵活的选择。

在近几年提出的创新型商业模式中，生态链模式凭借其独特的特点引起了广泛关注。生态链模式旨在构建一个协同、多元化的生态系统，将主要企业与多个关联企业、合作伙伴以及服务提供商连接起来，实现整体的增长和价值创造。在这个模式下，不同企业相互合作、共享资源，从而通过协同效应达到比单独经营更大的盈利和市场影响力。生态链模式中的盈利模式同样具有多样性。主要企业通过核心产品的销售获得直接收入，同时引导用户进入整个生态系统。关联企业推广生态链产品，扩大自己的产品线，为消费者提供更多选择，为用户带来更智能化和便捷的生活体验。

二、案例概况

（一）小米科技公司背景

小米科技有限责任公司作为一家著名的中国科技企业，专注于智能手机、电子设备和消费电子产品的研发、设计和销售。小米以创新技术为驱动力，致力于为每个人提供高品质的生活体验。公司以用户需求为中心，始终专注于产品和服务的优化，体现了其专注、开放和共赢的核心价值观。在取得巨大成功的手机领域，小米通过推出智能家居设备、智能电视、智能穿戴设备等产品，构建了一个智能互联的生态系统。这个商业模式使得小米能够提供多样化的产品和服务，以满足用户的多样化需求。小米以互联网思维和开放合作的精神，与其他企业和开发者合作，推动创新发展。公司的全球化战略使其产品销售覆盖100多个国家和地区，成为中国和全球科技行业的重要角色，进一步扩大了其影响力和市场份额。

（二）核心业务和产品线

小米科技公司的核心业务主要集中在智能手机领域，其产品线涵盖了多个系列和不同价位的手机产品。小米致力于为消费者提供性价比极高的智能手机，以满足不同用户群体的需求。

小米手机系列：小米手机系列是小米科技公司最重要的核心业务。自2011年推出第一款小米手机以来，小米不断进行创新和改进，推出了多个系列的手机产品，包括Mi系列、Redmi系列和POCO系列等。Mi系列作为小米的旗舰系列，注重性能和创新。这些产品采用高端配置和先进技术，具有出色的性能和用户体验。Redmi系列注重性价比和日常使用，提供良好的性能和功能，价格相对较为亲民。而POCO系列专注于高性能和卓越体验，满足对性能要求较高的用户。

MIUI操作系统：MIUI是小米自主研发的操作系统，是小米手机的核心软件。基于Android平台，MIUI通过对用户界面、功能和性能的优化，为用户提供个性化和流畅的使用体验。MIUI操作系统具有丰富的主题和自定义选项，允许用户根据个人喜好进行个性化设置。此外，MIUI还提供一系列内置应用和功能，如小米社区、小米云服务、小米商城等，满足用户各种需求。

生态链产品：小米积极推动生态链产品的发展，通过投资和合作开发与手机和智能家居相关的产品。生态链产品包括智能电视、智能手环、智能家居设备、智能灯具、智能摄像头等。这些产品与小米手机和MIUI操作系统相互配合，构成一个完整的智能生态系统。小米通过推广生态链产品，扩大自己的产品线，为消费者提供更多选择，为用户带来更智能化和便捷的生活体验。

其他业务：除了智能手机和生态链产品，小米还在其他领域进行业务拓展。例如，推出一系列智能家居产品，如智能音箱、智能空气净化器、智能扫地机器人等。此外，小米还涉足互联网金融、电子商务、云服务和物联网等领域，致力于构建一个全面的智能科技生态系统。

（三）公司发展现状和全球影响力

小米注重技术创新和用户需求，通过互联网思维和直销模式直接销售产品。这种直销模式使得小米能够提供性价比较高的产品，并与用户建立紧密的关系。小米不断推出具有竞争力的产品，如智能手机、智能家居设备、智能穿戴设备等，以满足用户多样化的需求。这一策略在国内市场取得了显著的成功，年收入突破了千亿元人民币。

在国际市场中，小米展现了强大的实力和影响力。小米已进入80多个国家和地区的市场，其中在印度市场尤为成功。在印度，小米连续多个季度保持手机出货量第一的位置，成为该地区最受欢迎的手机品牌之一。此外，小米还积极拓展其他新兴市场，如东南亚、欧洲和拉美地区，并取得了良好的销售业绩。小米不仅在产品领域取得成功，还积极参与全球技术标准的制定和推动。作为 5G 时代的先行者，小米在 5G 技术研发和标准制定方面发挥了重要作用，推动了全球 5G 技术的发展。此外，小米还积极参与物联网、人工智能等领域的国际合作和交流，为全球科技创新做出了贡献。小米科技公司在全球范围内赢得了广泛的认可和声誉。它被《财富》杂志评为世界 500 强企业，并多次获得国际奖项和荣誉，如红点设计奖、IF 设计奖等。这些荣誉进一步彰显了小米在全球市场上的影响力。随着科技的不断进步和人们对生活品质的追求，消费结构也在不断演变。为了不断提升盈利能力并紧跟市场需求的变化，小米积极调整和优化自身的盈利模式，展现与时俱进的活力。

三、小米盈利模式探索

（一）初创期：单品模式

于 2010 年 4 月正式成立的小米集团确定了其在智能手机领域的发展方向。在这一阶段，公司提出了"单品模式"的理念，旨在设计一款设计精良、品质优秀且价格实惠的智能手机。为了实现开发物美价廉的智能手机目标，小米采取了一系列策略以确保产品的内在逻辑和紧密结构。

首先，小米充分利用互联网将用户纳入手机硬件的设计和研发过程。通过收集用户的反馈意见，他们能够了解市场上最新的需求动态。其次，小米坚持提供顶级配置、真材实料、高性能和卓越体验，强调以超越用户预期的最佳性价比为目标。再次，他们注重品牌建设和口碑积累，通过口碑传播来节省大量的广告费用。最后，小米引入了线上直销和预定购买的发售方式，消除了中间商，直接将产品送达消费者手中，从而节约了实体店面和中间渠道的各种费用。在初期阶段，小米集团以其高性价比吸引了大量客户，但是依赖于单一利润点无法满足其发展需求。与此同时，他们还发现了手机软件中的商机，并开发出了自己的手机操作系统 MIUI。这一优秀的软件系统使用户更加高效地参与公司的成长，为小米打下了广泛的客户基础。因此，小米集团的盈利模式初步形成：以粉丝为利润对象，依靠性价比高的手机、出色的操作系统和高效的服务作为利润点，并以智能手机销售作为利润来源。但小米集团仍未建立起强有力的利润杠杆和壁垒机制。

（二）正式建立：小平台模式

2011 年 8 月，小米集团召开了一场新品发布会，并通过微博等网络渠道广泛宣传。小米 1 作为一款高性能、低价格的智能手机引起了社会的广泛关注。这标志着小米集团形成了一个全新的盈利模式，由智能手机、MIUI 系统和米聊组成，本文将其称为"小平台模式"。

为增强业务的稳定性，智能手机、MIUI 系统和米聊之间形成了紧密的联系，并产生了良好的品牌效应。这种相互关联的设计成为小米集团独特的利润壁垒。截至 2012 年年底，MIUI 操作系统的用户数量突破了 1 000 万，发布的 3 款智能手机总销量接近 750 万台，收入超过 130 亿元。这一业绩在中国智能手机市场引起了轰动。此外，米聊也得到了广大"米粉"的认同，注册用户数量高达 1 700 万。在这一阶段，小米集团通过"硬件+系统+软件"的紧密连接构建了利润壁垒。虽然利润点没有改变，但随着小米的发展，利润源和利润对象的规模不断增加。为了提升线下体验，公司在全国范围内建立了小米之家服务站。

（三）动态调整：多平台模式

经历了两年的高速发展期后，小米遭遇挫折。2011 年，腾讯公司发布的微信软件对小米集团旗下的米聊构成了巨大威胁。随着竞争的激烈加剧，米聊业务无法再支撑小米集团的高速发展。同时，智能手机市场的竞争也日趋激烈，这些因素迫使小米集团不得不改变其盈利模式。2014 年，小米集团意识到物联网比智能手机具有更大的发展机遇，因此决定将利润点扩大，即向智能家居领域拓展，具体产品如表 7-1 所示。这一调整使得小米集团的业务体系更加合理，拥有更广阔的成长和发展空间，不再依赖于单一平台，本文将其称之为"多平台模式"。在这一阶段中，小米集团的利润点规模增大，利润壁垒也更加巩固，利润杠杆逐渐成熟，这种多平台模式为小米集团带来了更多的获利机会，并且使其业务更为稳固。

表 7-1　小米集团多平台模式下利润点

利润点	产品
硬件	智能手机、路由器、电视、小米盒子
软件	MIUI 手机、平板、TV 系统
互联网	小米黄页、小米互娱等

资料来源：小米官网

（四）持续演进：生态链模式

2015 年下半年，迅速发展的小米集团面临着前所未有的危机。销量的迅猛增长意味着必须与数百个零部件供应商建立稳固且高效的合作关系。然而，小米集团在供货和发货方面出现了不足和缓慢的情况，被指责为"饥饿营销"，引发了质疑。另一方面，竞争对手的数量和实力也日益增长。华为发布了荣耀系列与小米竞争，VIVO 和 OPPO 等手机制造商通过线下渠道崛起。在激烈的竞争下，小米失去节奏，出现了渠道、品牌和产品等方面的问题。

小米深入分析当今电子商务的优势和劣势，并开始发展新零售，以完善多平台模式下的生态链建设。如小米携手伊利通过 AIoT 打造牛奶"白科技"便是一个典型案例。伊利联手小米营销利用科技手段赋能牛奶，通过智能可穿戴设备，有效识别人体营养需求，精准匹配产品，有针对性地进行营养补给。同时，伊利在线上线下也开启了全面的高能营销：线下打造"牛奶白科技空间"快闪店，让用户亲身感受科学饮奶全流程；线上通过创新运用 AI 开机广告，并可以与小爱同学进行语音交互，进一步了解牛奶营养价值等相关信息，诸如此类，小米全面浸润消费者的诸多生活场景。从2015 年年中开始，小米集团积极开拓线下渠道，将小米之家从售后服务转型为线下零售店。截至 2018 年 3 月，小米之家已覆盖了 186 个城市，极大提升了客户体验，赢得了良好的口碑和广泛的关注。

小米采取对科技创新企业的投资和合作的方式，与其共同设计和开发生态链智能产品，从而巩固了利润壁垒，其中包括 5G×AIOT 模式。5G 技术提供了大容量、高连接性、低时延和低功耗的连接能力，使得实时高清内容传输如 AR、VR 等带来极致的用户体验。5G 还支持端侧计算和边缘计算与内容、服务的互通，为 AIOT 带来强大支持。同时，许多 AI 技术也可应用于 5G，例如核心网和无线侧资源的优化，以及构建更智能的移动网络。在 5G×AIOT 模式下，应用场景广泛，涵盖智慧工业、智慧农业、智慧家庭、智慧社区、智能穿戴、智慧医疗等方面。目前，小米已构建了全球最大的消费类 IoT 平台，连接设备超过 2.3 亿（不包括小米的手机、平板、笔记本）。围绕手机到出行、安防、车载等领域，小米孵化了上百家生态链企业，并将 AI 能力应用于云、边侧设备和端侧设备，将优质的互联网服务赋能于终端产品。

四、小米盈利模式及财务分析与评价

（一）小米盈利模式分析

对小米科技的盈利模式进行深入剖析，揭示了小米公司敏锐把握时代动向和勇于创新的精神。盈利模式五要素分析是一种通用的分析方法，着重强调了盈利模式、盈利点、利润杠杆、利润来源和利润壁垒等作为企业战略分析的重要因素。

盈利模式是企业用来创造利润的商业模式或方法。它描述了小米如何通过销售产品或提供服务来实现盈利，并指导企业在市场上获取收入和利润的方式。

盈利点是指小米盈利的关键来源或重点领域。它是指小米在销售产品或提供服务过程中所能获取利润的特定环节或方面。盈利点可以是特定产品的销售、服务的提供、广告收入等。

利润杠杆是指小米利润增长的因素或手段。它描述了小米如何通过某种方式或策略来提高利润率或增加利润额。利润杠杆可以是成本控制、规模效应、提高销售价格、降低生产成本等。

利润来源是指小米盈利的具体来源或收入来源。它指的是小米获得利润的主要渠道或方式，可以是销售产品、提供服务、广告收入、特许权收入等。

利润壁垒是指小米在市场上保持盈利能力并抵御竞争的障碍或优势。它是指小米通过某种方式或资源所形成的竞争优势，使其能够持续获得高额利润。利润壁垒可以是专利技术、品牌声誉、供应链优势、客户忠诚度等。

以下从上述五个维度对小米的盈利模式进行分析。

1. 利润对象—用户

小米集团的利润对象主要是产品的终端使用者和互联网服务的体验者。他们坚信用户基础是其发展的原动力，并秉持着以"为发烧而生"的理念来进行产品的创作和生产。在早期阶段，小米通过微博、贴吧等互联网媒介进行宣传，并邀请用户参与产品的设计。小米凭借着高性价比和个性化设计，成功吸引了一大批寻求自由空间的优质用户，其中许多用户甚至成为了"米粉"。这些用户在参与小米的成长过程中获得成就感，从而对产品质量表现出高度的包容性。在用户与用户、用户与公司之间的相互交流中，小米不断改进产品，逐渐成熟起来。

截至 2018 年 3 月 31 日，小米集团拥有庞大且稳定的用户基础。MIUI 操作系统的月活跃用户约为 1.9 亿，使用 5 个以上小米互联产品（不包括智能手机和笔记本电脑）

的用户数量超过 140 万。此外，小米用户在 MIUI 论坛中积极发表建议，2018 年 3 月 MIUI 论坛拥有超过 900 万月活跃用户。自从 MIUI 论坛于 2010 年 8 月推出至 2018 年 3 月 31 日，小米用户累计发布了约 2.5 亿条帖子。这些数据表明小米集团拥有一支活跃且忠诚的用户群体，用户的反馈和建议为小米集团提供了重要的产品改进方向。小米集团凭借庞大的用户基础和积极的用户互动，能够持续改进产品，并提供更符合用户需求的创新解决方案。

2. 利润点—产品+服务

小米集团的利润点主要源自高性价比的智能产品和高质量的互联网服务。通过实施新零售战略，小米能够以更低的价格将产品提供给用户。线上和线下相结合的零售渠道带来了更多的流量。通过互联网的联动，三个要素相互融合，形成了一个密切的整体，为小米创造了新的利润点。

（1）硬件

硬件产品种类丰富，既包括小米集团自己开发的产品，也包括生态链计划下与其他企业合作开发的硬件产品。按照产品功能、形态及模式进行分类，可分为智能手机、IoT 和生活消费产品、互联网服务产品三种类型。

小米集团的智能手机产品主要包括小米 MIX 系列、小米系列和红米系列，见表 7-2。

表 7-2　小米集团智能手机代表产品

系列	代表机型
小米 MIX（高端）	小米 MIX1~4 等
小米（中高端）	小米 Note3、小米 1~9 等
红米（中低端）	红米 Note5、红米 5Plus 等

资料来源：小米官网。

小米集团产品构成见图 7-1。

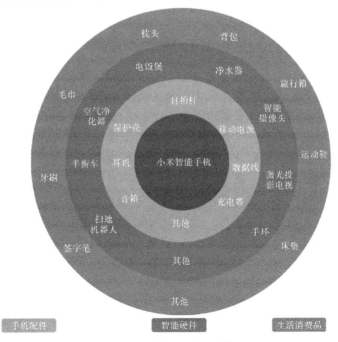

图 7-1　小米集团产品构成

小米集团同时发展物联网消费产品。截至 2018 年 3 月 31 日,小米集团通过投资形成了超过 210 家公司组成的生态系统,其中超过 90 家公司专注于研发智能硬件和生活消费产品。在生态链的广泛布局下,小米公司建立了全球最大的消费 IoT 平台,根据艾瑞咨询的统计,截至 2018 年 3 月 31 日,公司的 IoT 平台连接了超过 1 亿台设备(不包括智能手机及笔记本电脑)。这些产品互联,既改善了用户的生活,又为公司的互联网服务提供了专属平台。除智能硬件产品外,公司还发展了一系列生活消费产品,以进一步提高品牌知名度并将用户流量导向公司的零售渠道。

（2）互联网服务产品

小米集团的智能手机终端均搭载其自主研发的 MIUI 操作系统,其作为系统的核心将小米的智能硬件与互联网服务紧密地结合起来。基于 MIUI 系统,小米集团推出了部分自主应用产品,这些应用产品也可以在安卓及 iOS 系统中运行。同时,在 MIUI 系统外,小米集团也有着丰富的渠道为用户提供互联网服务(如表 7-3 所示)。

表 7-3　互联网产品及服务情况

模式	产品或渠道（互联网服务产品）
基于 MIUI 系统	小米云服务、小米应用商店、小米浏览器、小米安全中心、小米游戏中心、小米视频、小米音乐、多看阅读、小米直播、互联网金融
MIUI 系统体系外	小米商城网站及 APP、全网精选电商平台"有品"、智能硬件控制中心"米家 APP"

资料来源：小米官网。

小米通过提供互联网服务让用户拥有高质量的互联网体验,建立起良好的品牌优势,为今后快速发展奠定了基础。截止到 2018 年 3 月,小米集团拥有了 56 个月活跃用户在 1 000 万以上的互联网应用程序,互联网上流量的增加又反向促进了公司硬件产品销量的增加。而且,与其他互联网平台不同,小米集团这种盈利模式不会产生额外的获客成本,大大降低了中间费用。

3. 利润杠杆—新零售战略

小米撬动利润的方法及平台多种多样,包括微博、微信等网络媒介、举行新品发布会以及商业合作等方式,但本文认为小米集团最关键的利润杠杆是它的新零售战略。

新零售战略的实施,让小米集团摒弃了线上销售单一模式,采用"线上+线下"双重渠道,既能保证供货效率,又能提升用户体验。线下渠道小米集团将以往的售后中心改革为线下零售店,成立以来,其独特的创新模式获得业界一致好评。小米集团客户包括个人客户和企业客户。其中,针对个人客户时,线上通过小米商城、天猫旗舰店及有品等进行直销,线下通过"小米之家"进行直销;针对企业客户时,销售方式包括线上电商客户(京东、苏宁等)及通过经销商对外分销。根据互联网数据中心统计,2018 年第一季度小米集团线上手机出货量在中国境内和印度市场居于首位。艾瑞咨询数据显示,小米商城已经成为中国境内第三大线上家居销售平台。

报告期内,公司智能手机及 IoT 和生活消费产品的销售渠道及各自的收入情况如表 7-4 所示:

表7-4　销售渠道及收入情况表

分销渠道	年份					
	2015		2016		2017	
	金额/千元	比例/%	金额/千元	比例/%	金额/千元	比例/%
线上直销	43 019 390	68.93	25 865 166	42.28	29 231 710	28.10
线下直销	361 429	0.58	166 026	2.71	5 413 525	5.20
直销合计	43 380 819	69.51	27 525 292	44.99	34 645 235	33.31
线上分销	10 997 964	17.62	20 113 009	32.88	38 422 430	36.94
线下分销	8 027 190	12.86	13 541 276	22.13	30 943 752	29.75
分销合计	19 025 154	30.49	33 654 285	55.01	69 366 182	66.69
合计	62 405 973	100.00	61 179 577	100.00	104 011 417	100.00

数据来源：小米集团招股说明书。

截至2017年年底，小米之家店面的坪效在全球零售连锁店中排名第二。新零售战略为小米集团提供了撬动利润的平台，从而使经营链条更为高效，成为小米今后高速发展的关键策略。

4. 利润来源—产品增值+互联网服务变现

小米集团的利润来源主要是智能产品的销售收入和互联网服务变现收入。其中产品销售主要包括智能手机业务和其他智能硬件业务。

（1）智能手机业务

利润来源中，智能手机业务占比最高。报告期内，智能手机销售情况如表7-5所示。

表7-5　智能手机销售情况表

项目	年份		
	2015	2016	2017
手机收入/千元	53 715 410	48 764 139	80 563 594
手机销量/千部	66 546	55 419	91 410
平均售价/元·部$^{-1}$	807.19	879.92	881.34

资料来源：小米集团招股说明书。

（2）其他智能硬件业务

公司其他智能硬件包括两部分：一部分为公司自主研发的智能硬件产品，另一部分为公司与生态链企业合作的智能硬件产品。2015—2017年，公司IoT和生活消费产品收入分别为86.91亿元、124.15亿元、234.48亿元，其中生态链产品销售收入分别为48.75亿元、77.89亿元、134.09亿元。

（3）互联网服务

公司的硬件为用户提供使用公司互联网服务的平台，让小米集团通过广告及多元化互联网增值服务变现。公司利用专有技术及大数据分析能力为公司的合作伙伴及用户提供更全面和创新的服务。目前，公司的互联网变现方式主要为互联网广告和移动游戏。报告期内，小米集团互联网服务收入情况如表7-6所示。

表 7-6　互联网服务收入情况表

项目	年份					
	2015		2016		2017	
	金额/千元	比例/%	金额/千元	比例/%	金额/千元	比例/%
广告推广	1 820 637	56.20	3 838 420	58.71	5 614 389	58.00
游戏	1 334 475	41.19	2 134 992	32.71	2 546 077	25.73
其他	84 342	2.61	564 357	8.63	1 735 923	17.54
合计	3 239 454	100.00	6 537 769	100.00	9 896 389	100.00

资料来源：小米集团招股说明书。

5. 利润壁垒——资源配置+产品互联

小米集团的利润壁垒主要体现在两个方面。首先，通过与第三方企业的生态链合作战略来配置资源。截至 2018 年 3 月，小米集团已与 210 家生态链企业展开合作，其中超过 90 家企业专注于智能硬件产品的开发和生产。这种合作模式使小米能够充分利用各企业的优势资源，共同研发智能硬件产品，并委托生态链企业进行生产和销售，从而实现最大化的效用。小米拥有产品专利权，控制着生态链企业的产品销售，进一步加强了其竞争优势。这种资源配置方式让竞争对手望而生畏，显著扩大了小米集团的竞争优势，并在海外市场上取得了跨越式增长。

其次，小米集团专注于完善硬件产品与互联网服务的融合，以及智能手机与互联网服务之间的连接，提供优质的用户体验。通过硬件、软件和互联网的"铁人三项"盈利模式，小米集团构建了产品之间紧密的关系网，相互连接，实现了较高的用户参与度和留存率。这种融合模式迅速抢占了大规模市场份额，形成了稳固的利润壁垒。同时，生态链企业也与小米的"铁人三项"模式相互连接，促进其硬件产品与小米家庭 APP 和物联网平台的整合。小米集团为生态链企业提供硬件和软件模块，使它们能够无缝接入小米的智能设备，进一步加强了利润壁垒。

小米集团通过与生态链企业的合作战略和硬件与互联网服务的融合，成功构建了稳固的利润壁垒，使其在市场竞争中保持竞争优势。

（二）小米集团的财务分析

在市场环境相对稳定的前提下，企业能否获得盈利取决于其有效的盈利模式。因此，在评价某一企业的盈利模式时，应与同类型的企业进行横向对比，以更好地分析该种盈利模式是如何实现盈利并在行业中取得领先优势的。由于小米集团业务的多样性和特殊性，不可直接与传统互联网企业进行比较，因此本文选择以分业务方式选取可比公司进行分析。

首先，对小米集团的盈利状况进行剖析，鉴于其主要利润来源是产品增值，本文采用毛利率和净资产收益率等指标进行分析。然后，对小米集团的盈利质量进行评估，考虑到经营现金净流量能够较好地反映企业的收现能力，本文选取了经营现金净流量与净利润、收入的比值来分析盈利质量。最后，通过净利润的变动和核心净利润率来评估小米集团盈利的可持续性。数据来源为小米集团招股说明书，通过分析 2015 年至 2017 年三年的数据，揭示小米集团盈利模式的运行情况，并对其做出合理评估。

1. 小米盈利模式的利润点分析

利润点是能为企业带来利润的各项业务,小米集团的利润点包括产品营销和互联网服务等,可以从各项业务收入占总收入的比重以及其变动趋势入手来分析小米集团的利润点情况。

(1) 主营业务收入构成情况分析

表 7-7　主营业务收入分产品及服务构成情况表

项目	年份					
	2015		2016		2017	
	金额/千元	比例/%	金额/千元	比例/%	金额/千元	比例/%
智能手机	53 715 410	80.50	48 764 139	71.33	80 563 594	70.43
IOT 和生活消费产品	8 690 563	13.02	12 415 438	18.16	23 447 823	20.50
互联网服务	3 239 454	4.86	6 537 769	9.57	9 896 389	8.65
其他	1 079 527	1.62	642 313	0.94	480 117	0.42
合计	66 724 954	100	68 359 659	100	114 387 923	100

资料来源:小米集团招股说明书。

由表 7-7 可知,2015 至 2017 年间,小米集团主营业务收入呈现高速增长状态,公司主营业务收入分别为 667.25 亿元、683.60 亿元、1 143.88 亿元,2015—2017 年均复合增长率达 30.93%,保持稳定较快增长态势,这与其优秀的盈利模式是分不开的。下面本文具体分析不同利润点的情况:

公司主营业务收入主要来源于智能手机、IoT 和生活消费产品、互联网服务业务三大部分,其中智能手机收入来源于自有智能手机产品销售,报告期内收入占比最大,小米集团利润点中产品销售所获得收入占比最大,2017 年达到了 90.25%。其中智能手机业务收入占总收入 70.43%,2015—2017 年收入增长率达到了 49.98%,说明智能手机业务是小米集团主要的利润点,也是小米集团稳定的利润点,在激烈的智能手机市场环境中能稳步提高,在一定程度上说明小米集团的盈利模式是可取的。

小米智能手机的销售收入在 2017 年取得了大幅的增长,主要原因在于公司于 2016 年开始投资布局线下零售渠道,弥补仅靠电子商务平台发展的局限,为扩大经营销售规模及业务扩张打造了更为坚实的基础。小米通过手机质量和交付效率的提高,线上和线下双管齐下,实现了销售的快速增长。

IoT 和生活消费产品主要包括以智能电视、笔记本为主的自有产品和其他生态链产品,这部分业务在 2015 年到 2017 年间实现了收入占比的稳步提升,从 13.02% 到 20.50% 的比重,表明小米集团对该部分业务的重视程度,人工智能的发展促进了物联网消费行业的发展,是顺应时代发展趋势的具有光明前景的业务,这也成为小米集团更有前途的利润点。互联网服务收入主要来源于广告推广和其他互联网增值服务,报告期收入占比呈上升态势。作为一家以智能手机业务起家互联网公司,小米集团也许跟腾讯、阿里巴巴这种大型互联网公司有差距,但小米集团正在积极地发展互联网业务,不断探索互联网服务新的利润点。

(2) 毛利与毛利率分析

2015—2017 报告期内,小米集团以高达 95.03% 的复合增长率将主营业务毛利从 47.99 亿元、87.53 亿元提高到 182.54 亿元。这离不开公司产品结构的调整,以及充分利用规模效应，促使单位成本有所降低。互联网服务业务凭借自身低成本高收益的属性对公司整体毛利贡献率最高，而智能手机、IoT 和生活消费产品业务的收入规模大，毛利率水平也逐渐提升，带动了综合毛利率的逐年上升。公司主要业务毛利率变动分析如下：

智能手机业务：报告期内公司智能手机业务毛利率与同行业公司比较情况如图 7-2 所示。

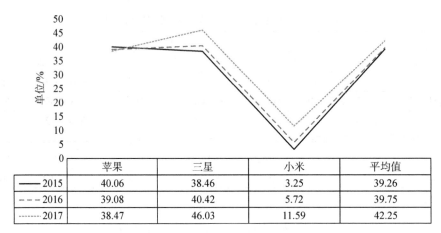

	苹果	三星	小米	平均值
—— 2015	40.06	38.46	3.25	39.26
- - - 2016	39.08	40.42	5.72	39.75
········ 2017	38.47	46.03	11.59	42.25

图 7-2　手机业务毛利率同行业对比

资料来源：新浪财经。

根据图 7-2 可知，报告期内公司智能手机业务的毛利率与同行业可比公司相比偏低，主要原因为：小米公司始终维持智能手机业务的低毛利策略，在保证硬件产品性能和质量的前提下继续深耕中低端市场，而苹果和三星电子是包含互联网服务等高毛利产品在内的综合毛利率，口径上的差异导致了图中所示的明显差距。低毛利策略正是小米集团维护利润对象的一种手段，因为其当初的产品理念就是性价比优先。通过这种方式，小米集团得到了大量"米粉"的支持，有了客户的支持，才有更多的资金来研发新的产品。

报告期内公司互联网服务业毛利率与同行业公司比较情况如图 7-3 所示。

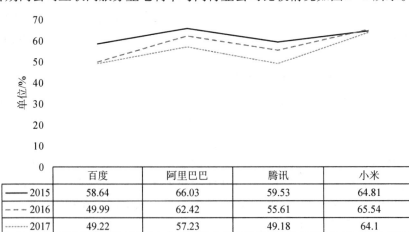

	百度	阿里巴巴	腾讯	小米
—— 2015	58.64	66.03	59.53	64.81
- - - 2016	49.99	62.42	55.61	65.54
········ 2017	49.22	57.23	49.18	64.1

—— 2015　- - - 2016　········ 2017

图 7-3　互联网服务毛利率同行业对比

资料来源：新浪财经。

从图 7-3 可以看出，小米集团报告期内互联网服务业务毛利率水平较可比公司整体偏高，主要原因为：公司互联网服务业务结构的不同，其他可比公司如腾讯等视频内容的采购成本较高，而小米集团则是通过捆绑智能手机等终端硬件设备，开展互联网广告推广业务，拓展用户流量资源，压缩了外部流量和内容采购的成本，带动了互联网服务业务的高毛利。这种优势正是建立在小米盈利模式的利润杠杆中，正是新零售战略的引进，才使得用户资源的再利用，从而降低了内容采购及供应链成本，让小米集团的互联网业务毛利率升高，提高了利润水平。

（3）盈利模式的综合财务分析

净资产收益率，反映着企业的盈利能力与筹资、投资和资产的运营效率，通过对此财务指标的分析，有利于管理者更有效地调整公司财务结构和经营活动，能有效地反映出小米集团的盈利情况。

报告期内，公司整体负债规模较大，非流动负债占比较高，主要是由于公司可转换可赎回优先股以公允价值计量计入金融负债核算所致，可转换可赎回优先股各期末账面公允价值分别为 1 059.33 亿元、1 158.02 亿元、1 614.51 亿元、1 653.31 亿元，致使 2015 年与 2017 年净利润为负，考虑到优先股公允价值变动是公司上市后股价上升导致，所以本文分析时不考虑优先股价值变动所带来的影响。根据招股说明书，调整后 2015—2017 的净利润分别为 11.32 亿元、30.15 亿元、101.82 亿元，见表 7-8。

表 7-8　2015—2017 年小米集团净资产收益率　　　　单位：千元

	年份		
	2015	2016	2017
调整后净利润	1 132 284	3 014 915	10 182 488
净资产	19 294 561	23 744 302	34 240 512
净资产收益率/%	5.87	12.70	29.74

资料来源：小米集团招股说明书。

由表 7-8 可知，2015—2017 年，小米集团净资产收益率不断增长，公司盈利状况良好且盈利能力持续增强。其原因如下：

第一，巩固利润屏障—布局生态链，智能硬件产品种类不断丰富。在依靠自主研发制造智能手机的基础上，公司逐步采用生态链模式着眼于智能手机领域之外的业务。通过投资，加大与生态链上其他企业的业务合作，大力拓展和开发智能家电、健康家居等多种智能硬件产品，用细致的设计和完善的售后服务努力为消费者提供创新、优质的产品，不断给他们带来更为出色的用户体验。截至 2018 年 3 月底，小米集团构筑起了超过 210 家公司组成的生态系统，其中有 90 多家公司专门从事智能硬件产品的开发和生产，并开发了各种空气净化器，手环等多种生态链产品，这些产品许多都已成为市场上流行的热门产品。小米集团的生态链布局，丰富了智能硬件产品的种类，让用户能在小米集团一站式购买到日常生活所需要的多种多样的产品，在扩大销售收入获取利润的同时，巩固了小米集团的利润屏障。

第二，利润杠杆生效—线上+线下销售渠道并举，"新零售"战略落实。自成立以来，小米集团便一直紧盯高效便捷的产品线上销售方式，不仅利用自有的小米商城等直销平台，而且还注重加强了同京东，苏宁等第三方网上经销商进行合作，逐步构筑起了高效庞大的线上销售网络，通过线上营销，小米迅速掠夺了市场份额。为了取得更好发展，扩大销售规模，小米集团开始布局与线上营销形成互补的线下零售网络。自 2016 年起不断加强与第三方线下零售合作伙伴的合作，加大投资规模，大力推动小米之家零售门店在全国的发展，截至 2018 年 3 月底，在全国各城市已建立了 331 家，门店数量呈不断上升趋势。公司高效的线上+线下渠道布局使得"新零售"战略得以落实，扩展了用户覆盖范围并增强用户体验，从而促进公司收入规模快速增长。

第三，利润对象规模扩大—用户规模持续增长，互联网服务业务变现加速。小米集团凭借销售设计精良的高质量智能硬件产品，让越来越多的消费者成为了"小米"这一品牌的忠实消费群体。据了解，公司研发的与 Android 内核相配套的 MIUI 操作系统，每月都能保持近 1.9 亿的活跃用户，庞大的用户规模体现着公司较大的品牌吸引力。除此之外，小米集团建立的智能硬件物联网平台也为自身发展提供了大量的用户流量资源。不包括智能手机和笔记本电脑在内的联网设备数量已超过 1 亿台。随着互联网服务业务的迅速壮大，小米集团不断创新，力求给用户带来更为卓越的用户体验，通过各种方式，积累了巨大的用户规模，为互联网商业化变为实实在在的现金流提供了稳固的基础，在最大程度上推动了公司互联网服务收入的持续快速增长。

2. 小米盈利质量分析

现金流是企业正常运行的血液，经营活动现金净流量能够很好地反映公司的盈利质量。在一定程度上，对于企业来说现金流比利润更重要，经营现金净流量能够反映企业获取现金的能力。本文分析小米集团的盈利质量，主要通过表 7-9 中最后两个比率进行分析。

表 7-9　现金保障性分析表　　　　　　　单位：亿元

	年份		
	2015	2016	2017
营业收入	668. 112 58	684. 341 61	1 146
净利润	−16. 64	8. 36	59. 17
经营现金净流量	−26. 01	45. 31	−9. 96
经营现金净流量/净利润	1. 563 100 962	5. 419 856	−0. 168 33
经营现金净流量/营业收入	−0. 038 930 565	0. 066 21	−0. 008 69

数据来源：小米集团招股说明书。

2015 年度，公司经营现金流净额为负，主要源于当年经营亏损。公司自 2015 年开始扩展国际业务规模，亏损主要源于全球拓展，这也是小米集团寻求新的利润点的举措之一。2018 年，小米在印度市场销量第一，事实证明小米集团海外扩张的盈利模式初见成效。2016 年，公司经营性现金流净额较 2015 年增加 71.33 亿元，主要是由公司 2016 年购买商品、接受劳务支付的现金大幅减少以及当年智能手机、IoT 等硬件销售业务整体毛利率提升，采购成本明显下降，采购付现支出减少所致。这得益于新零售战略的实施，使得在供应链环节中费用降低，小米新零售盈利模式获得巨大成功。2017年，小米集团涉足互联网金融业务的发展，公司产生了大量应收贷款，使得支付其他与经营活动有关的现金大幅增加。由于该业务目前并非公司的主营业务，为了保证更为合理的计量口径，因此在扣除互联网金融业务导致的应收贷款及利息增长影响后，公司由于经营活动产生的现金流量净额约59亿元。2018年1~3月集团集中支付上一年度对供应商的应付账款，导致了大额的现金流出。其后三季度的现金流量情况小米集团采用互联网中多种经营模式，分散了风险，也实现了资金的高利用率和回报率。

3.盈利可持续性分析

（1）净利润和收入变动分析

企业的利润在一定程度上也可以反映盈利模式的有效性，若一个企业的盈利模式处在不断变化的状态，那它的利润也会随之变化。本文从两个角度对小米集团进行可持续性分析——净利润变动情况和核心利润率。

净利润变动折线见图7-4。

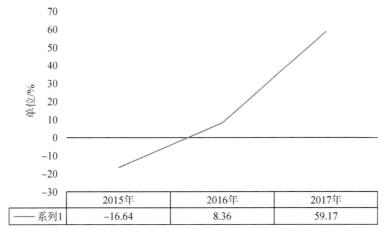

	2015年	2016年	2017年
—— 系列1	-16.64	8.36	59.17

图7-4 净利润变动折线

资料来源：小米集团年报。

从前文主营业务收入分析可知，2015—2017年间收入增长率在30.45%左右，小米集团的净利润由2015年负值增加到2017年的59亿，其发展的速度可见一斑，说明小米集团盈利模式是非常稳定的，也是相当有潜力的。

（2）核心利润率

经营性活动产生的利润一般具有可持续性，而非经营性活动更多则是由于偶然因素，经营性活动产生的利润越高，企业的盈利质量就越高。本节将利用反映企业核心盈利能力的指标——核心利润率来对小米集团的盈利持久性进行分析与评价。在计算核心利润时，我们将对当期盈利有所影响的暂时利润予以剔除。公式如下：

核心利润=营业收入-营业成本-销售费用-管理费用-财务费用-税金及附加 （1）

核心利润率=核心利润/营业收入 （2）

2015—2017年与盈利持久性有关的指标值见表7-10。

表7-10 2015—2017年与盈利持久性有关的指标值　　　　　单位：千元

	年份		
	2015	2016	2017
核心利润	-1 176 041	1 394 977	6 414 215
营业收入	66 811 258	68 434 161	114 624 742
核心利润率/%	-1.76	2.04	5.60

资料来源：小米集团招股说明书。

如表 7-11 所示，小米集团 3 年来的核心利润率是不断增长的，这主要得益于营业收入的大幅上升。可以看出，小米集团的盈利质量还是比较高的，也说明小米盈利来源比较稳定，利润点潜力较大。

表 7-11　核心利润率各项指标占比　　　　　　单位：千元

	年份		
	2015	2016	2017
成本	62 038 611	59 572 139	96 480 759
管理费用	2 247 502	2 988 815	4 350 546
销售费用	3 173 149	4 058 480	7 060 162
收入	66 811 258	68 434 161	114 624 742
成本÷收入/%	92.86	87.05	84.17
管理费用率/%	3.36	4.37	3.80
销售费用率/%	4.75	5.93	6.16

资料来源：小米集团招股说明书。

小米集团收入在 2017 年大约是 2016 年的 2 倍，由于智能手机业务占比较大，所以销售费用相应的会有大幅度的提升，但总体的销售费用率变化不大。从 2017 年管理费用率下降也可以看出新零售战略实施后，小米集团的中间业务成本下降，使其有更多的利润空间。

（三）小米盈利模式财务评价

1. 小米盈利模式优点

（1）利润对象忠诚度高

分析小米集团财务数据之后，发现其 2017 年收入增加了约 462 亿元，同比增长67.5%，利润等指标也大幅增加，其盈利模式的成功根本原因在于其广泛的用户基础。小米集团建立了与竞争对手不同的隔离机制，以此来扩大利润对象。华为、三星等传统手机公司依靠技术形成隔离机制，通过生产标准化产品越来越难维持用户黏性，很容易造成用户流失。在互联网快速发展的时代，小米集团发现了以用户为主导的 C2B商业模式，依托优质用户"米粉"，建立了基于情感差异的隔离机制。小米通过线上品牌虚拟社区的设立，邀请领先用户全流程参与产品研发并进行口碑分享，吸引更多的"米粉"加入，将此项业务逐步扩展到线下，通过米粉的参与，有效占领了市场，缓解了其他竞争对手的冲击，这成为其独特的盈利模式

（2）打造出跨平台的利润杠杆

小米集团用互联网模式发展实体经济，在 2017 年年底，用轻资产化的构架撬动了约 1 144 亿元的收入，通过生态链计划打造不同行业交流的平台，这无疑体现了小米集团强大的资源配置能力。

在"互联网+"的大数据时代，企业以数据为中介，跨越产业边界开始了同利益相关者的密切合作，互相提供思路整合和关系适配，实现参与各方的优化发展，形成了跨界平台形态。随着智能手机市场份额的逐渐饱和，小米集团凭借自身稳定的社群，

积累了良好的声誉，于是开始进行广泛的资本运营，通过投资分散的、异质的资源，跨越行业边界寻找了众多平台参与者作为合作伙伴，力求实现跨境平台增长，从而获得新的利润点。小米构建的基于 MIUI 操作系统的智能硬件生态系统便是跨境平台形态成功开展最好的例证。通过大数据的分析和挖掘能力，实现了信息的互联互通，促进了小米商业生态系统的发展。这是互联网思维下盈利模式的创新，值得学习。

（3）新零售渠道优势——供应链费用降低

通过对小米集团的盈利可持续性分析，发现其相关费用指标较传统实体业较低，原因主要是小米实施新零售战略，使线上与线下渠道全部打通，降低了中间费用，从而获得更多的利润，具有更大的竞争优势。小米集团的销售成本主要来源于两部分，一是自主研发产品组件的生产成本和组装成本，另一部分是向合作伙伴采购生态链产品所发生的采购成本。对于自主研发产品，小米集团始终采用合约外包的形式进行组装，通过严格控制采购、生产及产品质量等措施，发挥了供应链上中小企业的优势，有效控制了供应链整体的生产成本，实现了效率的最大化，从而对小米集团较高的盈利能力发挥了重要作用。此外，小米集团依赖合作的生态链企业，向其供应生态链成品。小米集团与生态链企业保持着互利互惠关系：通过自身的品牌影响力，为生态链企业带来大量业务需求，使其能够迅速将产品推出市场以实现资金回笼，有助于下一步继续开展业务；而小米集团也借助生态链企业的研发能力，快速进军新市场，丰富了产品组合，从而实现业务种类的扩大和销售收入的增加，通过主动管理生态链企业的成本，实现了整体供应链成本的下降。

2. 小米盈利模式的不足

（1）利润点创新性不足

通过对小米集团利润点的分析，可以看出 2016 年智能手机的收入等指标总体下降，原因之一就是上游主要核心器件供应商供货不足，这不仅体现了小米集团对上游议价能力减弱，也能够看出小米集团存在技术短板。小米集团是依靠着产业组织形式和市场运作模式的创新，在短短几年内实现了快速发展，获得后来居上的优势，而在具有长久效益的技术创新方面始终徘徊在现有水平，未取得重大进展。技术上的不足成为影响小米盈利模式未来持续稳定发展的瓶颈之一，亟须取得突破。在发展的前期小米采用的是优先发展市场的战略，倾向于运作模式的创新，走市场突破导向的成长道路。高成本、长周期、低回报的技术开发策略往往是一种替代方案，虽然这是几乎所有企业成立初期的共同选择，但这无疑会导致技术创新步伐的滞后，给未来的发展壮大带来隐患，需要更长远的战略布局，提早做出谋划。

（2）定位于中低端群体，毛利率较低

小米集团智能手机业务的毛利率跟同行业相比有着明显的劣势，这是其追求高性价比，为用户提供更好产品所付出的代价。但是，从市场占有率来看，小米集团在中高端市场不占优势。小米集团成立之前，市场上早就形成了苹果、三星等少数大型企业寡头竞争的格局，小米深知在高端智能手机市场一个新成立的公司并不会占据任何竞争优势，于是它异军突起，发力中低端市场这一相对被忽视的领域，并取得了巨大的成功。然而随着手机市场的相对饱和，全球智能手机的出货量开始低速增长，甚至开始出现下滑的趋势。同时，小米集团收入依旧太依赖智能手机业务，非常有可能在本就白热化竞争的手机市场中难以维持当前较高的收入增长速度，甚至会有收入下滑的风险。

五、案例启示

小米集团在互联网行业的业绩引发了广泛的关注。对小米集团的盈利模式进行了系统的梳理与深入剖析，并从财务角度对其进行了详尽的分析，启示如下：

（一）动态调适内外环境，持续策动盈利模式

通过对小米集团盈利模式的演进分析可知，短短 5 年的时间内，小米由单品模式逐步演变为生态链模式，实现了从智能手机市场向人们生活的多个方面的渗透。这一演变是小米集团根据内外部环境的变化灵活调整自身盈利模式的结果，正是这种变通和创新的思维，成为小米集团成功的关键。

小米集团最初采用单品模式，专注于智能手机设计与制造，并通过互联网工具吸引用户参与产品研发，以满足市场需求。然而，市场竞争加剧，特别是来自互联网巨头的冲击，迫使小米调整盈利模式，拓展小平台模式。在此阶段，小米推出了 MIUI 操作系统，加强与用户互动，改善产品与服务，提升用户满意度。MIUI 的成功加强了小米与用户之间的互动，用户通过 MIUI 论坛积极发表建议，进一步增加了用户的黏性和忠诚度。小米集团在这一阶段继续注重高性价比和用户体验，加强了产品与服务之间的融合，形成了产品、系统和服务的有机整合，进一步提升了用户满意度。随着移动互联网时代的快速发展，小米集团面临着更多的机遇和挑战。在 2014 年，小米再次调整盈利模式，发展多平台模式，拓展到智能家居领域。通过生态链建设，小米集团积极投资和合作，与科技创新企业共同设计和开发智能产品，以实现更全面、多样化的盈利来源。这种多平台模式使得小米产品不再局限于单一领域，而是更加全面地渗透到人们的生活，实现了产品与用户需求的高度契合。

不断调整盈利模式是小米集团成功的关键。灵活应变与创新思维，让小米紧跟时代发展，适应市场需求，紧密结合用户，保持竞争优势。小米集团充分认识到用户基础的重要性，始终以用户需求为导向，与用户进行深度互动，不断改进产品和服务，不断增强用户体验。这种与用户密切结合的发展理念，使得小米集团能够快速适应市场需求，不断创新，保持了持续增长的势头。强化市场监测，灵活调整策略，以应对迅速变化的市场需求与竞争格局，持续实现稳健发展。通过对盈利模式的灵活调整和持续创新，小米集团必将在激烈竞争中保持其成功的趋势，实现更加辉煌的未来。

（二）拓展利润蓝海，深掘高端客户

小米集团长期以来一直专注于中低端市场，这使得其产品毛利率相对较低，与国际品牌如苹果、华为等存在一定差距。随着市场竞争的日益激烈和消费者需求的不断变化，小米集团迫切需要加大创新力度，积极争取高端市场份额。AIOT 模式的定位客户群体正是潜在的高端客户。

AIOT 模式的客户群体无疑是高质量客户，他们对品牌和产品提出更为严苛的要求，更倾向于寻找创新性和高性价比的解决方案。随着技术的不断发展和智能化趋势的不断加速，智能家居和物联网市场呈现出广阔的发展空间。在这个领域，小米集团将通过提供智能化、个性化、便捷的产品和服务来吸引高质量客户，并满足他们对于智能生活的追求。为在高端市场取得更大的占有率，小米集团需要不断强化研发创新，

推出更多高品质、高性能的产品，同时注重品牌塑造，树立在高端市场的良好声誉。此外，加强与潜在高端客户的沟通和互动，深入了解他们的需求和偏好，也是实现成功的关键。通过与这些客户建立紧密的合作伙伴关系，小米集团可以更加精准地满足他们的需求，并不断提升产品和服务的质量。

小米应当充分认识到高端市场的潜力和重要性，积极拓展在此领域的业务，借助AIOT模式吸引更多高质量客户，并通过持续的创新和优质服务来提升竞争力，从而实现在高端市场的可持续发展。

（三）重视流量思维，创新驱动未来

小米是一家拥有独特互联网思维的企业，其经营模式不仅限于简单的硬件销售，而是以一体化服务为核心。在互联网时代，企业的盈利模式根植于互联网所带来的流量。小米集团通过自主开发的硬件和软件系统与用户建立长期合作关系，构筑了利润屏障，形成其核心竞争力。凭借互联网的支撑，小米集团以性价比高和C2B商业模式为依托，成功开展智能手机业务，吸引了大量用户，这些用户成为其发展的根本。同时，小米借助MIUI系统构建物联网平台，积极拓展物联网业务，不断推进生态链和产业链的研发，同时与智能手机相互融合，实现双赢局面。目前，小米集团逐渐朝向互联网企业的方向发展，互联网服务业务也日益增长，多样化的盈利模式同时并存，这也是其取得成功的原因之一。

（四）优化资源整合，实现协同共赢

小米最初专注于手机制造，而后在5G×AIOT的盈利模式战略中投资，并累计投资超过210家生态链企业，200多家企业共同研发生产产品，生态链企业产品只销售给小米集团，这种合作模式使小米集团产品可以以低成本并且高质量对外出售，这种盈利模式打造了小米高质量的品牌优势，也为小米集团的盈利可持续性提供保障。这一战略使得小米集团与不同企业共同研发生态链产品，实现了不同资源的有效碰撞，保持了与时俱进的状态。通过与生态链企业合作，小米快速获得创新技术和产品，丰富自身产品线并提高竞争力。此外，这种合作也降低了研发成本和风险，使公司能更专注于核心业务。小米善于挖掘不同产品和服务之间的关联性，充分利用自身与其他企业的优势资源，创造最大化的价值。

案例分析题

1. 小米"互联网+"的盈利模式与传统制造业盈利模式最大的区别是什么？
2. 小米"互联网+"的盈利模式对企业的财务绩效产生了哪些影响？
3. "互联网+"盈利模式可以适用于哪些行业？
4. 小米"互联网+"的盈利模式还有哪些不足之处？又该如何改进？

蚂蚁集团与 Paypal 盈利模式对比

蚂蚁科技集团股份有限责任公司是国内最大移动电子支付平台支付宝的母公司，也是领先的金融科技开放平台，致力于以科技和创新推动包括金融服务业在内的全球现代化服务业的数字化升级，给消费者和小微经营者带来普惠金融的服务。蚂蚁集团收入来源于三大板块（见表 7-12）：数字支付与商家服务、数字金融科技平台、创新业务及其他三大板块。

PayPal 是一家成立于美国的在线支付服务商，是目前全球使用最广泛的第三方移动支付工具之一。PayPal 早期仅仅只是一家电子商务网站贷款支付方面的服务商，随后他们通过拓展更广泛的在线用户而发展成为一家普惠式的金融支付机构。PayPal 主要通过双边的支付平台向合作商家和消费者提供数字支付和其他数字金融服务。其获取收入的方式有两种：交易服务收入，即按照总支付规模（TPV）的一定百分比收取手续费。支付服务手续费通常向商户端收取，个人端收费包括取现手续费、换汇手续费及 PayPal Credit 产品的利息费用等。其他增值服务收入，即向合作商家和消费者收取的信贷服务、订阅服务费、网关服务费及其他技术服务费。表 7-13 中列示了 PayPal 的营业收入及其构成，从中可以看出 PayPal 的主要收入来自于交易服务。表 7-14 展示了 2017—2020H 蚂蚁集团与 Paypal 利润构成情况。

1. 盈利能力分析

（1）营业收入和毛利率

表 7-12　蚂蚁集团三大业务板块收入及占比

项目	年份							
	2017		2018		2019		2020 年 1~6 月	
	金额/亿元	占比/%	金额/亿元	占比/%	金额/亿元	占比/%	金额/亿元	占比/%
数字指数及商家服务	358.90	54.88	443.61	51.75	519.05	43.03	260.11	35.86
数字金融科技平台	289.93	44.33	406.16	47.38	677.83	56.20	459.72	63.39
创新及其他业务	5.13	0.79	7.45	0.87	9.30	0.77	5.45	0.75
合计	653.96	100	857.22	100	1 206.18	100	725.28	100

资料来源：蚂蚁集团招股说明书。

表 7-13　PayPal 两大业务板块收入及占比

项目	年份							
	2017		2018		2019		2020 年 1~6 月	
	金额/亿元	占比/%	金额/亿元	占比/%	金额/亿元	占比/%	金额/亿元	占比/%
交易服务收入	115.01	87.83	137.09	88.73	160.99	90.58	91.60	92.72
其他增值服务收入	15.93	12.17	17.42	11.27	16.73	0.77	7.19	7.28
合计	130.94	100	154.51	100	177.72	100	98.79	100

资料来源：蚂蚁集团招股说明书。

表 7-14　2017—2018 年蚂蚁集团与 Paypal 利润构成情况

		2017	2018	2019	2020H
蚂蚁集团	营业收入/亿元	653.96	857.22	1 203.18	725.28
	净利润/亿元	82.05	21.56	180.72	219.23
	毛利率/%	63.72	52.28	49.83	58.58
	净利润率/%	12.55	2.52	14.98	30.23
Paypal	营业收入/亿元	884.08	1 022.45	1 226	700.66
	净利润/亿元	121.21	136.09	169.68	57.24
	毛利率/%	61.79	63.88	66.25	63.74
	净利润率/%	13.71	13.31	13.84	8.17

资料来源：蚂蚁集团招股说明书。

（2）净利润和净利润率

蚂蚁集团与 Paypal 净利润对比见图 7-5。

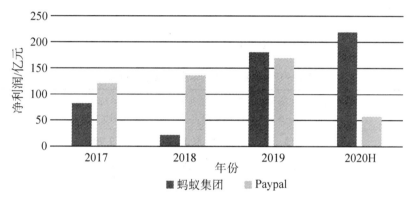

图 7-5　蚂蚁集团与 Paypal 净利润对比

资料来源：新浪财经。

2. 偿债能力分析

（1）长期偿债能力

蚂蚁集团和 PayPal 资产负债情况见表 7-15。

表 7-15　蚂蚁集团和 PayPal 资产负债情况

资产总额/亿元	蚂蚁集团	1 337.30	2 371.48	2 715.88	3 158.98
	Paypal	2 652.88	2 979.29	3 581.09	4 471.84
负债总额/亿元	蚂蚁集团	683.62	847.65	819.89	1 009.67
	Paypal	1 612.26	11 921.43	2 400.09	3 219.89
负债率/%	蚂蚁集团	51.12	35.74	30.19	31.96
	Paypal	60.77	64.49	67.02	72.00

资料来源：蚂蚁集团招股说明书。

（2）短期偿债能力

流动资产负债及相关比率见表7-16。

表7-16　流动资产负债及相关比率

偿债能力指标	2020年6月30日/ 2020年1—6月	2019年12月31日/ 2019年度	2018年12月31日/ 2018年度	2017年12月31日/ 2017年度
流动比率/倍	1.92	1.96	1.58	1.52
速动比率/倍	1.92	1.96	1.58	1.52
资产负债率/%	31.96	30.19	35.749	51.12
息税折旧摊销前 利润/百万元	26 269	24 610	5 254	12 203
利息保障倍数	59.60	19.66	6.43	41.85

资料来源：蚂蚁集团招股说明书。

3．运营能力分析

（1）应收账款周转率

2017—2019年应收账款周转率见表7-17。

表7-17　2017—2019年应收账款周转率

项目	2020年6月30日/ 2020年1—6月	2019年12月31日/ 2019年度	2018年12月31日/ 2018年度	2017年12月31日/ 2017年度
应收账款/百万元	14 613	13 120	7 705	4 091
营业收入/百万元	72 528	120 618	85 722	65 396
应收账款周转率 /次·年$^{-1}$	10.46	11.58	14.53	15.00

资料来源：蚂蚁集团招股说明书。

（2）资产周转率

根据图7-5蚂蚁集团和Paypal的净利润率对比和图7-6的资产周转率对比，我们从杜邦分析的角度比较一下两个企业，净资产收益率paypal是显著高于蚂蚁集团的，我们寻找原因猜测认为：前面提到的销售净利率和总资产周转率蚂蚁集团都是不弱于甚至强于PayPal的，所以蚂蚁集团净资产收益率较低的原因应该在于权益乘数，上文提到过，蚂蚁集团的资本结构保守，负债率很低，所有者权益比重大，导致股东资金使用效率较低，某种程度上也会限制蚂蚁集团的发展。因此我们认为蚂蚁集团可以适当地增加负债，优化资本结构。

图 7-6　蚂蚁集团与 Paypal 总资产周转率对比

资料来源：新浪财经。

讨论题：蚂蚁集团的经营规模虽已赶上甚至超过 PayPal，但在经营业绩、研发强度和现金流量方面仍与 PayPal 有一定差距，尝试提出蚂蚁集团盈利模式的改进建议。

案例八

东方甄选的"蛋糕"纷争

■ **教学目的与要求**

　　随着互联网的迅猛发展，直播行业日渐兴盛，一批诸如李佳琪、李子柒、董宇辉等主播一夜爆火，为公司带来了巨大收益，而企业与"明星员工"如何分蛋糕成为不可回避的问题，同时对于直播平台来说，头部主播是他们的核心资源，稍有不慎就会引发企业经营风险。东方甄选作为教培行业的"老大哥"新东方的子公司、直播的初学者，如何在激烈的竞争环境中持续发展，在组织激励方面的做法值得讨论。通过本案例的讨论学习，学生应了解组织激励对企业可持续发展的重要影响，掌握如何使企业利益分配与其自身商业模式相匹配，以助推企业成长。

一、背景知识

（一）相关理论与概念

1. 利益相关者理论

　　利益相关者理论是对以股东利益最大化为目标的股东至上主义理念的挑战。利益相关者理论最早是由弗里曼在1984年提出，该理论认为，企业的发展和壮大离不开各利益相关者的资源投入，企业在追求利益时，应该追求各利益相关者的共同利益，而非仅仅追求债权人、投资人等少数主体的利益。该理论提出，利益相关者应该包括经营者、投资人、债权人、员工、供应商、用户、国家和社会等多个群体，这些群体投入了实物资本、人力资本、财务资本及其他具有价值的资本，只要投入相关的价值贡献，企业就应该保全各群体的利益，同样，企业在进行收益分配时，应该考虑各利益相关者为企业经营做出的贡献，秉承公平合理的原则，使各利益相关者参与到企业的收益分配中。

2. "黑天鹅"事件

　　"黑天鹅"事件，是指难以预测，但突然发生时会引起连锁反应、带来巨大负面影响的小概率事件。它存在于自然、经济、政治等各个领域，虽然属于偶然事件，但如果处理不好就会导致系统性风险，产生严重后果。一般来说，"黑天鹅"事件是指满足以下三个特点的事件：它具有意外性；它产生重大影响；虽然它具有意外性，但人的本性促使我们在事后为它的发生编造理由，并且或多或少认为它是可解释和可预测的。

黑天鹅存在于各个领域，无论金融市场、商业、经济还是个人生活，都逃不过它的控制。金融市场的"黑天鹅"事件是以市场趋势的突变为特征的，即原有的市场趋势会毫无征兆地突然终结，出现对原有趋势强烈反转的单边市。承上所述，案例公司东方甄选因为"小作文事件"身陷囹圄，短短几天的时间股价狂跌、粉丝量直接掉到两千多万，这也可以算是企业发展过程中的"黑天鹅"事件了。

（二）政策背景

"双减"，在中国教育领域中指要有效减轻义务教育阶段学生过重作业负担和校外培训负担。2021 年 7 月，中共中央办公厅、国务院办公厅印发《关于进一步减轻义务教育阶段学生作业负担和校外培训负担的意见》，要求各地区各部门结合实际认真贯彻落实。全国人大表示，"双减"拟明确入法，避免加重义务教育阶段学生负担。2021 年 11 月，市场监管总局等八部门发布《关于做好校外培训广告管控的通知》，坚决杜绝地铁、公交站台等所属广告牌、广告位刊发校外培训广告。2023 年 7 月，全国校外教育培训监管与服务综合平台正式上线。"双减"在有效减轻义务教育阶段学生负担的同时，也给教育培训机构也带来了新的转变，"双减"政策对教培机构"踩下刹车"的同时要求教培机构尽快进行调整。新东方公司在面临业务转型挑战和企业生存危机的情形下，主动选择直播带货行业作为业务渠道创新的尝试。在新东方品牌加持下的东方甄选直播间成立后，主播董宇辉因其独特的直播方式令东方甄选一夜爆火，成为电商消费的现象级事件，自此东方甄选走上了直播快车道，新东方转型获得暂时成功。

二、案例资料

（一）东方甄选概况

新东方教育科技集团有限公司（简称新东方），是一家以终身学习为教育理念、以科技为驱动力的国内控股公司，由其创始人俞敏洪于 1993 年在北京创立。早期新东方主要从事 TOFEL 培训课程，1995 年新东方拥有超过 15 000 名学生，1996 年开设了第一家书店。2001 年，新东方教育科技集团挂牌成立，2006 年新东方教育科技集团在纽约证券交易所上市，股票代码为 EDU.US，成为中国在美国上市的第一家教育培训机构。2017 年新东方在线在新三板挂牌上市，2020 年 11 月 9 日，其在香港证券交易所成功完成第二次上市。目前为止，新东方旗下在美国与中国香港两地一共有三家挂牌上市的公司，分别是新东方、新东方-S 以及新东方在线。这三只股票中，美股新东方与港股新东方-S 的主营业务数据相同，股票也是同步的；而新东方在线主要针对的是新东方在线的业务板块，如：在线教育、在线直播等，股票也与前两者不同，相对独立。

2021 年至今新东方积极转型，持续培育业绩增长新动能。2021 年 7 月国家"双减"政策落地，2021 年 10 月 25 日新东方正式宣布全面终止 K-9 学科类校外培训业务。此后新东方集团教育业务重心转向非学科类辅导，开始拓展智能学习产品、

STEAM 教育、职业教育、游学研学营以及提供数字化智能学习解决方案等新业务。

2021 年 12 月 28 日晚，新东方集团旗下新东方在线推出"东方甄选"。东方甄选是新东方推出的直播带货新平台，东方甄选平台属于东方甄选控股有限公司，该公司定位：做一个专注于为客户甄选优质产品的直播平台；一家以持续提供"东方甄选"自营农产品为内核产品的优秀产品和科技公司；一家为客户提供愉快体验的文化传播公司。2022 年 6 月始，东方甄选双语直播带货模式"成功引流吸引千万粉丝"，带动集团业绩增长。2021 年 12 月 28 日，上线直播带货平台"东方甄选"，2022 年 12 月 28 日，东方甄选账号从 1 个增加到 6 个，粉丝总量突破 3 600 万，已推出 52 款自营产品，总销量达 1 825 万单。2023 年 3 月，新东方在线发布公告：本公司证券的中英文股份简称将由"KOOLEARN"及"新东方在线"分别变更为"EAST BUY"及"东方甄选"，自 2023 年 3 月 14 日上午 9 时起生效。提及更改公司名称的理由，公告称，目前的名称并未完全涵盖我们目前所有的业务线及我们在主要运营地点为客户所熟知的品牌。我们相信，新英文名称及双重外文名称更能反映我们现有业务的发展方向及未来前景。

东方甄选起初主营两大业务：①直播业务。东方甄选通过直播形式，打造、推广、销售多种高品质农产品。其有趣、有料、有内涵的直播风格，以及健康、美味、高性价比的产品选择，深受广大客户喜爱。为响应客户需求，东方甄选已拓展图书、生活用品等品类，推广、销售多款优质产品。②教育业务。东方甄选教育业务包括大学教育及机构客户两部分。前者提供国内大学备考及海外备考课程，主要为准备统一考试或寻求提高英语能力的大学生及在职人士。后者为高等学校、公共图书馆、电信运营商、在线流媒体供应商等机构客户，提供数字化多媒体图书馆业务。

值得一提的是，东方甄选并非 MCN 机构，而是直播带货与品牌打造相结合的消费品领域新星，在自有品牌产品方面持续发力。我国农产品长期存在标准化不统一、质量参差不齐、品牌化程度低等难题，东方甄选 2022 年 1 月启动探索，同年 4 月 30 日发布首款，至今推出 200+款自营产品展现出超高上新效率。伴随自营品 SKU 持续扩充，叠加打造出烤肠、大虾等爆款产品，占据抖音爆款榜单前列，FY2023 自营品收入突破 26 亿元。

（二）东方甄选两次"定风波"

1. 稳健现金流让新东方"起死回生"

2021 年 7 月 24 日，中共中央办公厅、国务院办公厅印发《关于进一步减轻义务教育阶段学生作业负担和校外培训负担的意见》（以下简称《"双减"意见》），要求各地区各部门结合实际认真贯彻落实。《"双减"意见》对课后补习机构的投融资、业务类型、经营时间等均提出了严格要求。

《"双减"意见》公布后的十天里，市场见证了教育机构不断上演的"末世图谱"：首当其冲的是资本市场的反应，上市教育公司股价的大跌，港股、美股均如此。据初步统计，从 2021 年 7 月 22 日到 8 月 2 日，在二级市场上好未来、新东方、高途、网易有道、掌门教育、一起教育、瑞思学科英语、51Talk 等一众在美上市的教育公司，股价和市值基本都是直接腰斩。其中好未来的股价以超过 70%的跌幅居首，而一起教育的股价已跌至 1.1 美元，约为八个月前 10.5 美元发行价的 10%，可说是非常惨烈的，新东方股价从 2021 年年初的近 20 美元，到 8 月 18 日跌至不足 2 美元，高途则从 140

余美元跌至 2.8 美元。

政策风向下，整个教培行业都在面临艰难的抉择，为求生存，教培头部企业不得不裁员和转型。对外，各教育机构称坚决拥护文件的各项规定，同时接连发布公告，称"双减"及合规措施将对公司产生重大不利影响；对内，各家的全员大会和内部信接连披露，重点内容就是裁员和转型，而各种谣言、段子和新闻也在网上迅速扩散，俞敏洪甚至不得不连续三次辟谣。自 2021 年 5 月起，在线教育人才需求断崖式下跌。同时，处于"已离职，可快速到岗"的在线教育员工比例高达 98.5%。除了裁员，新东方作为教培行业的"老大哥"很早就完成了教育转型，"双减"政策前，新东方的营收 70% 来自 K12 业务，剩下才是留学培训考试，和好未来类似，增长也是要来自 K12 的线上部分，因此"双减"政策对新东方打击不可谓不致命。

除此之外，新东方的现金流也在遭遇巨大的考验：市值跌去 90%，营业收入减少 80%，员工辞退 6 万人，退学费、员工辞退 N+1、教学点退租等现金支出近 200 亿……在该过程中，新东方决定全面停止 K9 地面和在线培训。俞敏洪给新东方定过一个规矩，不管公司的规模多大，支出不能够超过预存现金的 30%，账面上的余额必须随时随地能够支撑所有学生的学费和员工的工资，而且一定不把预收款当成现金流。正是因为新东方有雄厚的现金流，"双减"政策下发后新东方能迅速退还学生课时费，同时数万名员工的遣散费也及时发放。新东方未雨绸缪，以稳健甚至相对保守的现金流管理策略，才有效地降低了在面临市场突发变化时的财务风险。

新东方年报显示，截至 2021 年 5 月教师人数约 5.42 万人。"过去的半年，在大家的努力下，新东方好不容易生存了下来，还保存了一点实力。"俞敏洪表示。未来，新东方将转型素质、素养、研学、营地教育等，同时决定加大在大学生市场和海外中文市场的投入。此外，以香港上市公司为主体的新东方在线，创立东方甄选，转型为农产品筛选与销售的电商平台，为全国农民提供产品增值服务。俞敏洪最后表示"要在不确定性中做确定的事情"。所谓不确定性，就是形势和政策还在不断的变化，要配合形势和政策的改变，随机应变，寻找符合大政方针的发展机会；所谓做确定的事情，就是永远做有价值、帮助别人、帮助社会进步的事情，即"修炼自己，造福他人"。

2. 东方甄选"小作文事件"

（1）东方甄选爆火出圈

2021 年 12 月 28 日，俞敏洪带领团队开启了东方甄选的直播首秀，全场 GMV 460.4 万元，但直播间 12 月 29 日只卖出了 2 万元。2022 年 6 月，长相平平的董宇辉，用中英结合的方式跟人们讲授"original cutting"（原切牛排）以及相关的一系列英文，顺便卖个牛排，并送了一口与他的脸型非常相近的平底锅……短短一个周末，东方甄选"爆"了。从 0 到 100 万粉丝，它用了 6 个月，而从 100 万到 300 万却只用了 3 天，接下来的 3 天，东方甄选的粉丝直接飙到了 1 000 万。一路猛涨的还有新东方在线（01797.HK）的股价，2022 年 6 月 10 日至 6 月 16 日的 5 个交易日分别收涨 39.37%、39.97%、23.17%、54.19% 与 72.71%。双语带货、知识含量满满，有人说新东方是主播界的一股清流，让主播界"卷"出了新高度。

（2）"小作文事件"，东方甄选陷入舆论风波

2023 年 12 月，东方甄选一则"吉林之行"视频下，置顶的"宣传文案出自谁手"的解答评论，正是引起此次事件发酵的源头。在评论中，小编回复称："每一次小作文

制作，都是主播在镜头前，背后是文案创作团队、拍摄团队、剪辑团队的小伙伴们，大家协作，才有了一篇篇专场小作文。"而此番回复立刻引发了一些董宇辉粉丝的不满。粉丝们表示，董宇辉并未否认团队贡献，他曾在直播中提及，东方甄选此前以"董宇辉小作文"引流，现在小编如此发声，是"背刺"主播。

事件对东方甄选造成了非常恶劣的影响：2023 年 12 月 10 日，"吉林行"最后一天，董宇辉未能按原计划出现在直播间；12 月 11 日，东方甄选股价大跌超 7%；12 月 12 日，在港股恒指涨超 1 个点、文化传媒板块上涨 4.58% 的情形下，东方甄选盘中多次翻绿，以"0"涨幅收盘。

（3）几方回应引发争议

2023 年 12 月 12 日晚，时任东方甄选 CEO 孙东旭直播回应争议。该场直播回应伊始，孙东旭表示"今天来开个会"，随手将手机扔在桌子上，发出"啪"的一声，如此摔手机一幕迅速引发网友热议。网友们对孙东旭质疑："你是在给谁开会呢？"并对他摔手机的行为表达强烈不满。然而，孙东旭暴露董宇辉年薪这一举动被网友们批评并不恰当。同时，孙东旭将消费者描述成"饭圈"也引发许多网友不满。

12 月 13 日凌晨，董宇辉在其个人抖音账号通过长文对此事进行回应。董宇辉表示，东方甄选举办省级专场的这些"小作文"文案，有自己直接写的，比如西安场、内蒙古场；也有自己给小编提供思路和建议，他们录音记录回去创作，后期再双方讨论修改，最终形成的；还有小编按照自己想法写的，如果自己感觉满意，也不会改动或者少改动。董宇辉表示自己录制的文案，都会认真对待。

12 月 14 日午间，新东方创始人俞敏洪在社交平台发布视频声明，回应近期"小作文"争议。俞敏洪在视频中提到，这本来是公司内部的一件小事情，因为处理不当变成了汹涌澎湃的舆情。俞敏洪认为，小编的做法严重缺乏职业精神，也说明公司管理上有很大的漏洞。

12 月 15 日，尽管董宇辉深陷舆论风波，但仍有多方向董宇辉高调抛出橄榄枝。罗永浩发文表示：电商这方面的巨头都在尝试接洽董宇辉。有不少人表示"出 5 亿违约金也愿意掏钱"。15 日晚，一张网络流传的截图显示，刘强东的人力副总裁已拿着刘强东的亲笔签名前往陕西招募董宇辉，并且谈得很顺利，去京东的可能性很大。董宇辉对此回应，目前没有接触任何公司。而因为此次东方甄选事件意外走红的高途，其创始人、董事长陈向东也表达了对董宇辉的高度评价。

（4）一锤定音，俞敏洪高调挽留董宇辉

2023 年 12 月 16 日上午，东方甄选官方抖音置顶人事任免通知，"经东方甄选董事会决定：董事长俞敏洪兼任东方甄选 CEO 职务，免去孙东旭的东方甄选执行董事、CEO 职务，即日生效。"东方甄选 6 天内掉粉超 200 万。12 月 15 日股价收盘再跌 5.58%。东方甄选单周跌幅接近 22%，总市值缩水至 266.44 亿港元，单周蒸发超 75 亿港元。

12 月 16 日晚，俞敏洪跟董宇辉同时现身直播间，回答近期东方甄选"小作文"事件中网友关注的问题。新东方创始人俞敏洪在直播时表示，免职东方甄选 CEO 孙东旭和董宇辉没有关系，是因为他管理失职。"一开始小编随意在公开平台上发表言论，违反了规定，后来东旭的个性不能忍受平台的言论，就跑上去进行表达，火上浇油。"俞敏洪表示，董宇辉一直用平和心态维护东方甄选发展，平时自己和董宇辉聊得最多的就是，未来两个人该为东方甄选做些什么。

12月18日，俞敏洪发布新东方教育科技（集团）有限公司关于董宇辉任命的通知，并配文：祝贺宇辉，风雨同行！通知中称：经集团董事会研究决定，任命董宇辉为新东方教育科技集团董事长文化助理，兼任新东方文旅集团副总裁。董宇辉已从"东方甄选"主播变更为"东方甄选"高级合伙人，给了董宇辉一个带股份的相当于副总裁的职位。天眼查App显示，北京新东方文旅有限公司成立于2023年7月，法定代表人、董事长为俞敏洪，注册资本10亿元人民币，经营范围含旅游业务、组织文化艺术交流活动、文艺创作、互联网销售等，由新东方教育科技集团有限公司全资持股；与辉同行（北京）科技有限公司成立于2023年12月22日，董宇辉为法定代表人、执行董事、经理，"与辉同行"以独立工作室的形式存在。董宇辉的角色也从"打工人"主播转变成了团队管理者，这就意味着董宇辉不仅要面临主播层面的市场竞争，还要独立承担经济责任。与辉同行（北京）科技有限公司由孙东旭担任法定代表人的新东方迅程网络科技100%控股，公司实控人依然为俞敏洪。同时，董宇辉也表示，"与辉同行"是东方甄选探索新业务的直播间，仍然由东方甄选100%控股，账号的GMV（交易总额）将会计入东方甄选财报。

12月22日晚，东方甄选在港交所公告称，12月22日，孙东旭已辞任公司非执行董事一职，即时生效。孙东旭的辞任是鉴于最近的舆论风波，其对公司品牌及声誉管理不善。东方甄选董事会认为，孙东旭的辞任，将能够更好地维护公司股东的利益。

（5）尘埃落定，东方甄选深耕直播电商

2023年12月27日，东方甄选发布公告，披露剥离教育业务的最新进展。公告显示，此次出售事项为新东方集团业务重组的一部分。出售事项的标的主要包括东方优播（香港）教育有限公司的全部股权；北京酷学慧思网科技有限公司的全部股权；西安睿盈慧师网科技有限公司的全部股权和集团运营大学教育及机构客产业务分部的相关资产。

公告显示，本次出售业务东方甄选预计获得收益约16.53亿元，在出售事项完成后，东方甄选及新东方集团所运营的行业将各不相同，东方甄选不再经营在线教育领域，而是成为一家专门的自营产品及直播业务运营商。同时，东方甄选与新东方集团之间不再有任何有关教育业务的关联交易。而对于出售事项的所得款项，东方甄选在公告中表示，款项将用于营销及销售、人才入职及挽留、研发、一般发展及运营自营产品、直播业务及一般运营资金等方面。12月27日，东方甄选收盘价为26.850港元，跌幅6.93%。

（三）东方甄选对新东方的财务贡献

1. 新东方转型期间面临的财务风险

"大象转型实属不易"，"双减"后的新东方虽然仍保留了一部分资金实力，但由于规模大、分布广，转型的困难程度也很大。转型前，新东方着力于发展K12业务，将重心放在OMO系统搭建上并已有明显成效；转型后，新东方割除K9业务，调整为"教育为主，直播为辅"的业务板块，调整了业务范围，但主要的企业活动仍聚焦于筹资、投资与运营活动。

在筹资方面，2019年之前，新东方流动负债占总负债的90%以上，但在2020财年之后的报告期内，非流动负债占总负债的比例增加。这一时期非流动负债规模的增加不是由于长期有息负债的增加，而是由于会计政策的变化：从2020财年开始，美国公认会计准则改变了租赁标准，使租赁资产作为使用权资产列示，租赁付款的折现值作为租赁负债列示，未来初始租赁付款不产生现时偿付义务。而后，2021财年新东方遇到"双减"开始转型，新东方转型直播领域，而投资者对于直播投资偏向保守，出现了多起境外机构减持现象，同时大多数投资者认为"双减"后新东方转型领域竞争力不大。

在投资方面，新东方转型前对于未来的投资计划倾向于核心业务K12，企业获利能力高；转型后投资重心转移，但前期无论是直播业务或是素质教育的加大投资，投资所带来的回报却较小。投资过程中持续踩雷课观教育、导氮教育，新东方转型素质教育与大学生教育业务的对外投资运气较差，投资存在一定的风险。

在运营方面，转型前新东方无形资产周转率与总资产周转率指标良好，资产利用效率良好；同时转型前，新东方重视人才，建立更多教师培训中心，意图建立优质教师资源，在培训教学方法上有足够的优势。转型后，新东方开拓新业务需要较多的资金，这要求新东方在转型期间要筹集大量的资金，导致了企业负担较重；同时，在转型的道路上，业务治理方式的转变、人力需求转变等原因，导致新东方现金回收效率差，产销失衡等问题，存在一定运营风险。

从财务的层面上讲，在筹资的过程中，如果企业转型阶段没有合理安排自身筹资与还款，则最终很可能将筹资的行为变为无法偿还债务的可能性，导致企业筹资风险加剧；在投资的过程中，投资行为不理性，没有充分掌握对方企业的实际经营状况；未来收益不确定的投资活动可能会增加公司的投资风险；在运营的过程中，转型后的业务若企业无法保证其业务内资金的流通，转型的业务回报率低投入大，收回的资金不够充足时，资金的短缺可能会加剧转型期间的运营风险。

2. 东方甄选正在成为新东方的利润新增长点

东方甄选公布了2022年6月1日至2023年5月31日的业绩。财报显示，东方甄选净营收45亿元，同比增加651%；净利润为9.713亿元，同期净亏损为7100万元，实现扭亏为盈。强化直播平台，弱化教育业务，总体看这份成绩单，无论是在官方阐述还是财务指标上，东方甄选几乎已经完全褪去在线教育公司的身影，以全新的直播电商公司面貌示人，财务数据上也实现扭亏为盈。从东方甄选的细分业务表现来看，直播电商方面，东方甄选全年带货GMV（商品交易总额）达到100亿元，来自抖音的GMV占了总GMV的绝大部分。

从营收角度来看，东方甄选目前已经成为新东方在线的主要业务之一。根据新东方在线发布的2023年上半年财报，公司实现营业收入20.80亿元，同比增长262.69%。其中，自营及直播电商业务营收为17.66亿元，占公司总体业务的85%。这表明，东方甄选已经成为新东方在线的主要收入来源之一，对新东方的整体营收产生了显著的影响。

从利润角度来看，东方甄选的毛利情况也对新东方的整体利润产生了影响。根据财报数据，公司总毛利9.83亿元，其中自营及直播电商业务毛利达7.5亿元，占比76%。这说明，东方甄选的销售毛利较高，该业务对新东方的整体毛利贡献较大。

此外，东方甄选的运营成本也是新东方在线需要考虑的因素之一。作为一家直播带货平台，东方甄选需要投入大量的人力、物力和财力来维持日常运营，如供应链管理、直播技术支持、市场营销等。这些成本会对新东方的财务状况产生一定的压力。

三、案例分析

（一）明星员工的价值创造效应

董宇辉的 IP 价值对东方甄选非常重要，否则不需要管理层花那么多精力去调配和处理；另外，董宇辉的带货总额大概占东方甄选整体带货额度的五六成，是绝对的顶流，对公司整体发展有重要影响力。从商业角度出发，其主播地位举足轻重。

2022 年 6 月—2023 年 12 月期间董宇辉个人贡献

价值创造主要体现
以个人魅力和才华，助力新东方股价飙升至 300% 以上，展现其非凡的商业影响力。
倚仗深厚的知识底蕴，董宇辉成功推广销售数百万册图书，其中《额尔古纳河右岸》单部作品销量突破 100 万本，有力地激发了全民阅读热情，掀起购书风潮，为濒临困境的出版与印刷业注入新的生机。
董宇辉的销售额独占鳌头，占据东方甄选总销售额的 40%-56%，成就显著。
在抖音平台上，董宇辉创下了点赞量高达 11 亿次的纪录，打破"抖音网红火不过三个月"的魔咒。一年间，每次直播观看人数稳定在 10 万以上，这种罕见的持久热度让东方甄选始终保持高位运营，销售额屡创新高。
三次荣登央视舞台，并多次成为主流报纸杂志焦点，接受多家权威媒体深度采访报道。
董宇辉以精湛的主持功底和广博的知识面，完成了对 44 位行业大咖及学者的深度访谈，全程脱稿，彰显出卓越的综合素养和访谈艺术，使得东方甄选的访谈节目成为备受瞩目的超级文化 IP。
董宇辉以其农家子弟通过读书改变命运的真实故事，向公众传递了一个强烈信息：普通人只要坚持努力，知识可以改变命运，读书是最普惠的途径。
在直播间内，将农产品背后的人文故事娓娓道来，赋予农产品生命和温度，涵盖诗词歌赋、历史地理、哲学英语等丰富内容，使每一款农产品都成为传播知识的载体，深深触动并感染了广大观众。
得益于董宇辉的巨大影响力，众多抖音博主因撰写与其相关的文案而吸引大量粉丝，实现了间接的流量变现和生存发展。

（二）东方甄选的"去董宇辉化"

对于东方甄选和董宇辉之间的内讧传闻，外人难窥其真相。此次舆论风波的主要原因有二，一是东方甄选内部的沟通管理机制问题，使得本属"茶壶里的风暴"的内部沟通问题外溢成为影响东方甄选市值和形象的大事件，二是饭圈文化在一定程度上起到推波助澜的影响。面对这种现象，直播平台要避免过度依赖单一头部主播，如果直播平台主要依赖单一的头部主播，就难以抵御市场不可控风险，可能形成与头部主播"一荣俱荣，一损俱损"的共生格局，无法实现行稳致远的发展目标。

从东方甄选来讲，董宇辉是压舱石，他已经成为某种符号或者标志。当他已然走到台前，走进受众心里，需要继续塑造他的人设、形象，东方甄选应该在与公众互动的过程中注意管理这样的操作，保持和保护他的形象、声誉。直播平台要有头牌，但又不能过度依赖于少数主播，这跟明星经纪公司原理一样，好的经纪公司还是要能够与主播之间互相赋能。除此之外，去留的关键还在于东方甄选能否留住人才。作为公司利益相关者最重要的组成部分——核心员工，组织激励的方式选用对公司长远发展意义重大。

东方甄选延续新东方对人才的激励机制，对有贡献的员工给予高薪回馈，东方甄选最新年报显示，截至 2023 年 5 月 31 日，公司共有 1 479 名全职雇员及 486 名兼职雇员，薪酬总额 7.36 亿元，同比增加 62.4%，其中也包括董宇辉等主播薪酬。据 Wind 数据，东方甄选目前的高管为俞敏洪（董事会主席），薪酬为 1 069.03 万元，尹强（执行董事），薪酬为 527.38 万元，孙东旭（执行董事），薪酬为 1 813.73 万元。值得注意的是，此前 4 月 11 日，东方甄选曾发布股份"红包"，向 154 名合格参与者（承授人）授出股份奖励 3 045.9 万股。按照当天收盘价 29 港元计算，总价值约 8.83 亿港元。其中，孙东旭获得的股份共 300 万股，俞敏洪获得 150 万股，尹强获得 60 万股，其余 151 名参与者均为东方甄选雇员。他们将获得合计 2 535.9 万股股份激励，平均下来每人能分到市值为 487 万港元的股票。不过，公告并未披露董宇辉获得的股权数量。

东方甄选最高明的"去董化"就是让他成为老板，从"与辉同行"开始，董宇辉的身份不再是单纯的主播，他已拥有"东方甄选高级合伙人"、新东方教育科技集团董事长文化助理、新东方文旅集团副总裁等身份。"与辉同行"是东方甄选探索新业务的直播间，将继续坚持东方甄选带货农产品的初心、满足消费者的生活需求，同时探索更多在书籍、在文化、在旅游上的可能性。

（三）东方甄选内部利益分配机制的低效化

东方甄选明星员工和管理层之间的关系失衡，实际上是一个牵涉到钱、权分配的"终极之问"，到底是头部主播，还是管理层创造了最大的利益？而"小作文"事件又牵扯到了明星员工与非明星员工之间的利益分配问题。

企业内部管理是很复杂的事情，不能因为一场风波否定东方甄选，这是不客观的。但是，这一事件确实体现了企业在明星员工管理方面的不足。明星员工任职于对企业有战略意义的重要岗位，具有远超其他员工的高绩效表现、知名度，或社会网络资源，并且能够持续性地为企业创造非凡价值。从这几个方面看，董宇辉毫无疑问是东方甄选的明星员工。此外，目前大多数企业采用的都是传统的人力资源管理方式，绩优员工与一般员工的绩效差距相对较小。东方甄选的头部员工的绩效远超其他员工，人力资源特点与管理模式的错配，才是冲突的本质。这就要求东方甄选需要建立一套新的人力资源管理体系，重塑企业文化，打造稳定的造星机制，加强针对人才的风险管控，以更好地适应新时代人才发展与管理的要求。

（四）新经济模式对东方甄选的挑战

在过去的商业模式中（甚至包括打造明星 IP），都有明确的合同对权责和收益进行约束。然而在如今的"带货直播"时代，主播的成功和 IP 的"火爆"很大程度上可能是偶然的，这就意味着合同契约和分成并不具有预期性，因此必须随时进行调整，而这个过程相比于过去充满着不稳定性。前两年"李子柒"团队的停更，和与"杭州微念"长达一年多的股权纠纷就是最好的一个范例。因此，在初期运作的集团或者团队如何处理逐渐成长起来的人设 IP 本人之间的关系，是一个棘手的问题。

这种偶然性和不稳定性直接反映在"带货直播"产业的产权模式上。例如，早期李佳琦只是作为签约主播，到后来与美ONE公司利益深度捆绑，成为牢不可破的联盟，并且获得了几乎同等的股份占比。而薇娅团队则在后来的转型中，除了持有多家的股权外，还持有一家有限公司完全的股权。"带货直播"模式引发的成功IP，事实上和传统的"饭圈"文化有所区别，尽管可能头部热门IP与背后打造的资本团队之间有冲突，但是最终是否和解的关键还是在于股权和利润收益的分配上。

"带货直播"模式和传统企业的管理模式在经验上是不同的。这也是为什么前东方甄选的CEO孙东旭在解决公关危机时反而造成了更大的争议的原因之一。在传统企业中，甚至是新东方的历史上，尽管管理层可能出现大的冲突和变动，都极少能够被外部的舆论所左右。传统的消费者，甚至是普通的小股东，对于公司管理层的干预和变动也是微乎其微。这也是为什么在传统管理学家如德鲁克在对新经济的前瞻中，也仅仅预言未来的CEO应该思考自己企业和新股东之间的关系，力求寻找一个合理的平衡。

四、案例启示

（一）直播平台去头部化将成电商行业未来发展趋势

对于多家直播平台而言，"去头部化"已经成为共识，因为仅依赖头部大主播的机构风险过大。从过往经验来看，过度依赖头部主播的企业有可能陷入舆论风波甚至面临经营风险，比如与微念发生股权纷争的李子柒、因偷逃税被罚的薇娅等。头部主播一旦出现问题，GMV和商业变现的可能性就会下滑。因此作为一家上市公司，东方甄选确实不应该完全"押宝"董宇辉。

"去头部化"亦被看作直播机构合理的商业化诉求。此前，第一代网红张大奕背后的"网红第一股"如涵控股，距离纳斯达克敲钟不到两年，就正式宣布在美私有化退市。另外，罗永浩曾在直播中透露，在尊重自己意愿的前提下，交个朋友从2021年开始就在"去罗化"，目标是老罗的收入仅占整个团队的10%~15%。罗老师本人以及公司创始团队在交个朋友直播间开播之初，就希望公司能够做到这点，公司要淡化罗永浩的个人IP对于整个团队业务的影响。张毅指出，"鸡蛋不能同时放在一个篮子里。"如果想要健康持续发展，需要做好风险可控的工作，脱离完全依赖大主播的状态，降低资本运作风险；此外，如何利用组织体系搭建平台、实现业务创新也需进一步探索。他强调，直播不应该成为企业的全部业务，毕竟东方甄选和新东方教育科技集团本来就是一个成熟的商业体，似乎并不致力于成为一个培养网红的MCN机构。

直播平台依靠头部主播，这个发展模式是不可持续的，如何减少对头部主播的依赖，成功培育新主播团队，是当下直播行业都在重视的事情。

（二）明确激励导向：价值分配的依据是价值创造

企业要让团队始终保持如创业初期般极高的价值创造能力，则必须要遵循价值分配的基本逻辑：沿着价值链创造进行正确的价值评价和合理的价值分配。企业要做的就是尽可能运用有效的方法识别在业务的不同发展阶段，对做出最大贡献的价值创造者，做好论功行赏。

在直播经济的商业模式中，主播，尤其是头部主播，就是新价值链中的核心价值创造者。头部主播的一举一动，除了影响销量外，如果所处的公司已经上市，更是会对上市公司的市值产生极大的影响。以东方甄选为例，在小作文事件发酵进入风暴中心的这几天，股价一路下跌，尤其是在前 CEO 孙冬旭"开会"之后，更是跌入谷底，直到 18 日上午官宣了董宇辉的任命后，股价才得以回涨。此外，东方甄选的竞争对手高途，也因为小作文事件得到了一波"泼天富贵"。因此，对于核心贡献者所创造的价值，一定要进行正确的评价，价值分配的依据，要始终对准"谁是价值创造的核心贡献者"，避免被否认或低估。

（三）激励要敢于向价值创造者倾斜

激励敢于向价值创造者倾斜，考验的不仅仅是企业的分配态度，更是一种老板宁愿自己少拿，也不让优秀员工吃亏的胆识、胸怀、勇气和智慧。甚至也有老板，当企业出现无法复制但又能量巨大的价值创造者后，能够审时度势，及时调整分配机制，重新和价值创造者确认分蛋糕的规则。这一点，美 ONE 公司在和同为超级 IP 的李佳琦在利益分配上的做法，值得学习。2023 年，美 ONE 老板戚振波以 159.8 亿元人民币成为 MCN 行业的首富，而所属美 ONE 公司合伙人的李佳琦，虽然没有披露具体的收入数据，但其名下现已有 20 家公司，其中有几家便是和美 ONE 共同成立的，李佳琦的微博简介中，也有"美 ONE 合伙人"的介绍。如今的李佳琦，和美 ONE 已经是一个利益共同体，完成了从打工者到老板的华丽转身。但其实大家都知道，在最早期李佳琦只是美 ONE 有意孵化的一个超级 IP，收益也只是通过高额的经济合约进行分享，并没有完成深度的利益绑定。而随着李佳琦的"一战成名"，为了强绑定，美 ONE 主动做了利益让步，同时也给了李佳琦更多的话语权。李佳琦和美 ONE 的这种利益共享的模式，只要超级 IP 没有出现太过于负面的新闻，就会极大地降低美 ONE 的风险。

激励要敢于向价值创造者倾斜，这并不是说激励分配只需要给到少数人，每一场战斗的背后，都离不开集体的有效协同。因此，对于价值链上的价值创造者们，都需要进行有效识别，充分激活。

五、案例展望

董宇辉首次独挑大梁的直播间"与辉同行"成为 2024 年第一个全网瞩目的直播间，2024 年 1 月 9 日首播"开门红"。数据显示，开播 3 小时后，直播间销售额就已经突破 1.5 亿元；4 小时的直播过程中，直播间最高在线人数达 170 万，累计达 5 348 万人，点赞量超过 12 亿次，并冲上带货总榜第一名、即时人气第一名。粉丝和董宇辉双向奔赴，让"与辉同行"直播间首战告捷。不过在新的直播间中，董宇辉似乎与在东方甄选中的带货方式差别不大。董宇辉能将个人事业发展到什么地步以及对未来的新东方产生怎样的影响还要拭目以待。

案例分析题

1. 为什么东方甄选可以两次突出重围？
2. 东方甄选给教培行业转型和直播行业带来了哪些启示？
3. 直播行业去头部化趋势下，如何权衡"明星员工"与企业的利益？

4. 董宇辉在网络直播内容同质化较为严重的背景下，依据其身上的观众缘、情绪价值和即时性的知识满足，走出了一条内容差异化道路。一场意外让已经碰到天花板的董宇辉，又破壁了。对于网红主播而言，饭圈化是不可避免的，这就是粉丝经济。"单飞"某种意义上也让东方甄选主账号去饭圈化，让饭圈垂直落地到专属直播间，这对董宇辉和东方甄选后续的发展，都可以排除一些隐患。尝试分析董宇辉将如何延续这种知识特性的带货优势。

项目训练

"双输"的李子柒和杭州微念

李子柒本名李佳佳，2015 年开始拍摄并制作美食主题的短视频，最初主要在美拍上发布作品。2016 年初，新浪微博推出扶持内容原创者计划，得益于此，李子柒开始转战微博。这时，杭州微念的创始人刘同明与李子柒取得联系，从 2016 年 9 月开始采用合约模式为李子柒提供微博资源推广等服务。当年 11 月，李子柒就因短视频《兰州牛肉面》大火而一举成名。2017 年 5 月，李子柒因遭遇网络暴力公开了自己的身世，并宣布"暂时停更"。该事件促使李子柒与杭州微念深度合作，双方于 2017 年 7 月共同出资 100 万元成立了四川子柒文化。李子柒以她的本名李佳佳持股 49%，并担任公司的执行董事和法定代表人；杭州微念则持股 51%，并由刘同明担任公司监事。李子柒和杭州微念的合作采用了网红经济中较为常见的模式，将打造 IP 和商品变现一分为二。子柒文化由李子柒本人日常运营，专注于内容本身，提供精品视频制作来打造"李子柒" IP。而作为 MCN 机构的杭州微念则提供后台支持，全面负责李子柒消费品牌的推广、变现和供应链运营。

看过李子柒的短视频都知道，其受到举国上下的关注并非偶然，每段视频中呈现出的浓浓古意，与不少人心目中的田园生活之美不谋而合，几乎成了人们能够看到的"诗与远方"。李子柒的影响力甚至延伸到了全球，吉尼斯世界纪录官方微博发文宣布，2021 年 1 月 25 日，李子柒以 1 410 万的 YouTube 订阅量刷新了由她创下的"最多订阅量的 YouTube 中文频道"的吉尼斯世界纪录称号。甚至曾有业内人士预测，其海外账号即便不接商业广告，年入 4 000 万都算保守。尽管这是股权之争暴露之前的新闻，最终李子柒本人能分多少不得而知，但是其在国际、国内自媒体账号的商业价值，已经不言而喻。然而，在话语权上相对弱势的李子柒，终究像是为机构赚钱的"工具人"，只能看着微念把这些商业利益装进自己的口袋。8 月底，李子柒在其社交账号说"资本真的是好手段"。

杭州微念成立于 2013 年，与李子柒的合作始于 2016 年，2017 年 7 月，双方共同成立四川子柒文化传播有限公司，在李子柒这个超级 IP 的加持下，杭州微念也屡次获得投资青睐，更是引入新的投资方字节跳动。几番融资后，杭州微念的市场估值一路飙升，甚至一度高达 50 亿元。因此，这看似是一场舆论之争，实际上却是一场股权之争。背后的事实与真相究竟如何，尚未完全公之于众。但是可以肯定的是，这是一场让李子柒本人都难以承受的利益之争，更是网红孵化模式盛行之下，关乎机构与个人利益分配机制的一个典型案例。

天眼查显示，子柒文化与刘同明、杭州微念相关案件新增立案信息，一审原告为子柒文化，被告为杭州微念、刘同明。至此，双方矛盾正式公开化。据了解，杭州微念公司曾申请的李子柒商标均被驳回，分类涉及材料加工、餐饮住宿等，此后也传出字节跳动撤资。此外，12月29日，根据天眼查数据显示，杭州微念新增股权冻结信息，冻结数额2 100万元人民币，被执行企业为广西兴柳食品有限公司，执行法院为四川省绵阳市中级人民法院，冻结期限从2021年12月29日到2024年12月28日。尽管冻结原因尚未可知，但是据业内人士推测，可能也与本次股权之争有关。

随着红人经济崛起，网红与MCN机构之间的矛盾时有发生。大众更加倾向于，网红再有影响力，在机构面前终归是弱势群体。但网红究竟是资本运作出来的，还是靠自身实力脱颖而出，资本在其中作用到底有多大？似乎难以量化，更加难以度量，因此双面的矛盾也是天然的。早年杭州微念的创始人刘同明也是带着满满的诚意，找到李子柒。最初，刘同明承诺其可以帮李子柒成名，为其带来更大的影响力。彼时很多企业都想和李子柒合作。但是李子柒之所以选择刘同明，是因为被刘同明的真诚态度打动。因此两人一拍即合，于2016年正式签署合同。在刘同明的操作下，李子柒的视频播放量也迅速突破了1亿。刘同明非常善于利用李子柒的流量，相继开通了许多网店，包括螺蛳粉、米糕等等一系列食品类产品，销售额高达千万。不过这些都掌控在刘同明的手里，而李子柒最后所得到的利益，只是微乎其微。因此，一直与资本和平相处的李子柒，最终却因为双方共同打造的IP品牌"李子柒"被广泛应用在各大食品的商标上，却在商业利益上与自己毫无关系，有些愤愤不平。而曾经沉默的李子柒，也终于忍不住向媒体发声，同时状告与其合作多年的杭州微念。

网红与MCN机构如何和平共处？

众所周知，网红与背后的经纪公司、MCN机构本身一种合作共赢的关系。一个负责台前，一个负责幕后。但是二者的利益如何分配，却没有固定的公式。因为每家公司都有自己内部的运营机制，利益分配规则。业内普遍的共识是，双方按照贡献大小来合理配置股权，分配收益。一般情况下，网红与MCN机构签订的是经纪合约，即以劳动合同的形式规范账号及知识产权归属、利益分配、违约金等问题。通常网红的收入来源是基本的底薪保障+6成左右的广告分成+绩效提成。而效仿演艺圈明星与经纪公司的合作模式，随着明星影响力的递增，其贡献的权重也越来越高，理论上明星的分成比例也会随之增加，甚至高达80%。

不可否认，在李子柒成名之前，杭州微念在聚焦推广其IP品牌上，也功不可没。要知道，李子柒IP与微念合作起于2016年，二者合作之初，李子柒账号在长达三年的时间里不接广告、不直播，没有任何商业转化。但是因为是个人运作，其内容输出质量、输出频次，依然不及团队的力量。此后2年多，杭州微念也在商业化上保持着极大的克制，从零开始多维度打造李子柒的品牌体系，因此也必然承担着孵化期的巨大风险。相关数据显示，2021年李子柒品牌亏损额达到1亿。然而，也因为李子柒的影响力剧增，也引来各方资本的支持，杭州微念自然也收获颇丰。相关数据显示，2020年全年，李子柒品牌的销售额达到了16亿元。

不过，与其他网红靠直播带货进行商业化变现所不同的是，杭州微念是靠李子柒的品牌IP衍生，而形成了一个产业链。大部分内容IP，都是先靠接广告变现，维系生活，再借助平台的电商体系进行直播卖货，少有人会考虑难度最高的自建品牌。例如，在微念运营品牌过程中，通过打造爆款地方美食产品，与之关联的上游百余家供应商获得了更大市场空间，仅螺蛳粉产品直接与间接带动的就业岗位约达 4 000 个。随着李子柒螺蛳粉和藕粉等产品在全网爆红，大量商家选择跟进螺蛳粉、藕粉市场，进一步开拓了地方美食的市场空间，甚至带动整个地方美食产业的网络破圈和良性发展。只不过，形成这样的效应，需要作为 IP 载体的网红以及背后的 MCN 机构上下同心，方可合作共赢。二者从和平相处到公开决裂，显然会带来两败俱伤的结局。

据观察，在李子柒多次公开发声，揭示资本过于强势、咄咄逼人的同时，杭州微念却三缄其口，貌似有难言之隐。但是，无论如何，面对滔天的舆论，其光明正大的回应也显得十分必要。因此，即便微念站在 MCN 机构的立场，也有其说理的空间，但是很难说杭州微念与李佳佳的股权之争中，没有暴露出资本的贪婪与商业的本性。而整个网红经济中，这样的利益纷争十分普遍，如何让这个行业健康发展，除了国家宏观政策进行相关的约束外，恐怕还得从业的企业、个人以商业价值为先，考虑是非利弊。过度纠缠短期的利益，无异于是一场内耗，或许得不偿失。资本追逐利润，网红创造价值，双方利益的合理分配，有赖于制度和合同的科学设计。提前设计好分配机制和权责关系，对于众多创业者来说，是至关重要的。唯有如此，才能既利用好资本，又不被资本捆绑和伤害。

资料来源：根据网络上公开资料整理。

讨论题：如何优化企业利益分配及防控潜在风险。

案例九

"游戏茅"吉比特的巨额分红

■**教学目的与要求**

　　股利政策作为公司治理的重要财务决策之一，备受理论界与实务界的关注。股利分配政策与投资者利益息息相关，往往可以起到利润再分配的作用。它可以平衡各方利益，同时回馈投资者，促进公司良性发展，对于维护我国证券市场的健康稳定起到重要作用。同样，恰当的股利分配政策能向外界传递出企业良好稳定发展的信号，有利于提高企业对潜在投资者的吸引力。通过对本案例的学习，学生应了解上市公司为什么选择现金分红，掌握制定股利政策所需考虑的因素，分析高派现股利政策所引起的市场反应，能够运用财务理论知识与技术分析方法正确评价公司的股利政策，理解股利政策对公司价值的影响。

一、背景知识

（一）股利分配政策

　　股利分配政策是一家公司制定的有关如何分配利润给股东的指导方针和计划。股利政策是公司管理层和投资者考虑的重要因素之一，因为它与公司的财务状况、投资者偏好和公司治理等因素紧密相关。股利是公司从其盈利中支付给股东的一部分，作为对他们投资的回报。公司可以根据其财务状况、盈利水平、未来发展计划和其他因素来确定股利分配政策。

　　公司在制定股利分配政策时考虑的主要因素包括：

　　第一，公司盈利水平。公司的盈利状况是决定是否支付股利的重要因素。如果公司盈利稳健、现金流充裕，通常会倾向于支付股利，以回报股东。

　　第二，资本需求。如果公司计划进行扩张、投资新项目或其他资本支出，可能会优先考虑保留利润，用于满足资本需求。

　　第三，债务水平。公司的债务水平也会影响股利政策。高负债公司可能会选择限制股利分配，以确保债务偿还和维持财务稳健。

第四，税务因素。税收政策对股利政策也有影响。不同国家和地区对股利征税的规定各不相同，可能会影响公司选择支付股利的数额和频率。

第五，投资者偏好。公司通常会考虑投资者的偏好和期望。有些投资者可能更喜欢高股息的公司，而另一些投资者可能更关注资本增值。

第六，法规和合规性。公司必须遵守当地的法规和合规性要求，以确定股利政策是否符合相关法律规定。

第七，行业竞争。公司所处的行业竞争环境也会影响股利政策。在某些行业，高股利可能是吸引投资者的重要因素。

第八，经济环境。经济的整体状况和展望可能会影响公司的股利决策。在经济繁荣时期，公司可能倾向于提高股利，而在经济衰退时期，可能会选择保守的股利政策。

第九，公司治理结构。公司治理结构也会影响股利政策的制定。对于私人持有公司和上市公司，可能有不同的股利决策机制和考虑因素。

综合考虑以上因素，公司可以采取不同的股利政策，以适应不同的经济环境和投资者需求。

股利政策一般包括：

1. 剩余股利政策

剩余股利政策即企业以拥有投资计划为前提条件，依据事先已经确定的目标资本结构，首先从盈余资金中提取出企业进行投资活动所需要的资金，如果盈余还有剩余，按照各股东所享有的份额来按比例分配给各股东；如果没有剩余，就不派发股利。

2. 固定或连续增长的股利政策

固定或连续增长的股利政策指公司在较长的时间内每年所发放的股利金额基本维持在某一特定的水平上，只有当公司认为未来收益将会明显提高时，才会提高股利的发放金额。

3. 固定股利支付率政策

固定股利支付率政策指公司首先确定一个固定的股利发放率并长期按照此比率发放股利。这种政策将股利与公司的收益紧密联系在一起，股利发放额随公司经营的好坏而变动。

4. 固定数额股利加额外股利的分配政策

固定数额股利加额外股利的分配政策指一般情况下公司每年只支付一个数额低于正常水平、金额固定的股利，只有当企业的盈余较多时，企业才根据实际情况多发放额外股利。

（二）股利分配财务理论背景

股利分配的财务理论背景涉及多个经济学家和学者的研究和贡献，这些理论帮助解释了公司为何在股利政策上做出不同的选择。

1. 股利无关论

股利无关论是由经济学家弗兰克·莫迪格里安尼（Franco Modigliani）和默顿·米勒（Merton Miller）于 1961 年提出的。该理论的核心观点是，在没有税收和交易费用的理想条件下，公司的股利政策不会影响其市值或股东的财富。投资者可以通过在股利支付时将其再投资，或者在需要现金时卖出部分股份来实现资本增值。因此，公司的股利政策不会影响其市值或股东的财富。换句话说，投资者对公司的价值和投资回报并不会受到公司的股利决策的影响。

这一理论建立在一些非常理想化的前提假设下，包括：①完美资本市场。投资者可以在没有交易费用的情况下自由买卖证券，并且没有信息不对称，即所有人对于市场上的信息都有相同的访问权。②不考虑税收。理论忽略了税收对股利和资本利得的影响，即假设股利和资本利得都没有税收。③不受限制的借贷。公司和个人都可以无限制地借贷，没有贷款限制。在这些前提条件下，米勒与莫迪格里安尼得出结论：公司的股利政策不会改变公司价值。无论公司选择支付高额股利还是保留利润用于再投资，投资者可以通过买卖公司股票来调整其自身的收益和风险，从而实现自己的财务目标。尽管在现实市场中并不完全成立，因为市场通常并不是完美的，税收、信息不对称和借贷限制等因素都会对股利政策产生影响，但是股利无关论在股利政策研究领域里是一个非常重要的理论，为后续学者继续完善该理论领域奠定了基石。

2. 股利相关论

在股利政策研究领域，股利相关的理论有多种。这些理论提供了不同角度的理解，说明了公司股利政策在公司和股东之间的复杂关系。在实际决策中，公司需要综合考虑这些理论以及其他相关因素，以制定适合自身情况和投资者需求的股利政策。以下是一些其他与股利相关的经典理论。

（1）"一鸟在手"理论（Bird-in-the-Hand）

"一鸟在手"理论由美国金融学家戴维·戈登（David Durand）在 1959 年提出。该理论认为，投资者更愿意接受实际的现金股利，而不是未来的资本利得或增长。他们认为现金股利是"手中的鸟"，而未来资本增长则是"屋顶上的鸟"，因为未来的收益存在不确定性。因此，投资者更愿意购买能支付较高股利的公司股票，高现金股利政策可能会吸引更多投资者，从而提高公司的股价。

（2）税收理论（Tax Clienteles）

税收理论强调投资者在选择股利政策时会受到税务因素的影响。根据不同的税收政策和个人投资者的税务状况，投资者可能有不同的"税收类型"，从而形成税收客户群。例如，对于投资者来说，红利征税较低的公司可能更具吸引力，因为他们能够获得更多的净收益。

（3）信号传递理论（Signaling）

信号传递理论由美国经济学家迈克尔·詹森（Michael C. Jensen）和威廉·米克林（William H. Meckling）于 1976 年提出。该理论认为，管理当局与外部投资者之间存在信息不对称，股利实际上给投资者传播了关于企业收益情况的信息，这一信息自然会反映在股票的价格上，因此，股利政策与股票价格是相关的。例如，公司决定增加股利支付可能意味着他们对未来的盈利表现有信心。因此，股利政策可能会影响投资者对公司未来表现的预期，进而影响股价。

（4）代理成本理论（Agency Costs）

按照詹森和米克林的定义，代理成本是指委托人为防止代理人损害自己的利益，需要通过严密的契约关系和对代理人的严格监督来限制代理人的行为，而这需要付出代价，包括激励成本、监督成本和剩余损失。该理论强调公司治理和代理成本对股利决策的影响。代理成本是指公司经营者与股东之间的利益冲突和代理问题。例如，公司经营者可能会倾向于保留利润用于私人利益，而不是分配给股东。在这种情况下，可能会降低股利水平或拒绝分配股利，从而导致代理成本的增加。

（5）投资者偏好理论（Investor Preference）

投资者偏好理论指出有些投资者偏好发放现金股利的公司，会对其股票给予溢价，而有些投资者正好相反。投资者偏好是多样化的，并受到个体投资者的风险承受能力、投资目标和投资期限的影响。因此，公司在制定股利政策时应综合考虑不同类型投资者的偏好，并在满足自身财务状况和未来发展需要的同时，也尽量满足投资者的期望。

这些理论说明应从不同的视角来理解股利政策对公司和股东的影响。然而，现实市场中除了上述所述因素，还存在税收、交易费用、公司治理结构等多种因素，这些因素会影响股利政策的制定和实施。因此，公司在决定股利政策时，需要综合考虑这些因素，并根据其自身的财务状况、增长前景和投资者的需求做出最优化的决策。

（三）股利分配方式

股利分配方式主要分为四种：现金股利、股票股利、财产股利及负债股利。

公司在决定股利分配方式时，可以选择以下几种方式：

1. 现金股利

现金股利是最常见的股利分配方式。公司向股东支付现金作为他们持有股份的回报。这些现金股利通常以每股的金额或每股的百分比来表示。

2. 股票股利

有时公司可以选择以股票形式向股东分配股利，这被称为股票股利或红股。在这种情况下，公司会向股东发放额外的股份，股东的持股比例因此而增加，但总市值保持不变。

3. 资本化股利

资本化股利类似于股票股利，但在资本化股利中，股东会收到等值于现金股利金额的新股份，而不是额外的股票。

4. 特别股利

公司有时会宣布特别股利，这是一次性的、非常规的高额股利支付，通常是因为公司有了一笔非常大的盈利，或者出售了一项重要资产，导致盈余增加。

5. 股份回购

有时公司决定回购自己的股份，并将回购的股份从市场上摘牌。这将使公司的每股收益增加，并间接地回报给所有股东。

6. 配股

公司可能通过向现有股东发行新的股份来进行配股。持有股份的股东有权购买新发行的股票，通常以较低的价格购买。

不同的国家和地区可能有不同的法规和税务要求，可能会影响公司的股利分配方式。公司在制定股利分配政策时，需要考虑其财务状况、市场需求和投资者的期望。同时，股东也应该密切关注公司的财务报告和公告，了解公司的股利政策及其对自己的影响。

（四）高派现股利政策的原因

高派现股利政策指的是公司决定将其盈利的较大部分以现金股利的形式分配给股东。这种政策通常意味着公司支付相对高额的现金股利，而将少量利润用于再投资或留存。以下是一些导致公司采取高派现股利政策的可能原因：

第一，稳定回报。高派现股利政策可以提供相对稳定的回报给股东。对于需要稳定收益的投资者，高派现股利政策可能更具吸引力。

第二，投资者需求。某些投资者，特别是那些依赖于股息收入的个人投资者或养老基金等机构投资者，可能更喜欢高派现股利的公司，以满足其现金流需求。

第三，信号传递。公司决定高派现股利可能会被视为对其未来业绩的积极信号。高派现股利表明公司盈利能力稳健，并有信心持续实现盈利。

第四，税收政策。在某些情况下，公司或股东可能会受到税收政策的影响。例如，某些国家可能对股息征收较低的税率，而对资本利得征收较高的税率，这可能鼓励公司采取高派现股利政策。

第五，股东利益。公司管理层可能根据股东的利益和偏好来制定股利政策。如果大多数股东更倾向于高派现，公司可能会选择满足他们的要求。

第六，高盈利和现金流。如果公司盈利较高且现金流充裕，它可能有能力支付高额的现金股利而不影响其业务和投资计划。

值得指出的是，高派现股利政策并不适用于所有公司和所有情况。对于一些成长型公司或有大量投资项目的公司，可能更倾向于将利润用于再投资，以实现更高的长期增长。因此，公司在制定股利政策时，需要仔细考虑其自身的财务状况、增长前景以及投资者的需求和偏好。

二、案例资料

2022 年 4 月 8 日，因《摩尔庄园》等热门游戏被投资者熟知的吉比特，在对外披露的 2021 年年报中表示，拟向全体股东每 10 股派发现金红利 160 元，共计派发现金红利 11.50 亿元，占 2021 年净利润的近八成。这一大手笔现金分红方案几乎可与贵州茅台每 10 股派发现金红利 216.75 元媲美。但就现金分红率方面，吉比特又以 78.30% 的惊人数字"击败"贵州茅台的 51.90%。根据公司公布的 2022 年年报，2022 年实现收入 51.68 亿元，同比增长 11.88%，扣非后归母净利润 14.68 亿元，同比增长 19.79%。仅 2022 年第四季度收入就为 13.38 亿元，同比增长 17.97%，扣非后归母净利润 4.66 亿元，同比增长 108.62%。在 2022 年年报分红预案中表示向全体股东每 10 股派发现金红利 30 元，合计拟派发 2.16 亿元，占 2022 年利润的 14.76%，占 2022 年度第四季度利润的 48%。吉比特公司早在第三季度已经进行过一次分红，向全体股东每 10 股派发现金红利 140 元，该次分红中吉比特实控人卢竑岩一人就取得超过 3 亿元现金。2022 年全年累计分红 12.22 亿元，分红率高达 83.67%。翻看往年分红记录可发现，吉比特近几年来一直有派发大额现金"红包"的传统。2018 年至 2020 年，公司分别每 10 股派息 100 元、每 10 股派息 50 元、每 10 股派息 120 元，令投资者直呼"良心"，被称为游戏界中的茅台，简称"游戏茅"。高比例的分红让全体股东赚得盆满钵满，加上自主研发的游戏产品的持续上线，公司股价上也展现出不错的表现。说到这里，我们不免心动，是不是该立刻入手一些吉比特的股票呢？想要正确地做出这个决策，我们要更深入地了解吉比特，这么高的现金分红，将大部分盈利都分给了股东，这家公司的股东机构会不会有特殊之处？这么巨额的现金分红，它的财务状况乐观吗？和整个行业相比，这是一种正常现象还是吉比特的独树一帜？公司的财务表现能否在以后年度继续支撑起"土豪"的分配政策？

这就需要我们认真研究该公司历年的股利分配政策，通过对公司发展历程、公司的财务状况以及公司所处的生命周期等进行分析，结合其历年的股利政策，再根据其与同行业基本情况进行横向与纵向的对比，来逐渐揭开吉比特神秘的面纱。

（一）基本信息

厦门吉比特网络技术股份有限公司（简称"吉比特"）于2017年1月在上海证券交易所上市，证券简称为吉比特，证券代码为603444，是一家专业从事网络游戏创意策划、研发制作及商业化运营的国家重点软件企业。公司已成功研发或运营了《问道》《问道手游》《不思议迷宫》《地下城堡2：黑暗觉醒（安卓版）》《异化之地》《奇葩战斗家》《贪婪洞窟2》《伊洛纳》《失落城堡》《魔渊之刃》等多款游戏。作为一家国家级重点软件企业，吉比特主要致力于网络游戏行业的应用软件研究与开发，业务涉及网络游戏创意策划、制作研发和运营。其中，它的运营又包括联营、授权运营和自主运营三种模式。由于游戏研发运营一体化的特点，及为了进一步满足互联网行业的发展，吉比特始终坚持自主研发，并在已有基础上向产业链下游拓展业务。

2019年6月，公司入围由中国电子信息行业联合会主办的"2019软件与信息技术服务综合竞争力百强企业"榜单。2018年至2019年，公司连续两年入围福布斯亚洲中小上市企业榜（Best Under A Billion）。2020年1月，公司入选2019胡润中国500强民营企业。2021年，入选年度游戏十强优秀创新游戏企业提名名单。除此之外，公司股票还入选了中证500指数、MSCI中国指数、标普新兴市场全球基准指数、上证社会责任指数、上证公司治理指数等国内外指数。值得强调的是，吉比特坚持将用户体验摆在首位，注重自身研发能力的提升，并拥有一套完整的运营系统，其自主研发的《问道》自上线以来广受追捧，至今已积累了丰富的玩家资源。

（二）公司发展状况

卢竑岩曾担任深圳中兴通讯股份有限公司软件工程师，2004年3月，年仅26岁的卢竑岩与苏华舟共同出资100万，组建了吉比特的前身吉比特有限公司，两人各持股50%。两年沉浮，2006年4月，吉比特正式推出《问道》，一炮而红，收回成本。

2006年11月，卢竑岩和苏华舟分别将吉比特有限公司6%的股份转让给陈拓琳。

2007年9月，经过三次股权转让，最终卢竑岩与苏华舟分别持股42%，陈拓琳持股16%。

2008年7月，IDG投资263万美元获得公司19.05%股权，吉比特由内资变更为中外合资，注册资本变更为123.53万元。

2009年7月，IDG增资1 000万美元，增持股权至23.43%。

2010年1月，厦门吉比特网络技术股份有限公司整体变更设立股份公司。

2011年5月，IDG将其股份分别转让给湖南文旅11.59%，和谐成长7.73%，安兴投资 2% 和平安财智 1%,此后,IDG 投资不再持股,吉比特变更为内资企业。

2012 年 10 月,苏华舟发行人进行两次回购减持,此后苏华舟不再持有吉比特股份,卢竑岩成唯一实际控制人。

2017 年 1 月,吉比特于上海证券交易所上市。

为防范经营风险,公司采用"小步快跑"研发策略,从 Demo 版本开始快速迭代验证核心玩法、创新性设计的可行性,把控产品方向,提升研发效率;同时,公司多年来持续走"精品化"路线,重视产品的差异化及商业化融合,坚持以玩家为本的设计和运营理念,重视产品品质及玩家服务,持续听取玩家对产品的意见并快速迭代,保持快速的市场反应能力,积累了庞大的用户群体,多款游戏拥有良好的口碑与较高的人气;此外,公司始终高度重视用户需求和市场变化,逐步建立综合的游戏大数据体系,对大量玩家行为数据进行监测及分析,实时掌握游戏动态,了解玩家偏好,并实时根据推广效果进行动态控制,及时调整运营策略。

(三)行业发展状况

1. 移动游戏市场实际销售收入明显下降

如图 9-1 所示,中国游戏市场实际销售收入及增长率变动逐渐低迷。2021 年,中国游戏市场实际销售收入 2 965.13 亿元,比 2020 年增加了 178.26 亿元,同比增长 6.40%。虽然实际销售收入依然保持增长态势,但是增幅比例较 2020 年同比缩减近 15%。2022 年中国游戏市场实际销售收入 2 658.84 亿元,同比下降 10.33%。游戏用户规模 6.64 亿,同比下降 0.33%。继 2021 年规模增长明显放缓之后,出现过去八年来的首次下降,表明产业发展已进入存量市场时代。

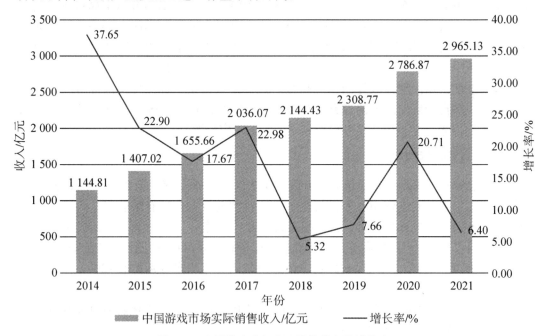

图 9-1 中国游戏市场实际销售收入及增长率

2. 游戏内容多样化、精品化

游戏产品直面海量玩家,大量的玩家必然存在个性化、差异化的需求。在网络游戏市场快速增长的阶段，产品"同质化"现象严重，产品品质参差不齐。随着游戏玩家逐渐成熟，玩家对游戏品质的鉴别力逐渐提升，对游戏的"可玩性"更加关注。在市场竞争加剧的情况下，针对玩家不断变化的个性化需求，游戏产品内容呈现多样化、精品化趋势，不断提升客户体验。

3. 游戏企业出海直面全球激烈竞争

随着国内游戏市场逐渐走向成熟，越来越多的企业将目光转向海外，出海产品覆盖的国家和地区数量明显增长，出海产品类型也更加多元。然而，由于全球主要游戏市场普遍低迷以及海外竞争明显加剧等因素的影响，游戏出海面临的挑战愈发严峻，竞争日趋激烈，中国自主研发网络游戏海外市场实际销售收入在 2022 年出现了近年来的首次下滑。《2022 年中国游戏产业报告》显示，2020 年至 2022 年，中国自主研发网络游戏海外市场实际销售收入分别为 154.50 亿美元、180.13 亿美元和 173.46 亿美元，同比变化分别为 33.25%、16.59% 和 -3.70%。近几年，中国自主研发游戏海外市场实际销售收入及增长率如图 9-2 所示。

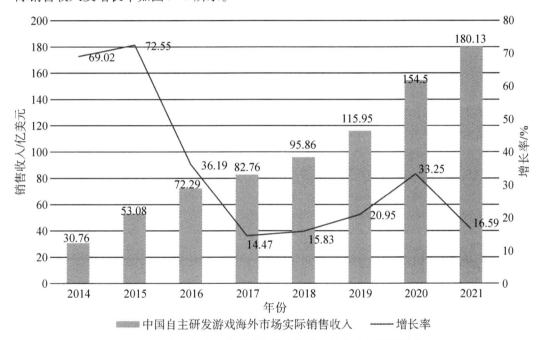

图 9-2　中国自主研发游戏海外市场实际销售收入及增长率

2022 年海外市场收入前 100 的自研移动游戏中，策略类占 38.76%，角色扮演类占 12.76%，射击类占 12.35%。从近三年海外市场看，上述仍是主力类型。自研游戏海外市场实际销售收入 173.46 亿美元，同比下降 3.70%，连续四年超百亿美元，且明显低于同期国内市场降幅。2022 年美、日、韩依然是我国游戏企业主要目标市场。在自研移动游戏海外市场收入分布中，美、日、韩分别占 32.31%、17.12% 和 6.97%。其他地区占比也在逐年提升，表明我国出海企业对新兴市场的拓展力度仍在持续加大。

（四）公司股权结构

吉比特年报显示，截至 2022 年 12 月 31 日，吉比特前十大股东情况如表 9-1 所示：

表 9-1　吉比特前十大股东持股情况

排名	股东名称	持股数量/股	持股数量变动/股	占总股本比例/%	期末参考市值/亿元
1	卢竑岩	21 629 475		30.10	67.665 6
2	陈拓琳	8 240 025		11.47	25.778 1
3	香港中央结算有限公司	5 601 023	−116 180	7.79	17.522 2
4	黄志辉	1 450 282		2.02	4.537 1
5	李培英	1 350 000		1.88	4.223 3
6	中泰星河 12 号集合资产管理计划	1 328 740	228 238	1.85	4.156 8
7	银华基金国寿股份成长股票传统可供出售单一资产管理计划	1 031 333		1.44	3.226 4
8	银华基金国寿股份成长股票型组合	953 613	−89 196	1.33	2.983 3
9	全国社保基金 118 组合	751 901		1.05	2.352 2
10	平安基金权益委托投资 1 号	616 744		0.86	1.929 4
	合计	42 953 136		59.79	134.374 6

数据来源：公司年报。

年报披露，吉比特第一、第二大股东共持股占比 41.57%，总计持股约 2 987 万股，第三至第十大股东持股占比 18.22%，持股数量总计约 1 308 万股。不难发现，第一、第二大股东合计持股数量远多于其他股东。其中，卢竑岩为第一大股东，持股数量约 2 163 万股，占 30.10%；第二大股东是陈拓琳，持股数量约 824 万股，占 11.47%。招股说明书显示，卢竑岩与陈拓琳为一致行动人。所以，毫不夸张地说，卢竑岩是吉比特的实际控制人。

三、案例分析

（一）上市募资及资金用途

吉比特公告显示，公司以 54 元/股的价格向社会公开发行人民币普通股（A 股）1 780 万股，募集资金总额为 96 120 万元，扣除发行费用 6 148.44 万元后，募集资金净额为 89 971.56 万元，于 2016 年 12 月 28 日全部到账。事务所对资金进行审验之后出具致同验字〔2016〕350ZA0093 号《验资报告》。其中，59 971.56 万元用于项目建设，占比 66.66%；30 000 万元用于其他与主营业务相关的运营资金，占比 33.34%。公司 2017—2020 年募集资金实际年度使用情况如表 9-2 所示。

表 9-2　募集资金年度使用表　　　　　　　　单位：万元

募集资金净额	2017 年度使用	2018 年度使用	2019 年度使用	2020 年度使用
89 971.56	53 999.11	13 485.92	10 749.38	2 477.96

数据来源：吉比特资金募集与使用专项报告。

截至 2020 年 12 月 31 日，公司全部募投项目已经结项，公司已将节余的募集资金

12 351.99 万元（含银行存款利息及购买理财产品收益）转至公司基本账户用于永久补充流动资金，募集资金专户已全部注销完毕。截至 2020 年募集资金计划与实际使用项目情况如表 9-3 所示。其中，厦门吉比特集美园区项目因工程进度和预期存在差异，无法在计划时间内达到预定可使用状态，根据项目实际建设情况，经公司审慎研究后将"厦门吉比特集美园区项目"完工日延期至 2020 年 6 月 30 日。"厦门吉比特集美园区项目"已于 2019 年 12 月完成竣工验收。

表 9-3　募集资金使用详情表

投资项目	募集资金承诺投资额/万元	占募集资金比例/%	截至期末投入进度/%	项目可行性是否发生重大变化
网络游戏系列产品升级及开发建和项目	9 600.61	10.67	100.33	否
运营中心建设项目	15 945.55	17.72	104.39	否
后援及支撑平台建设项目	2 419.99	2.69	100.32	否
厦门吉比特集美园区项目	32 005.41	35.57	68.55	否
其他与主营业务相关的运营资金	30 000.00	33.34	100.22	否
合计	89 971.56	100.00	—	—

（二）吉比特现金股利分配政策

根据《公司章程》，公司股利分配政策如下：

第一，公司应重视对股东的合理投资回报，实施积极、持续、稳定的利润分配政策。公司进行利润分配不得超过累计可分配利润的范围，不得损害公司的持续经营能力，且不得违反中国证监会和上交所的有关规定。

第二，公司可以采取现金、股票或现金与股票相结合的方式分配股利，在符合现金分红的条件下，公司优先采取现金方式分配股利。公司采取股票方式分配股利的，应结合公司的经营状况和股本规模，充分考虑成长性、每股净资产摊薄等因素。公司原则上每年度进行一次利润分配，在有条件的情况下，公司可以进行中期现金分红。

第三，公司实施现金分红时，应综合考虑内外部因素、董事的意见和股东的期望。在公司无重大投资计划、无重大现金支出等事项发生，且公司当年盈利及累计未分配利润为正值、公司现金流可以满足公司正常经营和可持续发展情况下，公司董事会应根据公司的资金情况提议公司进行年度或中期现金分配，公司每年以现金方式分配的利润应不低于当年实现的可分配利润的 20%。

根据公司公布的 2022 年年报，2022 年实现收入 51.68 亿元，同比增长 11.88%，扣非后归母净利润 14.68 亿元，同比增长 19.79%。2022 年第四季度收入为 13.38 亿元，同比增长 17.97%，扣非后归母净利润 4.66 亿元，同比增长 108.62%。2022 年度内的两次分红，第三季度末，向全体股东每 10 股派发现金红利 140 元；在年报分红预案中，向全体股东每 10 股派发现金红利 30 元，2022 年全年累计分红 12.22 亿元，分红率高达 83.67%。事实上，吉比特多年来一直实施慷慨的股利政策，其现金分配方案也极具稳定与连续的特点。如表 9-4 所示，自其 2017 年上市以来，其股票价值一路攀升，截至 2023 年，已实施的现金分红高达 8 次，累计现金分红 479 365.02 万元，分红率达到 68.39%。尤其是在 2018 年，吉比特股利支付率更是刷新历史记录，股利支付率高达 99.43%，引发股票市场大量讨论。吉比特近 7 年的现金股利分配情况如表 9-5 和图 9-3 所示：

表 9-4　上市以来吉比特分红统计

分红统计	
上市年份	2017 年
已实施现金分红次数	8
累计实现净利润/万元	700 967.05
累计现金分红/万元	479 365.02
分红率/%	68.39

表 9-5　吉比特 2016—2022 年分红明细

年度	归母净利润/万元	现金分红总额/万元	期末未分配利润/万元	股利支付率/%	收益留存率/%	每股股利/元	股息率/%
2016	58 546.45	29 413.35	92 747.21	50.24	49.76	4.10	—
2017	60 971.27	18 689.38	124 276.66	30.65	69.35	2.60	1.41
2018	72 297.18	71 882.23	177 877.34	99.43	0.57	10.00	6.76
2019	80 919.01	35 932.28	187 875.61	44.41	55.59	5.00	1.68
2020	104 640.61	86 237.46	256 583.94	82.41	17.59	12.00	2.82
2021	146 849.81	114 985.73	317 196.29	78.30	21.70	16.00	3.79
2022	146 087.45	122 224.60	247 684.93	83.67	16.33	17.00	5.43

数据来源：吉比特 2016—2022 年年报。

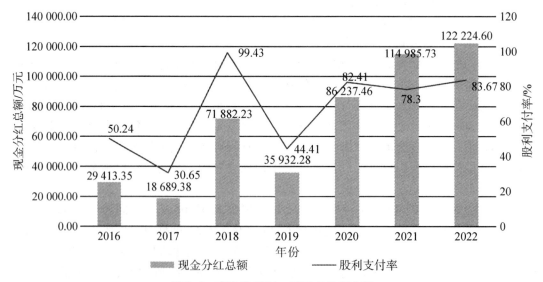

图 9-3　吉比特 2016—2022 年分红走势

由表 9-5 和图 9-3 可知，吉比特主要以现金股利为主，包括送股和转股在内，不进行其他形式的利润分配。其次，公司的股利支付率并非为固定数值。某些年度略高于上年，例如 2018 年和 2020 年；某些年度又低于上年，例如 2017 年和 2019 年。准确来说，公司的股利支付率在 2018 年达到最高峰 99.43%，又在 2017 年突破最低点 30.65%。即便在个别年份出现利润下滑的现象，吉比特依然选择高额现金股利分配政策。同时公司每年的期末未分配利润均在攀升，一直维持在较高水平，可见其背后雄厚的经济实力。对比每年的现金分红额度，吉比特股利支付率呈现出较大幅度的总体上升趋势，反映公司并非采取稳定固定股利政策，而是突破正常范围的高水平派现。同样地，每股股利从 2016 年的每股 4.10 元到 2022 年的每股 17.00 元，其近几年的增长速度远超市场上同行业其他公司，实力不容小觑。

对于股利政策我们知道，当公司失去发展前景，无法创造更多收益的时候，与其把钱留在公司，不如把他分给投资者去寻求更好的投资机会，这时会出现高股利分配。那么吉比特分红方式是这种"自杀"式的分红吗？翻阅吉比特的年报，我们发现，吉比特公司重视市场投资者的合理回报，尽量实施积极的利润分配方案。在利润分配过程中，不得超过累计可分配余额的范围，也不得损害公司的持续经营能力，更加不得违反中国证监会和上交所的相关规定。按照有关规定的要求，上市公司分红包括现金和股票两种基本股利形式。如果公司满足现金分红的基本条件，就应当优先采纳现金股利政策来对剩余收益进行分配。因此，吉比特连续多年的高派现行为，不仅从侧面印证上述分红规则的真实性和客观性，而且体现出公司股利政策的持续性和稳定性。

（三）吉比特分红动机分析

1. 市场舆论的压力

2018 年，吉比特发展正盛，致使很多不法分子在明知游戏软件拥有著作权，且在未取得公司授权的情况下，私自开发运营私服以谋取不义之财。短短 3 个月内，玩家游戏充值金额已累计达到 497 万元。2020 年 11 月 13 日午后开盘，吉比特受此案直接影响，股价高速下跌，最大跌幅接近 7%。截至收盘，吉比特市值达 312.5 亿，每股市价为 434.86 元。事实证明，如果不能及时发现并阻止侵害行径，不仅会对公司声誉造成不利影响，而且还会给公司盈利带来重大损失。考虑到网络诈骗很有可能导致舆论发酵，再加上私服问题无法完全根治，吉比特有必要关注系列事件，并加强产品信息安全维护，通过高额分红重拾信心，给广大投资者一个交代。

2. 股东利益冲突

随着我国经济市场制度的不断完善，大股东与中小股东间的代理冲突已成为公司治理亟待解决的问题。大股东与中小股东的不对等地位，使得强势方经常利用控制权侵占弱势方利益。这不仅会导致公司价值下降，还会影响管理层决策效率。同样地，由于两者投资目的不同，导致其对股利分配方案也持不同态度。就吉比特而言，卢竑岩身为公司控股股东，2020 年持股份额占公司总股本的 30.10%。考虑到公司第二大股东陈拓琳与卢竑岩为一致行动人，故卢竑岩所占的实际控制权为 41.57%。在资本市场上，实际控制人会倾向于现金分红，从而实现自身利益最大化。不仅如此，中小股东为了保障自身，也会要求公司发放现金股利来维护权益。在这种情况下，高派现行为能够有效降低代理问题产生的冲突。

3. 股价信息传递

基于信号传递理论的基本观点，上市公司股利分配政策会影响外界投资者对公司未来发展前景进行判断。因此，许多上市公司会选择高派现股利政策，向市场传递积极信息，从而提高公司股价，促进可持续发展。2019年7月9日，湖南文旅以"资金需求"为由共售出股份1 461 000股，套现总额高达3.03亿元。据不完全统计，湖南文旅共减持718 000股，占总股份的1%。巧合的是，当年4月10日正值吉比特公布2018年度财报和分红预案。在同一时间，"败家式"的分红举动刺激了公司股价上涨，表明其拥有较好的盈利能力及广阔的发展空间。事实上，对于现金流充裕的游戏公司来说，高额分红并不会影响其本身的营业状况。相反，结合前期公布减持计划不难发现，吉比特高额分红提升股价的同时，也有利于大股东套现离场。该行为动机合理，或是另有所图，背后真相还需要时间来进一步检验。

（四）聚焦吉比特公司现状

了解完吉比特上市筹资和历年的分红情况后，我们发现吉比特在2017年上市前募集资金8.9亿，而2016年分红金额就高达2.9亿，2017年就进行现金股利分红1.8亿，两年合计已逼近筹资额的一半。一般来说，上市是为了筹集更多的资金，说明企业资金较为匮乏，分红则说明企业不差钱，这两者不是矛盾吗？对于复杂的资本市场环境，我们看一个企业是否应该分红不能仅仅局限在资金上，要从公司的经营战略、发展阶段以及财务状况等众多方面综合进行分析。

1. 吉比特经营战略

游戏作为文化娱乐消费作品，能带给用户新鲜有趣的体验是核心竞争力。公司长久以来坚持以玩家为本的设计和运营理念，创造和传播文娱领域的美好体验。从以玩家为本的理念出发，公司要求制作人用"小步快跑"的方式做项目，尽快做出原型，通过玩家测试验证核心玩法，听取核心玩家的建议，快速迭代更新，打造出更多玩家喜爱的精品原创游戏。公司十分注重产品的创新性，力争打造差异化与商业化兼备的精品游戏。从差异化入手，不断在核心玩法、概念、画风等方向创新研发思路，在提升产品竞争力的同时，也加大了项目的研发难度，势必对制作团队的核心玩法提炼能力、工程管理能力、数据分析能力等提出了更高的要求。经过多年开发经验的探索和积累，公司建立了"小步快跑"的研发模式。

公司采用"小步快跑"的研发策略，在项目初始阶段搭建核心团队，并根据创意策划思路尽快做出原型，通过泛用户测试验证核心玩法的可行性。在项目研发过程中，持续快速迭代更新并根据测试数据调优，反复进行验证。"小步快跑"的研发模式，从Demo版本开始验证核心玩法，验证创新性设计的可行性，有利于把控产品方向，避免无效投入，控制研发成本；研发过程测试频次高，有利于控制相邻两次测试的变量，更精准分析用户行为反馈数据，及时解决开发过程中遇到的问题，提升研发效率；在从Demo扩展变成一个最终落地项目的工业化过程中，公司不断在优化和调整"小步快跑"研发机制，让经过验证的玩法与美术资源能够实现更好的衔接和配合。

"小步快跑"的研发模式，有利于控制研发成本，但并不意味着项目规模小、总投入小。项目的规模取决于核心团队既往项目经验、工程管理能力、技术积累，以及项目类型等因素。公司长期致力于制作人能力的培育、提升，并通过"小步快跑"的方式筛选项目，投入更多资源，希望产出更多创意十足、耐玩有趣的高品质产品。此外，在"小步快跑"的研发策略之下，公司运营团队与研发团队紧密配合，协同研发团队进行多次测试及分析，深度掌握产品的市场情况、用户特征，能够更好地为产品提供定制化发行方案，降低发行端的风险和成本。

2. 吉比特发展阶段

2023 年 3 月 31 日，吉比特发布 2022 年度财务报告。从公司现有员工人数上来看，公司本年的月平均人数约 1 140 人，较上年同期月平均人数增加约 299 人（同比增长约 36%），其中，游戏业务研发人员数量增加约 167 人，海外运营业务人员数量增加约 64 人。公司本年员工人数增加，与其相关薪酬福利等人力开支相应增加。从公司的经营情况来看，公司自 2004 年成立以来，深耕游戏市场，经过多年的快速发展和技术积累，公司规模不断扩大，技术研发实力持续增强，产品矩阵日益丰富。公司专注于网络游戏的研发及运营业务，致力于汇聚和培养具有创新精神的人才，追求高效的工作方式，期望为全球用户提供差异化的产品和服务，创造和传播文娱领域的美好体验。公司自成立以来深耕游戏市场，坚持以玩家为本的设计和运营理念，保持快速的市场反应能力，多年来业务发展良好，经营业绩保持稳健，现金流充沛。

图 9-4 为近几年吉比特归属于上市公司股东的净利润变动情况。2022 年公司实现营业收入 51.68 亿元，同比增长 11.88%；归属于上市公司股东的净利润 14.6 亿元，同比减少 0.52%；归属于上市公司股东的扣除非经常性损益的净利润 14.68 亿元，同比增长 19.79%。同时吉比特在研发方面，为形成行业领先的游戏制作技术和巧设计方法，公司集中力量打造核心团队，用"小步快跑"的方式不断验证并调整；同时，公司注重研发团队成员的组织和激励，不断完善工程管理办法。表 9-6 为吉比特研发情况变化。

图 9-4　归属于上市公司股东的净利润变动

表 9-6　吉比特近几年研发投入和成果

年度/年	2016	2017	2018	2019	2020	2021	2022
研发投入总额占营业收入比例/%	14.79	16.94	17.35	15.31	15.7	13.18	13.02
研发人员数量占公司总人数的比例/%	49.88	48.28	53.13	54.3	58.46	56.08	55.18
发明专利及著作权/件	69	109	122	157	203	270	322

数据来源：吉比特 2016—2022 年年报。

企业的股利政策与其所处的发展阶段密切相关。一般而言，如果企业处于高速发展和扩张的阶段，需要大量流动资金用于维护日常经营，则倾向于将资金用于投资和扩张，而不进行分红；如果企业处于成熟和衰退阶段，投资机会也相对较少，企业已经占据一定的市场份额，则会倾向于将多余资金进行分红。值得注意的是，当判断企业所处发展阶段时，可以结合销售收入增长情况进行观察。如果销售收入处于快速增长的阶段，则说明企业处于初创或成长期；如果销售收入增长较为缓慢或出现停滞，则说明企业处于成熟期；如果销售收入出现长时期的负增长，则说明企业可能处于衰退期。

3. 吉比特财务表现

吉比特相关财务指标是了解公司状况的重要渠道，其所提供的信息不但能客观反映经营成果，而且还能有效表明企业未来发展前景。

关于吉比特未来能否持续高派现，联系其现金分红原因来看，绝大部分取决于公司财务状况。基于此出发点，可以通过对财务能力的分析，进一步判断吉比特高派现股利政策的合理性，并预测其未来能否持续高额现金分红。

（1）收入与成本分析

吉比特公司近几年的销售情况如表9-7所示，一路增长。

表9-7　吉比特公司近几年的销售情况表

年份	销售收入/亿元	销售收入增长率/%
2016	13.05	335.08
2017	14.40	10.31
2018	16.55	14.91
2019	21.70	31.16
2020	27.42	26.35
2021	46.19	68.44
2022	51.68	11.88

2022年度，吉比特公司的主营业务分行业、分产品、分地区、分销售模式情况如表9-8所示。

表9-8　2022年主营业务收入成本和利润分布情况　　　　单位：万元

主营业务分行业情况						
分行业	营业收入	营业成本	毛利率/%	营业收入变动率/%	营业成本变动率/%	毛利率变动率/%
游戏收入	512 464.31	55 387.87	89.19	12.46	−18.00	4.02
其他收入	2 872.20	1 183.16	58.81	−42.27	16.30	−20.75

主营业务分产品情况						
分产品	营业收入	营业成本	毛利率/%	营业收入变动率/%	营业成本变动率/%	毛利率变动率/%
自主运营	253 289.24	20 385.22	91.95	24.21	2.11	1.74
联合运营	227 785.02	34 340.31	84.92	4.43	−26.67	6.39
授权运营	31 390.04	662.34	97.89	−6.64	−12.42	0.14
其他收入	2 872.20	1 183.16	58.81	−42.27	16.30	−20.75

表9-8(续)

主营业务分地区情况						
分地区	营业收入	营业成本	毛利率/%	营业收入变动率/%	营业成本变动率/%	毛利率变动率/%
境内	489 464.16	49 429.36	89.90	9.54	−21.21	3.94
境外（含港澳台）	25 872.35	7 141.67	72.40	87.23	22.43	14.61

数据来源：吉比特2022年年报。

联合运营毛利率较上年同期增长主要是因为受游戏收入结构影响，本年应向外部研发商支付研发分成款金额较上年同期减少；境外产品毛利率较上年同期增长主要是因为本年自研产品《一念逍遥（港澳台版）》《一念逍遥（韩国版）》《一念逍遥（东南亚版）》营业收入较上年同期增长，自研产品无须对外支付分成款。而游戏行业的成本有着非常明显的行业特征，吉比特公司的成本构成分析如表9-9所示。

表9-9　吉比特成本分析表

成本构成项目	本期金额/万元	本期占总成本比例/%	上年同期金额/万元	上年同期占总成本比例/%	本期金额较上年同期变动比例/%	情况说明
职工薪酬	3 640.47	6.44	3 513.39	5.12	3.62	
游戏成分	38 346.25	67.78	51 452.18	75.04	−25.47	外部研发分成款减少
游戏维护费	7 628.56	13.84	8 202.17	11.96	−6.99	
其他	6 955.74	12.30	5 397.62	7.87	28.87	
合计	56 571.03	100.00	68 565.36	100.00	−17.49	

数据来源：吉比特2022年年报

（2）盈利能力

盈利能力是指企业在一定时期内赚取利润的能力，也是判断企业能否给予投资者分红的重要参考依据。利润率越高，盈利能力就越强。通过对企业的盈利能力进行分析，企业经营者可以发现管理环节出现的问题，并及时采取措施加以改进。如表9-10所示，近五年来吉比特的净资产收益率势态良好，并且稳步攀升，从2018年的27.76%一路上升到2022年的34.14%。吉比特的销售毛利率和销售净利率连续多年维持在一个较高水平，其中销售毛利率常年未低于80%。这不仅为公司相关利益者提供了有力的保障，而且还为现金股利政策奠定了坚实的基础。

表9-10　吉比特近五年盈利能力指标　　　　　　单位:%

报告期	年份				
	2018	2019	2020	2021	2022
净资产收益率	27.76	27.07	30.45	35.03	34.14
总资产净利率	25.68	25.46	27.30	28.06	28.83
投入资本回报率	31.35	31.36	33.89	37.28	39.30
人力投入回报率（ROP）	275.69	255.63	268.28	251.63	206.48

表9-10（续）

报告期	年份				
	2018	2019	2020	2021	2022
销售毛利率	92.24	90.54	86.00	84.88	88.73
销售净利率	55.50	49.13	48.56	37.94	37.92

数据来源：根据公司年报整理。

（3）运营能力

运营能力是指企业运用各项资产以赚取利润的能力。与运营能力相关的比率，揭示了企业资金运营周转情况。企业资金周转越快，流动性越高，企业的偿债能力越强，资产获取利润的速度就越快。

如表9-11所示，2018—2022年，吉比特的总资产周转率稳定增长，反映出公司总体资产经运营作情况处于良好状态。2018年以前，吉比特的应收账款周转率呈下滑状态，随后开始逐渐回升，且增长幅度较大。2021年底，吉比特应收账款周转率达到历年最高值18.87次，说明资金被下游合作商占用时间缩短，公司应收账款管理能力逐渐增强。

表 9-11 2018—2022 年吉比特近五年运营能力指标   单位：次

报告期	年份				
	2018	2019	2020	2021	2022
应收账款周转率	6.80	8.46	13.51	18.87	18.49
流动资产周转率	0.68	0.88	0.96	1.21	1.30
固定资产周转率	53.37	4.28	2.96	5.83	7.61
总资产周转率	0.46	0.52	0.56	0.74	0.76
应付账款周转率	1.77	1.89	3.13	3.43	2.07
运营资本周转率	0.96	1.31	1.39	1.92	2.34
非流动资产周转率	1.44	1.25	1.36	1.89	1.83

数据来源：根据公司年报整理。

一般来说，总资产、应收账款周转率越高，就代表着企业的经营效率越好，说明现金流入的周期较短，可以给现金分红一定保障。就运营能力而言，吉比特的资产周转率自上市后持续波动，虽然某些年度的指标较上一年发生较大改变，但仍反映出公司总体运营状况趋于稳定，这也是影响上市公司现金分红的重要因素。

（4）偿债能力

偿债能力是指企业偿还到期债务的能力。企业有无支付现金能力和偿还债务能力，是其能否健康生存和发展的关键。通过对偿债能力进行分析，可以考察企业持续经营的水平，有助于对未来收益进行预测。表9-12为2018—2022年对吉比特偿债能力指标的计算。

表 9-12　2018—2022 年吉比特近五年偿债能力指标

报告期	年份				
	2018	2019	2020	2021	2022
资本结构					
资产负债率/%	21.88	21.37	21.16	28.77	27.44
权益乘数	1.28	1.27	1.27	1.40	1.38
流动资产/总资产/%	61.37	56.16	60.44	61.30	55.14
非流动资产/总资产/%	38.63	43.84	39.56	38.70	44.86
非流动负债权益比率/%	2.95	4.25	4.42	4.75	2.27
流动负债权益比率/%	27.22	26.15	25.56	39.87	42.49
流动负债/负债合计/%	90.23	86.02	85.26	89.35	94.93
非流动负债/负债合计/%	9.77	13.98	14.74	10.65	5.07
资本固定化比率/%	53.26	62.37	56.04	60.02	73.18
偿债能力					
流动比率	3.11	3.05	3.35	2.38	2.12
速动比率	3.11	3.05	3.35	2.38	2.12
现金比率	0.70	2.59	2.90	2.16	1.93
现金流量利息保障倍数	172.75	330.66	639.71	2 384.00	4 715.08
产权比率	0.28	0.27	0.27	0.40	0.38
有形资产/负债合计	3.21	3.19	3.24	2.18	2.13

数据来源：根据公司年报整理。

　　从长期偿债能力来看，吉比特还是处于相对稳定的水平。吉比特的资产负债率基本维持在 20% 的水平，并在近两年有一定幅度的提升，吉比特公司的速动比率高侧面印证流动性好，公司不会出现大规模举债经营的问题。相比于同行业其他竞争对手，其承担的财务风险也处于较低水平，能够为持续分红提供有力支撑。

　　就偿债能力而言，吉比特具备良好的长、短期偿债能力，能够及时用自有现金清偿债务且不出现资金链紧张甚至断裂，这种良好的偿债能力在一定程度上为公司的高派现行为提供了可靠保障。

　　（5）成长能力

　　成长能力是指企业扩展经营的能力，包括企业规模的扩大，利润和所有者权益的增加。随着市场环境、资产规模、盈利能力、市场占有率的持续变化，对成长能力进行分析能够有效预测企业未来的生产经营实力。表 9-13 为对吉比特 2018—2022 年成长能力相关指标的计算结果。

表 9-13　2018—2022 年吉比特近五年成长能力指标

报告期	年份				
	2018	2019	2020	2021	2022
同比增长率					
每股收益/%	18.64	11.46	29.26	40.12	-0.49

表9-13（续）

报告期	年份				
	2018	2019	2020	2021	2022
营业收入同比增长率/%	14.91	31.16	26.35	68.44	11.88
营业利润/%	23.84	15.48	27.00	36.43	8.86
利润总额/%	23.84	15.49	26.63	36.40	8.94
归属母公司股东的净利润	18.58	11.93	29.32	40.34	-0.52
经营活动产生的现金流量净额	11.83	43.38	18.19	57.75	-27.54
相对年初增长率					
每股净资产	26.03	5.64	23.87	20.44	-13.13
资产总计	27.50	9.00	23.32	31.84	-8.63
归属母公司的股东权益	26.28	5.64	23.84	20.44	-13.13

数据来源：根据公司年报整理。

表9-13中数据显示，吉比特的主要成长能力指标都处于不规则的波动中，但整体增长率最终表现为正向变化。尤其是在2021年，吉比特营业收入和营业利润的同比增长率分别为68.44%、36.43%。然而，2022年受新冠病毒感染疫情及产品延期影响，吉比特营业收入增长率下滑至11.88%。即便如此，吉比特仍在游戏市场占据一席之地，现处于稳定的资产规模扩张之中，短时间内无须担心其未来经营状况。

就成长能力而言，移动互联网技术的兴起极大地促进了经济领域内各行业的发展，网络游戏作为经济产业中极其重要的一个分支，受益于爆炸式增长而呈现出快速发展的态势，吉比特目前处于稳定规模扩张中，未来市场的发展势头十分强劲，对公司股利政策产生了积极影响。

（6）现金流量情况

表9-14对吉比特2018—2022年的现金流量情况进行梳理。自2018年起，吉比特经营活动现金流量净额逐年增加，表现异常出色。2019年，公司现金流量指标增幅更是上升到一个新台阶，其中，经营活动现金流量净额占比453.41%。2021年经营活动产生的现金流量净额与经营活动净收益的比值高达143.76%。除此之外，吉比特的期末现金及现金等价物水平也一直保持在较高状态。正常情况下，企业充足的现金流不仅可以维系日常经营活动所需资金周转，而且可以为高派现股利政策实施提供保障，非常值得关注。

表9-14　吉比特近五年现金流量情况

报告期	年份				
	2018	2019	2020	2021	2022
销售商品提供劳务收到的现金/营业收入/%	100.49	111.98	108.58	112.69	102.25
经营活动产生的现金流量净额/营业收入/%	54.67	59.76	55.90	52.35	33.91
经营性现金净流量/净利润	0.99	1.22	1.15	1.38	0.89
现金运营指数	1.02	1.13	1.15	1.66	0.88
全部资产现金回收率/%	22.57	29.69	28.45	34.04	27.00

表9-14(续)

报告期	年份				
	2018	2019	2020	2021	2022
现金股利保障倍数	4.84	1.81	4.27	2.80	0.81
经营活动产生的现金流量净额占比/%	−305.00	453.41	110.04	303.22	−376.63
投资活动产生的现金流量净额占比/%	297.12	−55.92	29.37	−58.70	−40.00
筹资活动产生的现金流量净额占比/%	107.89	−297.49	−39.40	−144.52	516.64

数据来源：根据公司年报整理。

案例分析题

1. 如何区分异常派现行为和正常派现行为，二者有什么不同的影响？吉比特属于什么样的派现行为？

2. 吉比特现金分红的财务支撑是什么？现金分红给吉比特带来哪些影响？

3. 股利政策的经典理论有哪些？吉比特采用的是哪种股利政策？请尝试归纳总结出企业的股利政策主要受到哪些内外部因素的影响？

4. 根据外部环境以及企业状况等因素，尝试分析吉比特巨额分红是否具有合理性，巨额分红能否持续？

项目训练

腾讯以京东股票进行分红

2021年12月23日，腾讯在港交所发布公告，腾讯将以其所持有的京东股份向股东派发中期股息，每持有21股腾讯股份的合资格股东，可按比例获发1股京东集团股票作为特别中期股息，腾讯股东总计将获得约4.6亿股京东股票。本次派息可谓是"清仓式分红"，腾讯对京东持股比例将由17%降至2.3%，不再为京东的第一大股东。

本次分红犹如一声惊雷平地起，上市17年之久的腾讯从未派发过中期股息。腾讯这一公告发布后，市场热议不止，自2014年腾讯入股京东之后，二者一直保持着良好的合作，此刻，腾讯以所持京东股票给股东分红并因此而减持了所持有的的绝大部分京东股票，着实令市场感到意外。腾讯为什么要以股分红？这一分配策略对腾讯和京东又将产生何种影响？让我们一探究竟。

1. 腾讯入股京东

虽然拥有规模庞大和高黏性的用户，腾讯却并不想止步于社交和游戏领域，还力图将流量变现，雄心勃勃地开始在互联网的细分领域进行尝试。2005年腾讯在C2C电商领域发力：腾讯拍拍网上线，而后在B2C领域创建了QQ商城、QQ网购，然而腾讯在电商领域的尝试都碰了一鼻子灰。于是转变策略，寻找与其他企业在电商方面的战略合作，打造社交——电商的生态体系，腾讯将目光瞄向了京东。

2014年3月10日，在京东上市前夕，腾讯宣布入股京东，腾讯以2.147亿美元（折合人民币13.33亿元）的现金对价以及部分非现金对价换取了京东新发行的351 678 637股股票，占其总股本的15%，一跃成为京东第三大股东。

2014 年 5 月 21 日，西装革履的刘强东按下了敲钟的按钮：京东在美国纳斯达克交易所上市，腾讯再次购入其 1.38 亿股股票，共投资 13.11 亿元美元（折合人民币 81.3 亿元），持股比例上升至 17.9%。

2. 腾讯获益匪浅，京东受益良多

在 2015 年腾讯通过旗下黄河投资增持京东 ADR，持股比例升至 18%，成为京东最大股东。此后几年，腾讯持股比例虽有变化，但一直是京东的第一大股东，其持股比例变动从 2015 年的 18%，上升到 2016 年的 21.25%，此后 4 年稳定在 18% 左右，到 2021 年降至 16.9%。虽然腾讯"贵"为京东第一大股东，但在京东，腾讯却"说了不算"，京东实行 AB 股双重股权结构，A 股每股有 1 个投票权，B 股每股有 20 个投票权，腾讯等股东持有的是 A 类股票，而创始人刘强东持有的是 B 类股票，双重股权结构让刘强东以较少的股份拥有了京东股东大会和董事会的绝对控制权。虽然无权，但商场上讲的是利益，京东上市之后，股价从上市之初的每股 19 美元一路飙升，单从市值来讲，腾讯持有的京东股票为其创造了巨大的价值，上市之初腾讯所持京东股票的市值约为 346 亿元人民币，而到 2021 年腾讯以股分利之前，不计历次分红所得的收益，仅腾讯所持股权市值高达 1 181 亿元人民币，这对于腾讯来说可谓是赚得"盆满钵满"。

微信九宫格坐镇、流量加持，与腾讯结盟给京东带来的好处是非常明显的。自 2014 年腾讯入股京东后，京东全年活跃用户一直保持高速增长，从 2013 年末的 4 740 万增加至 2021 年末的 5.7 亿，增长了十几倍。

3. 开始瘦身的腾讯

腾讯不仅在其擅长的领域独占鳌头，同时也在各个领域进行广泛的投资。腾讯投资策略的显著特征就是把业务与合作伙伴进行协同，并且不对其进行控制，用流量"浇灌"着被投资企业迅猛成长。在过去十余年里，腾讯构建起了一个庞大的投资帝国，其投资领域广泛，投资数量也在与日俱增。截止到 2021 年年底，腾讯对外投资的总金额为 9 828.35 亿元。2018 年腾讯的投资策略开始转向，加大对高科技、未来前沿基础科学等领域的投资。

与此同时，经过多年的"野蛮生长"，多个互联网巨头在各自领域形成了事实上的垄断，2021 年政府重拳治理互联网领域的垄断乱象，阿里巴巴被开出了 182.28 亿元的天价罚单；腾讯作为斗鱼与虎牙的合并主导方，收到了互联网企业首张"经营者集中"的行政禁令，2021 年 11 月 20 日，反垄断局官网通报了 43 起未依法申报违法实施的经营者集中案件，其中腾讯涉及 13 起案件，处罚事由都是"收购股权违法实施经营者集中"，庞大的投资网络增加了垄断的"嫌疑"，昔日炙手可热的投资变成了"烫手山芋"。

4. 不稳定的京东

作为自营业务起家的京东，近年来营业收入在持续增长，但其税后利润却不稳定，2021 年再次亏损。受刘强东明尼苏达州事件和国内反垄断等因素影响，京东股价几起几伏，京东股价自 2021 年 2 月 18 日的最高点 422.8 元/股一路下跌，截止到 2021 年 12 月 22 日，京东收盘价为 279.2 元/股，下跌 33.01%。

腾讯自 2004 年上市以来，共分红 18 次，大多是以现金派息的方式，且金额较小，累计分配金额 755.64 亿元人民币。由表 9-15 可见，在腾讯历史上，还曾有过两次向股东派送腾讯所投资的上市公司股份的情况，但投资者须持有较多腾讯股份才能分配得到一股腾讯所投资公司的股票，分红的力度小。

表 9-15　腾讯 2017—2021 年分红方案

年份	分红方案
2017	每股派 0.61 港元
2017	每持有 1 256 股可认购 1 股阅文股份预留股份
2018	每股派 0.88 港元
2018	每 3 900 股分派 1 股腾讯音乐美国预托股份，可选择收取现金
2019	每股派 1.00 港元
2020	每股派 1.20 港元
2021	每股派 1.60 港元
2021	每 21 股股份获发 1 股京东集团 A 类普通股

截至 2021 年末，腾讯持有现金及现金等价物 1 679.66 亿元，从财务状况来看，腾讯的资金较为充裕，但其连续多年的持续投资规模大、投资活动产生的现金净流出量较大，如表 9-16 所示，近两年投资活动现金净流出平均约 1 800 亿元。

表 9-16　腾讯 2017—2021 年利润及现金流状况　　　单位：亿元

年度/年	2017	2018	2019	2020	2021
税后利润	724.71	799.84	958.88	1 601.25	2 278.10
经营活动现金流量净额	1 061.40	1 064.43	1 485.90	1 941.19	1 751.86
投资活动现金流量净额	−963.92	−1 519.13	−1 161.70	−1 819.55	−1 785.49
现金及现金等价物余额	1 056.97	978.14	1 329.91	1 527.98	1 679.66

2021 年 12 月 23 日，腾讯宣布派息式减持京东股票，并表示此举一是为了对股东的回报，二是为了不构成京东二级市场波动。同时公告显示，腾讯分配给股东的这些京东股份价值，在 2021 年 12 月 22 日的市值为 1 277 亿港元，折合人民币 1 043 亿元。

腾讯宣布向股东分派京东股权的当日，腾讯股价涨了 4.24%。而受此消息影响，京东开盘便跌 6.38%，盘中一度跌超 10%。因腾讯将京东股权分配给腾讯股东，不再是京东第一大股东，京东的股权进一步分散，刘强东的控制权有所加强。

回首腾讯和京东自 2014 年以来 7 年的"相濡以沫"，最终还是以腾讯在 2021 年通过派息清仓式减持京东股份的结局而告终。腾讯此次清仓式减持京东股票，腾讯回应称两者仍是战略合作伙伴，与京东的业务关系亦不受影响。京东也在公告中指："京东集团和腾讯将继续保持互惠共赢的商业合作关系，包括现有的战略合作协议"。历经磨炼，京东已经度过了严重依赖腾讯流量和投资的阶段，打造出了包括电商、金融、物流等多元化的业务结构。

讨论题：

1. 腾讯此前分红较少，而此次为什么对于京东股票进行了大额分配？
2. 以财产方式分配股利相对于现金股利有何利弊？
3. 运用信号传递理论分析腾讯的这一股利分配方式的动因和市场效应？

案例九　『游戏茅』吉比特的巨额分红

案例十

中兴通讯的股权激励之路

■**教学目的与要求**

　　本案例以中兴通讯2007—2016年三次股权激励方案提出并实施的过程为主线，介绍三次股权激励的实施背景、方案设计、实际解锁情况，帮助学生了解股权激励的相关理论、基本模式，探究企业实施股权激励的环节和过程，引导学生科学评价股权激励在企业发展中发挥的作用。

一、背景知识

（一）股权激励的目的

　　股权激励是一种企业用来激励员工，提高员工积极程度的常用方法。它并不是一种短期见效的激励机制，而是为了企业的长远发展和留住人才而实施的激励机制。具体方式是给予员工或者企业的技术人员一定份额的公司股票，从而让所有者和这些核心员工的利益能够绑定在一起，避免其在管理过程中作出不利于企业长远发展的决策，这对企业长期稳定发展有促进作用。

　　上市公司一般采用限制性股票或者股票期权的方式进行股权激励，但也有公司将两者融合使用来进行激励。此方案提升了公司的内部治理，同时减少代理成本，进而提升企业绩效。通过限制性股票或者股票期权的形式，向管理层进行股权激励，可以使股东的利益和管理层利益联系更加紧密。股权激励的特征一般有：①长期性。由于股权激励从最初目的的选择，股权激励的前期考核，后期执行，都要经历相当长的时间，与传统薪酬模式不同，其耗费时间长，且影响持续时间也长，所以适用于长期激励的战略的要求。②针对高管和核心技术人员。通过大量学者的研究和我国上市公司股权激励的例子来看，多数企业都将高管和核心技术人员作为股权激励的对象，且大多取得了良好的效果，激励这部分人员就是激励了一家企业的核心人员，有利于业绩的提升和企业治理的提高。③避免短视。股权激励是长期管理激励方式，实行后可以使管理层更加关注企业战略导向的目标，而不是短期的财务指标，且股权激励的业绩考核指标选取得越恰当，管理层就越能倾向于关注长期战略。

通过实施股权激励，企业一般可以实现：

1. 建立企业的利益共同体

股权激励可以在股东和管理层之间搭建一个纽带，使其两者变成利益共同体，传统的企业管理模式存在的委托代理问题，通过采用股权激励方式，管理效果得到明显改善。传统模式下的管理层为了自己的利益，在管理企业时会逆向选择，相比于选择使企业利益的最大化的方案，更会选择一个使其自身利益最大的方案，不计企业面临的风险和亏损，而建立一个利益共同体，管理层会清晰地认识到，企业价值最大化则其个人利益最大化。

2. 约束经营者的短视行为

股权激励有别于年终奖等短期薪酬奖励，首先体现在其效果的长期性，由于企业方面和个人方面的绩效的考核期的评价需要取一个长期的结果作为考量，被激励对象就会为此而努力达到目标，具有长期的战略导向。其次，考核的指标选取也能约束经营者的短视行为，仅仅关注短期财务指标不能达到公司和个人绩效考核的标准，例如中兴通讯选用 ROE 指标来考核公司业绩水平。

（二）股权激励相关理论

1. 激励理论

人的动机都是来于自身的需要，因此以需要为目标激发人类行为最为可取。于是，早期激励理论自此开始，着重研究什么是"需要"，如何去划分"需要"。美国心理学家马斯洛提出的需求层次理论认为，人的需求是有不同层次的，低层次的需求被满足后，高水平的需求才会显现。赫茨伯格提出的双因素理论将人们工作动机分为保健因素和激励因素。保健因素是指该项因素会造成员工不满，这些主要包括一些低水平的需求，例如工资薪金、工作环境、领导风格、福利情况，保健因素达不到员工可接受的最低水平时，就会造成员工的不满。但具备保健因素却并不能使员工受到鼓舞，真正使员工得到激励的主要是激励因素，激励因素主要包括工作内容和工作本身两方面的，如工作本身具有挑战性、完成工作的成就感、成绩得到认可等，这些因素能让员工获得乐趣。麦克利兰所提出的成就需要理论认为，人们的大多数需要都是社会性质和后天形成的，在人的生存基本需要满足后，成就需要、合群需要、权利需要是人类最主要的三种需要，无论是个体还是企业，在其发展过程中，成就需要的高低有重大的影响。人们面对成就高的工作，更加努力，他们希望把事情做得更加完美。所以对于不同人要使用不同的激励方式，在此基础上建立合理的有针对性的激励机制。

根据前人的研究结果，激励是持续激发人们主动性的心理过程，激励越有效，人就越努力，满意度也就越高，工作效率越高；激励水平低，则相反。激励的方式应该针对不同人群进行选择，而且应该按照人的需求层次来研究激励的手段，了解激励对象的需求与动机，有利于合理建立激励机制。

2. 委托代理理论

委托代理关系是指在契约的要求下，资产所有者保持对相关资产的所有权以及剩余索取权、控制权，经营者则拥有经营管理相关资产的权利。所有者与经营者双方根据契约的要求划分好相关的权利责任关系。所有者是委托人，委托经营者进行资产管理，经营者则是代理人。委托代理关系便是委托代理理论运用于公司的实践。现阶段的委托代理问题主要包括三点：股东与管理层、大股东与小股东、股东与债权人之间的委托代理问题。

在委托代理理论中，委托人与代理人的委托代理关系主要有以下三个特点：第一，代理人拥有的经营权是在一定限度内的，由委托人授予的，其经营行为必须在授权范围内进行；第二，代理人无所有权，只拥有经营管理权，所有权仍然保留在委托人的手中；第三，委托人的利益是依托于企业的利益，如果企业亏损或者经营情况变差，委托人很有可能不能获得收益。然而根据经济学中的经济人假说，所有人都是在追求自身利益最大化的"经济人"。委托代理关系中的两方，代理人不享有企业的剩余分配权，代理人可能追求更高的工资收入和闲暇时间，委托人追求企业价值最大化，但由于委托人不参与企业的经营管理，委托人和代理人存在信息不对称性，代理人选择的这些企业战略决策将会是更有利于自身发展和获得更多利益的方案，而不是去优先考虑公司利益。

3. 人力资本理论

人力资本理论最早是由舒尔茨提出，他认为公司经济之所以能够稳定地增长与提升，与公司的人才是分不开的，因此对于人力资本的重视要高于对于物质资本的重视，因为它能够带来更高的收益。在所有权与经营权分离的公司模式下，稳定公司的人才就是巩固未来公司的发展。

在现阶段的互联网经济时代，市场竞争激烈、各种企业管理方法百花齐放，企业管理趋向制度化、市场化，监管力度大，这就对管理者提出了严峻的考验，管理者作为职业经理人扮演了至关重要的角色，市场化的经济也考验经理人的综合素质。因此，人力资本的重要性逐渐显现，也成了各个企业竞争激烈的部分，一个合格的 CEO 对一家企业的发展具有重要的作用，随着经理人的地位的上升，股权激励应运而生。

4. 利益相关理论

瑞安曼认为利益相关者与企业之间的关系很特别，它们是相互依存的，对于利益相关者而言，企业是他们实现个人追求的舞台；与此同时，企业也需要他们来获得发展从而得以生存。这一解释阐明了企业与利益相关者之间是相辅相成，你中有我我中有你的关系。到现在，利益相关者又有了更加完整的理论与概念进行阐述，现代理论摒弃了股东至上这一传统概念，其认为公司所开展的各项经营活动都是需要全面地考虑所有利益相关者的利益与需求，而不仅仅只考虑股东，这一理论也深刻地指出利益相关者对于公司的维持与发展有着举足轻重的联系。企业所追求的最终目标不应该仅仅考虑其所有者或是股东的权益，更要兼顾所有利益相关者的权益。

（三）股权激励的种类

目前，我国实行股权激励常采用的方法有：限制性股票、股票期权和股票增值权等。根据对我国上市企业的股权激励方式进行调查，发现前两种方式更为普遍，多数企业选用前两种方式，股票增值权的应用很少。

1. 股票期权模式

股票期权是上市公司授予激励对象购买股票的权利，具体是指在未来一定期限内，以预先确定的价格和条件购买本公司一定数量股票的权利。权利是否行使相对自由，被激励对象可以选择行权或者放弃。当行使股权激励后企业业绩提高、价值增加时，被激励对象则可以使用低于市价的行权价与市价的差价来获得收益；如果被激励对象没有达到业绩考核水平，没有达到行权条件，最终不能获得股权激励。股票期权激励模式的优点在于：首先，股权激励可以在股东和管理层之间搭一个纽带，使其两者变成利益共同体，通过采用股权期权激励方式，管理效果得到明显改善。传统模式下的管理层为了自己的利益，在管理企业时面对风险可能会逆向选择，相比于选择使企业利益的最大化的方案，其会选一个使其自身利益最大的方案，不计企业面临的风险和亏损。而建立一个利益共同体，管理层会清晰地认识到，企业价值最大化则其个人利益最大化；其次，股票期权可以带来一定的融资效果，通过向激励对象发放股票期权，来获得资金，可以降低企业的融资成本，提高企业信用，增加公司的举债能力。股票期权激励模式的缺点在于：第一，股价受企业内部外部多因素的影响，股价并不能完全代表员工的努力程度的大小；第二，此种模式没有以企业战略为出发点，容易引起尚未卖出股票时，股价已下跌甚至跌破市场价，行权人会遭受股价下跌和缴纳税款的双重打击，从而损害被激励对象的权益。

2. 限制性股票激励模式

限制性股票是指上市公司按照股权激励计划的规定，直接授予激励对象一定数量的本公司的限制抛售的股票，仅当被激励对象完成预先设定的条件时，才能从中获得收益，否则，被激励员工无法获益，该模式的优点是其激励力度大，被激励员工能获得定期的分红和最终本息和的两方面利益；保护被激励对象的利益，限制性股票激励模式属于全值股票激励，即无须被激励对象付出大量资金成本，所以即使在限制期内股价下降，员工手中的限制性股票仍有价值且能获得收益，不会遭遇亏损。限制性股票激励模式的缺点是有较强的内部化倾向，且流动性差，进而使被激励对象获得长期收益的风险高，同时对企业的现金流也增加了负担，且没有融资作用。

3. 股票增值权模式

股票增值权是指公司授予激励对象的一种权利，如果公司股价上升，激励对象可通过行权获得相应数量的股价升值收益，激励对象不用为行权付出现金，行权后获得现金或等值的公司股票。股票增值权的优点是操作简单，被激励对象在行权时直接将股票增值部分兑现，且审批流程不繁琐，股票来源也比较广泛，总体操作简单易行。股票增值权的缺点在于被激励者拿到的并不是真正意义上的股票，激励的效果也不显著。中国国内资本市场的股价与企业的业绩相关，但是相关性较小，以股价来评定企业的绩效并不完全公正，可能存在内部人员操纵股价，操纵利润的情况，从长远角度来看股票增值权激励效果不好，难以做到公平，而且可能会使高管和股东合谋操纵股价，谋取利益，被激励对象反被套利；该模式还会加重企业现金流负担，增加内耗，使企业价值降低。股票增值权来源于企业的收益，该模式也会使企业遭受较大的支付股票增值权对应的资金压力。

二、案例资料

中兴通讯股份有限公司（以下简称"中兴通讯"）是信息化产品与技术解决方案

的提供商，该公司成立于 1985 年，在全球处于较为领先的地位。1987 年，由于抓住了国内市场需求增加和电信行业全球化趋势的机遇，中兴通讯聚集优秀人才，积极投入产品研发，实现了惊人的业绩增长，成为电信行业的"领头羊"。1997 年 11 月，中兴通讯首次在深圳交易主板 A 股上市，上市后公司业绩稳定向好，更是取得了主营业务过百亿的成绩。2004 年 12 月，该公司在香港联合交易所正式发行 H 股。中兴通讯处于高新技术密集型产业，作为国有控股公司，在国家政府的扶持之下，为中国移动、美国沃达丰、德国电信、西班牙电信等运营商供应创新技术和产品解决方案，主要致力于 ICT 产品的技术研发、生产销售、售后服务等，是由三大业务模块构成的通信帝国，其业务模块及相关内容如表 10-1 所示。

表 10-1　中兴通讯业务模块及内容

业务模块	运营商网络	政企业务	消费者业务
业务内容	提供电信软件系统与服务、有线及无线接入、核心网、承载网络等新兴产品与技术解决方案	以云计算、物联网、大数据、通信网络等产品为基础，提供给企业和政府各种信息化解决方案	智能手机及移动数据、家庭信息、融合创新等终端产品的研发、生产和销售，相关产品的软件应用和增值服务

中兴通讯产品覆盖领域广泛，满足全球超 180 个国家和地区不同运营商、消费者、政府和企业的多元化需求。如图 10-1 所示，利用终端产品、有线、无线、专业通信服务等，中兴通讯服务于全球 1/4 以上的人口，致力于实现"让沟通与信任无处不在"的美好未来。

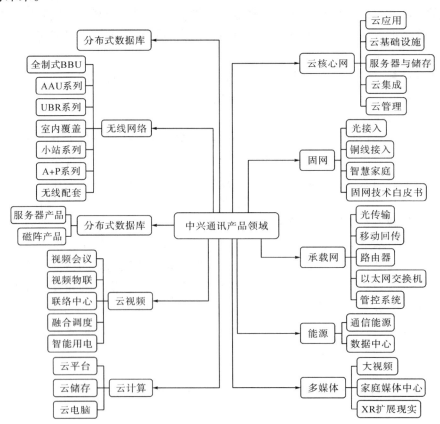

图 10-1　中兴通讯主要产品领域

2021年，中兴通讯在全球通信设备市场份额中排名第四，与华为共同成为全球通信前五的两家中国企业。如图10-2所示，目前中兴通讯在美国、瑞典、中国等地均设立了研发机构，并始终持续投入在核心领域的研发费用，连续多年位列国际专利申请的全球前五大公司，现已成长为全球三大5G技术必要专利持有者，全球第四大通信设备供应商，全球范围内唯二的端到端通信方案提供商。

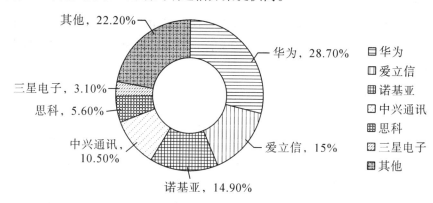

图10-2　2021年全球通信设备市场份额

（一）第一次股权激励

2006年10月，中兴通讯股份有限公司在香港联合交易所正式发行H股。为稳定员工，促进企业稳定发展，中兴通讯于2007年3月13日发布了第一期股权激励方案，该方案中制定的相关模式、行权条件等具体指标如表10-2所示：

表10-2　中兴通讯第一期方案框架

方案框架	内容
模式	限制性股票
来源	对激励对象发放新股
数量	4 798万股
范围	董事及高管21人，核心员工3 414人
期限	期限为5年，包含2年禁售期和3年解锁期
行权价格	30.5元
业绩标准	以ROE扣除非经常性损益前后孰低为标准值
行权条件	2007年至2009年各年的加权平均ROE不低于10%

数据来源：中兴通讯第一期股权激励方案公告。

中兴通讯以加权平均ROE为业绩考核基础，再以扣除非经常性损益后孰低值作为标准值对公司进行考核。通过上述方法对中兴通讯进行数据分析后得到的基本结果如下表10-3所示。

表10-3　中兴通讯第一期方案实施情况表

年份	加权平均ROE（a）	扣除非经常损益后的加权平均ROE（b）	Min（a，b）	目标值	是否达成
2007	10.94%	10.88%	10.88%	10%	是

表10-3（续）

年份	加权平均ROE（a）	扣除非经常损益后的加权平均ROE（b）	Min（a，b）	目标值	是否达成
2008	12.36%	11.52%	11.52%	10%	是
2009	15.83%	15.06%	15.06%	10%	是

从表10-3中可以得出，2007年至2009年这三年扣除非经常性损益后ROE分别为10.88%、11.52%、15.06%，均满足了10%的业绩考核目标，说明这次股权激励方案得到了顺利的开展和实施。

（二）第二次股权激励

在实施首次股权激励计划之后，中兴通讯国际化战略如火如荼地进行着，成功进入了全球四大设备商行列。然而，为了能迅速进入国外中高端市场，提高销售额，中兴通讯签约了众多低毛利合同。此外，中兴通讯又被举报在与伊朗电信运营商交易时涉嫌违反美国联邦法律和贸易禁令。这样激进的扩张虽然在前期卓有成效，其努力却在面临欧债危机和全球经济不景气时付之一炬。2012年，中兴通讯经历了成立以来的首次亏损，但是科技的发展不会停止脚步，由于新旧更替，3G网络建设退出历史舞台，CDMA、小灵通等逐渐被智能机取代，为了调整运营商战略，优化市场结构，强大研发队伍，跟紧4G业务研发行列，2013年7月，中兴通讯召开了会议商讨股权激励相关实施事项，希望借此机会重整旗鼓，激活企业创新活力。2013年7月22日，中兴通讯公布了第二次股权激励计划草案，并于10月31日正式实施，激励方式由首次限制性股票激励改为股票期权，激励范围也有所缩小，股票来源为定向增发新股，该方案中制定的相关模式、行权条件等具体指标如表10-4所示。第二期股权激励期间三年的ROE要求不小于6%、8%和10%；而2014年及2015年较前一年相比，净利润增长率需均高于20%。另外，2016年更是不低于44%。

表10-4　中兴通讯第二期方案框架表

方案框架	内容
模式	股票期权
来源	定向发行股票
数量	总量不超过10 320万份
范围	董事及高管18人，核心员工1 510人
期限	期限为5年，包含2年禁售期和3年解锁期
行权价格	13.69元
业绩指标	加权平均ROE，净利润增长率。净利润为扣除非经常性损益前后的孰低值，净资产为归属于股东的净资产
行权条件	第一个行权期内，需满足加权平均ROE不低于6%且该年的净利润增长率相比于前一年超过20%；在第二个行权期内，需满足加权平均ROE不低于8%且该年的净利润增长率相比于前一年超过20%；在第三个行权期内，需满足加权平均ROE不低于10%且该年的净利润增长率相比于2014年超过44%

数据来源：中兴通讯第二期股权激励方案公告。

中兴通讯第二期方案实施情况如表 10-5 所示。

表 10-5　中兴通讯第二期方案实施情况

年份	加权平均 ROE			净利润增长率		
	目标值	实际值	是否达成	目标值	实际值	是否达成
2014	6%	8.74%	是	20%	93.99%	是
2015	8%	9.87%	是	20%	21.81%	是
2016	10%	-8.40%	否	44%	-189.48%	否

数据来源：中兴通讯各年年报。

中兴通讯 2014 年、2015 年的加权 ROE 和净利润增长率均达到了行权条件，激励对象满足个人业务指标即可行权，然而在 2016 年度由于受到美国商务部的出口管制从而与美国政府达成了相关协议，根据会计准则的要求，中兴通讯对其资产负债表日后事项计提了高达 8.92 亿美元的巨额损失，导致当年的加权 ROE 仅为 -8.40%，净利润增长率较 2014 年降低 189.48%，远远低于第三次股权激励的行权条件，因此激励对象不可行权，最终公司对已授予的 4 435.63 万份期权股票进行了注销作废。

（三）第三次股权激励

2016 年 3 月，中兴通讯再度因此前与伊朗的交易违反美国贸易禁令的事件被美国商务部列入出口黑名单，从而正式受到出口管制，这导致中兴通讯在短期内找不到供应链上所需元器件、软件、设备等技术产品的替代品。此外，在面临着天价赔款的同时，中兴通讯诸多高管和核心员工纷纷准备离职，这让公司倍感危机。2016 年年底，中兴通讯召开了会议讨论实施第三次股权激励计划的相关事宜。2017 年 7 月 6 日中兴通讯实施了第三期股权激励的计划。该方案制定的相关模式、行权条件等具体指标如表 10-6 所示。

表 10-6　中兴通讯第三期方案框架表

方案框架	内容
模式	股票期权
来源	定向发行股票
数量	总量不超过 15 000 万份
范围	董事及高管 18 人，核心员工 1 996 人
期限	期限为 5 年，包含 2 年禁售期和 3 年解锁期
行权价格	17.06 元
业绩指标	加权平均 ROE，净利润增长率。净利润为扣除非经常性损益前后的孰低值，净资产为归属于股东的净资产
行权条件	2017 年、2018 年及 2019 年加权平均 ROE 均不低于 10%，以人民币 38.25 亿元为基数，2017 年至 2019 年归属于普通股股东的净利润增长率分别不低于 10%、20% 及 30%

数据来源：中兴通讯第三期股权激励方案公告。

第三期方案的实施效果，其基本情况如表 10-7 所示。

表 10-7　中兴通讯第三期方案实施情况

年份	净利润增长率			净利润增长值			加权平均 ROE		
	目标值	实际值	是否达成	目标值	实际值	是否达成	目标值	实际值	是否达成
2017	10%	19.42%	是	42.1	45.7	是	10%	15.74%	是
2018	20%	-282.59%	否	45.9	-69.5	否	10%	-26.10%	否
2019	10%	173.71%	是	49.7	51.48	是	10%	19.96%	是

数据来源：中兴通讯各年年报。

在中兴通讯 2017 年股权激励计划实际解锁情况中，2017 年的 ROE 高于 10%，净利润增长率达到指标，因此第一个行权期满足解锁条件。第二个行权期行权条件未满足，2018 年，中美发生贸易摩擦，美国再次对中兴通讯施行了极为不公平的制裁禁令，中兴通讯面临着被电信行业封杀的困境，由于缺乏核心技术，对美国芯片依赖严重，一时间中兴通讯主营业务停滞，最终中兴通讯选择了让步，与美国政府达成协定，需再次向美国相关部门支付 10 亿美元，其罚款及相关事项造成的经营损失、预提损失导致当年净利润为 -69.49 亿元，ROE 为历年最低的 -26.10%。最终，中兴通讯对共计 7 021.056 1 万份不再满足成为激励对象条件、不符合行权条件的已获股票期权、未满足第二个行权期条件的股票期权进行了注销。2019 年，中兴通讯开始走出阴影、业务重回正轨，2019 年 ROE 高于 10%，净利润增长率也达到指标。

（四）三次股权激励的效果分析

1. 财务绩效有效提升

（1）盈利性水平变化

中兴通讯的股权激励计划实施发生在 2006—2019 年，2006—2019 年中兴通讯盈利能力各指标数值及其变化趋势如表 10-8 所示。

表 10-8　2006—2019 年中兴通讯盈利能力

年份	ROE/%	营业净利率/%	资产报酬率/%
2006	8.40	4.10	3.96
2007	11.26	4.17	4.46
2008	12.60	4.32	4.25
2009	15.02	4.47	4.52
2010	13.93	4.95	4.56
2011	8.53	2.60	2.37
2012	-11.51	-3.10	-2.45
2013	6.07	1.91	1.38
2014	10.37	3.35	2.64
2015	8.63	3.73	3.29
2016	-3.44	-13.91	-1.07
2017	11.87	4.95	3.77
2018	-10.28	-8.13	-5.09
2019	14.67	8.32	9.29

数据来源：中兴通讯各年年报计算。

在中兴通讯第一期股权激励期间，中兴通讯的净资产收益率得到了稳步地提高。股权激励的实施成功地激发了员工的潜力，提高了其工作的积极性，使得公司营业收入呈明显的上升趋势。而到了 2010 年却没能保持这种上升趋势，说明激励效果旨在考核存续期间内短暂地作用于企业，但这也侧面说明股权激励对企业绩效的提升是有明显的促进作用的。2012 年，由于受到了当年欧债危机的影响，中兴通讯公司绩效出现了明显的下降趋势，这属于外界不可抗原因导致。2013 年中兴通讯迅速扭转局势，通过实施股权激励，让净资产收益率的发展趋势重回正轨，开始逐步上升，为了达到行权条件，公司一改颓势提升了净资产收益率。2018 年由于美国出口禁令的影响，中兴通讯陷入危机，认缴了 14 亿美元的巨额罚款，这对于中兴通讯来说是一个不小的数字，因此直接使得中兴通讯的营业收入受到严重影响，净资产收益率也骤降。2019 年在股权激励方案的加持下，中兴通讯努力留住人才，提高员工忠诚度和责任感，并加快建设 5G 基站，这才使得净资产收益率开始回升。从 2006 年至 2019 年整个时间维度来看，中兴通讯的净利润整体趋于一个较为平稳的状态，只在 2012 年、2016 年及 2018 年出现过三次下降趋势。这三次净利润的下降分别受到欧债危机、出口禁令的影响，均属于外在不可控因素，所以并不能因此否认股权激励所带来的积极影响，而应该抛开外界因素整体综合分析。如果抛开这些外界因素的影响，整体上中兴通讯的营业净利润的发展趋势较为乐观，股权激励方案使得中兴通讯的盈利能力在激励期间内稳步上升。资产报酬率，虽有波动，但在 2006 年至 2019 年整体来看是在以积极的态势发展，这说明股权激励在一定程度上对企业经营起到了积极的促进效果。

（2）发展能力变化

发展能力能体现一个企业的发展水平，各指标如下表 10-9 所示：

表 10-9　2006—2019 年中兴通讯发展能力

年份	净利润增长率/%	净资产增长率/%	总资产增长率/%
2006	−29.73	−33.76	19.00
2007	53.76	34.1	52.07
2008	53.76	11.81	29.66
2009	40.99	19.27	34.36
2010	28.96	−7.27	23.13
2011	−35.48	−38.73	25.21
2012	−216.12	−234.84	1.97
2013	155.04	152.74	−6.86
2014	90.27	70.9	6.13
2015	37.12	−16.83	13.82
2016	−137.64	−139.91	13.47
2017	482.59	444.69	1.64
2018	−229.02	−277.63	−10.15
2019	173.71	15.15	9.16

数据来源：中兴通讯各年年报计算。

第一期股权激励期间，中兴通讯的净利润增长率都呈现稳步上升的趋势，此后虽出现了下降的趋势，但在每次的考核期限内，企业的净利润增长率都大概能够完成指定的考核要求。尤其是从图中我们不难得出每次实施股权激励的初期，中兴通讯的净利润增长率都会有所提升。然而，在 2018 年由于受到美国贸易处罚的影响，中兴通讯的净利润增长率发生了一次骤降，由 2017 年的 482.59% 降至 2018 年的 -229.029%。但到了 2019 年，抛开了这些重大事件的影响后，中兴通讯的净利润增长率迅速回升。因此并不能因为 2018 年客观不可抗事件的发生影响我们分析股权激励对企业财务绩效的影响，该方案仍然对公司的发展水平起到了提升作用。在第一期股权激励之后，中兴通讯的净资产增长率都较为稳定，这表示通过进行股权激励，对企业的发展起到了一定程度的积极作用。而第二期股权激励期间，该指标却略有下降。净利润收益率与净资产收益率的变化趋势基本趋于统一，公司通过这段时间的净利润再度投入从而使总资产增长率得以提升，这也表明第二期股权激励的开展在一定程度上为企业发展起到了推进作用。总的来看，中兴通讯总资产增长率的波动不大，公司的规模稳定扩展，这三次的股权激励计划也对于公司的发展有正向作用。但在 2016 年至 2018 年出现了短暂的负增长，这主要归咎于美国事件的发生，中兴通讯缴纳了 8.72 亿美元的高额罚款，这对公司的影响较大，之后公司的资产增长速度减慢，总资产增长率有所降低，但这些是由于外部不可控事件所导致，所以并不会对分析股权激励对财务绩效的激励效果产生影响。

（3）经营业绩变化

运营是一个企业的日常，运营能力的高低对于企业的正常经营发展来说举足轻重。中兴通讯 2006—2019 年有关运营能力各指标数据及其变化趋势如表 10-10 所示。

表 10-10　2006—2019 年中兴通讯运营能力

年份	应收账款周转率/%	流动资产周转率/%	总资产周转率/%
2006	3.98	1.13	0.88
2007	4.89	1.15	0.87
2008	4.43	1.03	0.88
2009	3.92	1.07	0.87
2010	4.01	1.06	0.82
2011	3.62	1.01	0.81
2012	3.83	1.03	0.77
2013	3.53	0.96	0.74
2014	3.07	1.03	0.79
2015	3.65	1.13	0.88
2016	3.70	0.97	0.77
2017	3.04	0.98	0.76
2018	3.59	0.85	0.63
2019	4.29	0.93	0.67

数据来源：中兴通讯各年年报计算。

第一期股权激励方案开展之后，在 2007 年至 2011 年，中兴通讯的应收账款周转率有所下降，但是营业收入却一直趋于平稳，这在一定程度上表示股权激励对于运营能力的提升不太理想。应收账款管理的不及时会使收账的速度减缓。实施第二期股权激励后，应收账款周转率开始渐渐稳步上升，一直到 2015 年达到了 3.65，运营能力也有所提高，这就能反映出中兴通讯的股权激励起到了激励作用。2018 年由于美国事件，中兴通讯的经营受到严重阻碍，具体表现为其主营业务收入和应收账款周转率均受到或多或少的影响。但中兴通讯并没有停下发展的脚步，而是迅速调整状态，到了 2019年快速加快经营脚步，加强管理应收账款，加快资金变现，使公司的运营迅速回到正轨，从而达到行权条件。从长远的眼光来看待问题，会发现该激励计划其实对自身发展是有着积极的作用。

（4）债务结构变化

偿债能力能够体现企业的债务偿还能力，2006—2019 年中兴通讯偿债能力的相关的各指标数据如表 10-11 所示。

表 10-11　2006—2019 年中兴通讯偿债能力

年份	资产负债率/%	产权比率/%	速动比率/%
2006	57.13	131.15	1.50
2007	67.43	204.32	1.20
2008	69.87	235.34	1.12
2009	74.23	281.12	1.14
2010	70.11	237.35	1.10
2011	75.14	301.02	1.09
2012	79.23	375.23	0.99
2013	76.40	324.12	1.04
2014	75.25	288.92	0.95
2015	64.14	169.91	1.12
2016	71.13	236.68	0.94
2017	68.48	199.64	0.94
2018	74.52	278.34	0.76
2019	73.12	254.03	0.87

2007 年至 2019 年，中兴通讯的资产负债率均不低于 50%。企业在经营发展中或选择激进战略，或选择保守战略。显然，中兴通讯在经营中采取的是前者，即想要获取较大的杠杆作用效益，但这也意味着要承担更大的风险。这一战略固然可能给公司带来高收益，但同时面对的经营风险也会相应的增加。在第一期股权激励方案实施后，企业的资产负债率呈增长趋势，这说明股权激励对企业带来了一定的积极影响，经营者也想充分地利用借入的资金来带动杠杆效应，从而为企业带来最大的效益。但同时风险性也会增加，体现出企业的长期偿债能力有所降低。而 2013 年后，中兴通讯实施第二期股权激励，资产负债率有所降低，说明其战略方向开始转向稍保守，同时长期

偿债能力随之提升。总体来看，股权激励的实施对于企业的偿债能力有积极的促进作用。

作为一个创新技术企业，中兴通讯开展股权激励的脚步也与新技术的研发息息相关。当3G技术在我国的发展尚处于萌芽阶段时，中兴通讯实施了第一次股权激励。技术是企业进步的重要工具，而3G技术的研究对于彼时的中兴通讯来说十分的重要，是其彼时研究的一大核心内容。因此在这个阶段，中兴通讯加大了研发投入的力度，全力开发新技术，充分囤积支持新技术研发所需要的存货。显然这一举措带来的结果就是流动资产的减少，这一问题将会迅速反映在速动比率这一财务指标中。通信技术蓬勃发展对于中兴通讯来说无疑是一个非常好的消息，4G和5G技术比想象中发展得更加迅速。研发新技术需要有充足的资金投入作为保障，以支持新技术的研究和生产。技术研发的机遇转瞬即逝，因此中兴通讯迅速抓住这一机会全心投入新技术的研发，加大了投入力度和存货的准备，这同样使得速动比率一直稳定在一个较低点。虽然这对于一个创新技术企业未来拓宽市场来说极为重要，但速动比率的降低会使企业偿债能力有所下降。不过从整体上看，股权激励能够对企业达到指定的财务绩效起到积极的作用。

中兴通讯自2006年至2012年的产权比率呈现了稳步上升的变化趋势。这主要是由于两大原因，一是开展股权激励方案带来的积极效应，二是中兴通讯为开拓其市场规模，在股权激励期间借入资金以便为研发提供便利与保障，这导致负债增加，从而引发产权比率的增长。在带来更大收益的同时，这一做法同样也使得对债权人的权益的保障能力有所削弱。2012年，中兴通讯产权比率为375.23%，过高的产权比率意味着财务结构不太稳定，在这种情况下债权人的权益也不太能够得到安稳的保障。然而此后至2015年，产权比率明显呈下降趋势，降至169.91%。这是因为在2012年，中兴通讯受到了经济危机与欧债危机的双重冲击，导致其净亏损28.4亿，为了使公司的财务结构能够依然保持稳健，管理者采取了降低自身产权比率的方法来增强长期偿债能力，这使所有者权益结构比率和总资产负债率都得到了改善，从而试图稳定企业未来的平稳发展。

2. 人才流失率下降

中兴通讯研发人员占集团员工人数的比例最大，通过股权激励这种长期激励的手段，研发人员占总员工数量占比逐年提高，为公司对研发创新的需求提供了支持，这也体现了股权激励"以人为本"的重要特征。同时，硕士学历人员的比重增长明显，其他学历人员的比重持续减少，这说明股权激励起到了吸收并保留高层次学历人才的良好作用。

2006—2019年中兴通讯研发人员及高学历人员变化趋势见图10-3。

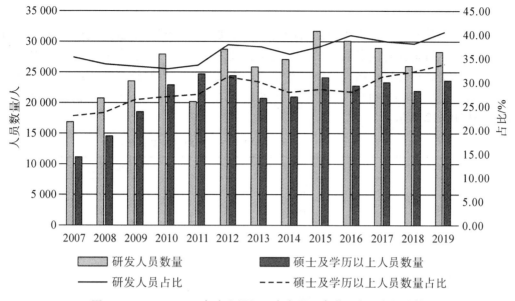

图 10-3　2006—2019 年中兴通讯研发人员及高学历人员变化趋势

3. 研发投入比重加大

高新技术企业的一个显著特点就是高投入、高收益，因此该类型的企业都需要投入高昂的研发费用来提升自身的技术，提高科研能力，从而在行业中拥有强大的核心竞争力，获取较高收益。2006—2019 年，中兴通讯的研发投入占比都在稳定上升，这说明企业一直很注重提升自身的创新能力。哪怕是在 2018 年接受了美国高额罚金后也没有停止研发的脚步，在研发上仍投入了较多的资金。这三期股权激励方案对于企业调动研发人员起到了重要作用，也为中兴通讯留住人才和引进人才起到了关键的保障作用，加强了企业的发展能力，提高其核心竞争力。2006—2019 年中兴通讯研发投入变化趋势见图 10-4。

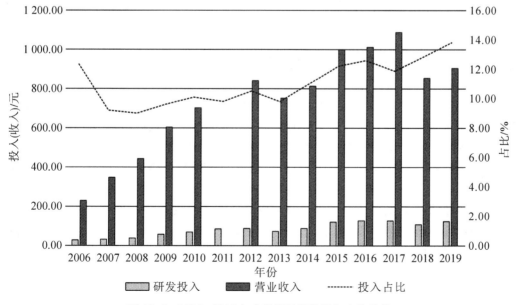

图 10-4　2006—2019 年中兴通讯研发投入变化趋势

4. 申请专利数增多

对于高新技术而言，企业的创新能力尤为重要，而专利申请数则是衡量该能力的重要指标。只有走在时代发展前沿，不断革新技术的企业，才能在未来的发展中有一席之地，才能在行业里有强大的核心竞争力。本文利用世界知识产权组织官网对数据进行收集，进一步整理得出了 2007 年至 2018 年中兴通讯的国际专利申请数及对应的排名如表 10-12 所示。

表 10-12　2007—2018 年中兴通讯国际专利申请数及世界排名

年份	国际专利申请数/个	国际排名/位
2007	235	52
2008	388	38
2009	1 164	23
2010	1 863	2
2011	2 826	1
2012	3 906	1
2013	2 309	2
2014	2 179	3
2015	2 155	3
2016	4 123	1
2017	2 965	2
2018	2 080	2

数据来源：世界知识产权组织公告。

一直以来中兴通讯的创新研发能力都稳定在一个较高水平，国际专利申请数的增加情况也是十分明显的，这说明股权激励能够使研发人员在研发中更加积极。2010 年至 2018 年，中兴通讯的国际专利申请数都居于世界领先地位，这说明企业对高学历人员的重视。2013 年至 2018 年，企业遭遇经营困境，但即便在其经营业绩不佳时，创新水平也一直保持国际较高水平，这也很好地说明了股权激励方案对公司发展起到的作用，其一定程度上对公司财务指标有促进作用。

5. 股价走势向好

股权激励计划会对证券市场产生一定的影响，从而导致股价的变化。对于中兴通讯来说首次股权激励计划上涨幅度最为明显，股价攀至历史最高价 79.80 元/股，第二次股权激励计划公布后股价变动不明显，考核中期股价有所上涨，第三次股权激励计划实施后股价变动较为特殊，因受 2018 年美国出口管制的影响，股价有所下跌，但在考核中后期股价有一定回升。总之，在股权激励推出的前中期，公司的股价会明显持续上涨，但值得一提的是，由于激励边际效应递减，股权激励的效果可能会在中后期有所减弱，这也这说明了投资者对于该计划是看好的，也就是说他们认为中兴通讯能够通过股权激励的方式对企业的财务绩效进行有效提升。

中兴通讯股权激励实施期间股价走势见图 10-5。

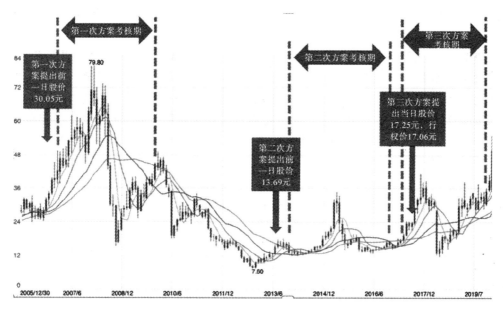

图 10-5 中兴通讯股权激励实施期间股价走势情况

案例分析题

1. 股权激励有哪些模式？本案例中的限制性股票与股票期权激励方式有何区别？

2. 分析中兴通讯公司的内外部环境，探讨其选择股权激励计划的原因是什么？中兴通讯四次股权激励的方案设计又有哪些差别？

3. 结合中兴通讯实施股权激励前后财务指标的变化，评价股权激励对中兴通讯的发展起到了什么样的作用？

4. 讨论和分析实施股权激励的利弊，假如你是中兴通讯薪酬委员会成员，在完善股权激励方案时你将重点关注哪些地方？

项目训练

光峰科技股权激励

1. 公司介绍

广东科创第一股光峰科技全称深圳光峰科技股份有限公司（股票代码：688007. SH），也是科创板上市首批企业。其在激光显示行业处于龙头地位，拥有处于世界前列原创技术、核心专利及核心器件研发制造能力。企业在"新光源，新生活"（Newlight，Newlife）的核心理念支撑下，以"用科技之光，创造美好视界"为使命，致力于研发、设计广泛应用于多个领域的激光显示产品，力争给所有受众带来更好的体验。

公司的实际控制人为李屹。公司控股股东为光峰控股，现持有公司 79 762 679 万股股份，占总股本持股比例 17.62%。

公司是激光显示科技领域领军企业。2007 年公司首创 ALPD® 技术，打造出激光显示新架构，率先打破传统激光显示行业发展瓶颈。在此之后，公司对该技术不断升级，凭借其先进性，将激光显示推向产业化，并将其从高端应用领域逐步延伸至多领域。

2. 公司股权激励方案

2018 年，光峰科技从细分市场的角度看清了行业形势：教育市场依然是低价走量，占据着 46.4% 的市场份额；家用市场因激光电视的高速发展，占比达到 30.2%；工程市场注重解决方案，市场份额只有 10.5%；商务市场份为 8.3%；院线市场占 4.7%，目前已进入三四线市场。2018 年，激光投影各细分市场依然持增长态势。教育类激光投影销量 19.2 万台，其增长虽较同期有所减缓但仍达到 17%；家用类激光投影销量 12.5 万台，销量同比增长 70%，主要是消费者对家用激光投影产品认可度增加。工程类激光投影销量 4.4 万台，同比增长 26%，主要是此类产品发展最早，对于传统产品替代进入"瓶颈期"。商务类激光投影销量同比增长 78%，销量达 3.4 万台，由于激光电视在商务市场渠道已铺开，并且商教激光投影产品在 KTV、影音餐厅应用增加。影院类激光投影销量 1.9 万台，销量同比增长 86%。为达到吸引人才增强企业创新能力和促进企业长远发展的双重效果。同时作为科创板特有的激励工具，"第二类限制性股票"更能满足科创型企业的激励需要，它结合了传统限制性股票和期权的优点，也更适合光峰科技的定位以及未来发展需要。因此采取的激励工具为第二类限制性股票。股权激励方案基本信息参见表 10-13。

·182·

表 10-13　光峰科技股份有限公司股权激励方案基本信息

基本状况	公司名称	深圳光峰科技股份有限公司	
	计划披露时间	2019 年 9 月 27 日	
	拟授予的限制性股票数量	55 万股	占本激励计划草案公告时公司股本总额	1.22%
	首次授予数量	440 万股	占本激励计划公告日公司股本总额	0.97%
	预留股票数量	110 万股	占本激励计划公告日公司股本总额	0.24%
	激励对象数量	170 人	占公司员工总人数	13.28%
	股票的授予价格	首次公开发行价格，即 17.50 元/股	
	2019 年至 2021 年业绩考核目标	以 2018 年营业收入为基数，营业收入增长率分别不低于 25%、50%、75%	

作为科技企业，抓住引进人才对于公司长久发展具有重要的作用。光峰科技股权激励计划在激励工具上，选用第二类限制性股票。在激励范围方面，做出了一定调整，人员范围扩大，将大股东和企业实际控制人也包含在了激励范围中。董事、高级管理人员、核心技术人员占授予限制性股票总数的比例为 13.64%，有超过一半的限制性股票将授予给董事会认为需要激励的其他人员，也就是企业中层以上管理人员及骨干。同时，本次激励方案同样包含了对外籍人员的激励。光峰科技的股权激励还设置了预留股份。所谓预留股份，是指公司没有明确规定股权激励计划何时启动，而是在实施股权激励计划时确定的激励对象的权益，例如未来新进的高级管理人才、高级技术人才等。在本次股权激励计划中，光峰科技将拟授予的限制性股票数量的 20% 作为预留

股票，希望以此实现对人才的吸引及嘉奖。首次授予的限制性股票共划分三个归属期，具体信息见表 10-14。

表 10-14　首次授予的限制性股票的归属期限和归属安排

归属安排	归属期限	归属权益数量占首次授予权益总量的比例
第一个归属期	自首次授予之日起 12 个月后的首个交易日至首次授予之日起 24 个月内的最后一个交易日止	30%
第二个归属期	自首次授予之日起 24 个月后的首个交易日至首次授予之日起 36 个月内的最后一个交易日止	30%
第三个归属期	自首次授予之日起 36 个月后的首个交易日至首次授予之日起 48 个月内的最后一个交易日止	40%

若预留部分在 2019 年授予完成，则预留部分归属安排与首次授予部分一致；若预留部分在 2020 年授予完成，则预留部分归属安排如表 10-15。

表 10-15　预留部分的限制性股票的归属期限和归属安排

归属安排	归属期限	归属权益数量占首次授予权益总量的比例
第一个归属期	自首次授予之日起 12 个月后的首个交易日至首次授予之日起 24 个月内的最后一个交易日止	50%
第二个归属期	自首次授予之日起 24 个月后的首个交易日至首次授予之日起 36 个月内的最后一个交易日止	50%

针对公司层面业绩考核标准（具体考核目标见表 10-16），本次股权激励计划以营业收入这一项指标来进行考核，主要是由于公司目前处于成长阶段，存在经营成本过高等问题，所以营业收入更能体现企业的业绩表现。因此设置了立体的业绩考核层次：建立公司-经营单位-个人三重考核机制，全方位督促受激励人员努力工作，为企业创造价值。同时也能避免一些股权激励对象在股权激励计划实施期间"浑水摸鱼"依靠别人的努力获得股权奖励——即"搭便车"的现象。

表 10-16　首次授予的限制性股票各年度的业绩考核目标

归属安排	考核年度	业绩考核目标
第一个归属期	2019	以 2018 年营业收入为基数，2019 年营业收入增长率不低于 25%
第二个归属期	2020	以 2018 年营业收入为基数，2020 年营业收入增长率不低于 50%
第三个归属期	2021	以 2018 年营业收入为基数，2021 年营业收入增长率不低于 75%

在该限制性股权激励业绩考核标准下，2019—2021 年，光峰科技营业收入的增长率需达到 25%、20%、17%，光峰科技未来三年营业收入的复合增长率需达到 20.51%，在激励方案颁布的以前三个年度的复合营收增长率 97.58%。

预留部分业绩考核如表 10-17 所示。

表 10-17　预留部分业绩考核

归属安排	考核年度	业绩考核目标
第一个归属期	2020	以 2018 年营业收入为基数，2020 年营业收入增长率不低于 50%
第二个归属期	2021	以 2018 年营业收入为基数，2021 年营业收入增长率不低于 75%

经营单位业绩考核方面，主要考核受激励对象所在单位的绩效情况。根据其表现，确定归属比例，如表 10-18 所示。

表 10-18　经营单位层面考核结果及归属比例

考核结果	归属比例
达标	100%
一般	70%
不合格	0%

个人层面绩效考核方面：对激励对象进行考核，划分为五个档次，仅有达到 A、B、C 档次时，才可以获得激励股份，具体情况见表 10-19。

表 10-19　个人层面考核评级及归属比例

考核评级	S	A	B	C	D
个人层面归属比例	100%	100	100%	0%	0%

符合条件的激励对象当年实际归属的限制性股票数量由三方面决定：计划归属数量、单位层面考核结果及个人层面归属比例。并且，对于归属期内激励对象未满足授予条件，即作废失效。作废部分不可递延。公司认为，授予价格与业绩要求应该是对等的，高要求就要求更加有激励作用的授予价格。因此，在授予价格方面，本次确定为 IPO 发行价格，即 17.50 元/股，该价格占前 1 个交易日交易均价（每股 34.21 元）的 51.15%，占前 20 个交易日交易均价（每股 39.80 元）的 43.97%。

3. 公司股权激励完成结果

在首次股权激励计划的第一个归属期（2020 年 10 月 13 日至 2021 年 10 月 12 日），光峰科技业绩表现见表 10-20。

表 10-20　股权激励计划第一个归属期业绩表现　　　　　　单位：万元

年份	2018	2019
营业收入	138 573	197 915
增长率	42.82%	

以 2018 年营业收入为基数，2019 年营业收入增长率达到 42.82%，从公司层面业绩指标上看，第一个归属期完成指标。经对激励对象名单进行审核，除 13 名激励对象因离职不符合归属条件（经过名单调整，激励人员变更为 169 名），其余 156 名激励对象第一个归属期归属的实质性条件已经形成。并对本次符合条件的激励对象办理了限

制性股票归属程序，共计 123.849 万股。在第二个归属期及预留部分的第一个归属期，光峰科技业绩表现并没有达到所制定的考核标准，见表 10-21。以 2018 年营业收入为基数，增长率为 40.64%，未达到考核标准的 50%。

表 10-21　股权激励计划第二个归属期业绩表现　　　　　单位：万元

年份	2018	2020
营业收入	138 573	194 888
增长率	40.64%	

2021 年 10 月 23 日，光峰科技发表《关于作废部分已授予尚未归属的限制性股票的公告》。在公告中作废了两类限制性股票，一类是已获授但未满足首次授予部分第二个归属期归属条件的，另一类是预留授予部分已获授但未满足第一个归属期归属条件的。

4. 激励人员成效

人才是企业创新发展的源泉。限制性股权激励计划成功与否，是对人才的激励效果进行判断的重要绩效指标之一。根据 2021 年 10 月 23 日，光峰科技发表的《关于作废部分已授予尚未归属的限制性股票的公告》，由于激励对象离职或者成为公司监事等原因，首次授予限制性股票人数由 156 减少至 131 人；预留部分，由于 10 名激励对象离职，激励对象人数由 38 变更为 28 人。股权激励计划重在引进与激励高层次人才，从 2019 年颁布首份限制性股权激励计划以来，企业本科及以上的高层次人才数量增长较大（见表 10-22），且从 2019 年以来，企业开始拥有博士学位人才，硕士学位员工也呈现上升趋势。

表 10-22　光峰科技按专业学历构成人员划分　　　　　单位：人

学历层次	2020 年 12 月 31 日	2019 年 12 月 31 日	2018 年 12 月 31 日
博士	24	29	
硕士	158	154	122
本科	45	486	422
大专	530	577	588

按专业构成（见表 10-23）来看，光峰科技在第一个归属期对应年份即 2019 年度职工总数上升较多，人员专业划分较 2018 年也更为细致。其中研发人员增加 78 人，增长 25.24%，增幅较大。2020 年受新冠病毒感染疫情等原因影响，企业职工总数减少，研发人员数量也相应减少，但从研发人员占职工总数的占比上来看，2020 年的 31.54% 大于 2019 年占比 31.06%，研发仍是企业发展的重中之重。而光峰科技行政管理人员占总员工比重 2020 年为 11.62%，较 2019 年的 15%，有所下降。

表 10-23　光峰科技按专业构成人员划分　　　　　　　　单位：人

专业划分	2020 年 12 月 31 日	2019 年 12 月 31 日	2018 年 12 月 31 日
职工总数	1 170	1 246	1 132
生产人员	492	473	
销售人员	138	166	152
财务人员	35	33	
研发人员	369	387	309
行政管理人员	136	187	
退休人员	2		
其他人员			671

技术研发及管理人员是激励的主要人员。从年报来看，光峰科技 2020 年研发投入为 2.04 亿元，研发投入总额占营业收入比例为 10.49%，分别同比增长 1.36% 和 0.3%。得益于大量的研发投入，2020 年光峰科技新获得 351 项专利，其中发明专利高达 113 个，实用新型专利为 72 个。截至 2020 年 12 月，光峰科技累计已获得 1 136 项专利，全球累计申请及授权专利共计 2 191 项。其中独创的 ALPD 技术是当前激光显示主流，已被业界引证超过 600 次。影院光源服务业务作为公司的优势业务，受到 2020 年新冠病毒感染疫情的冲击较大。董事长李屹表示：在困难面前，公司更应该迎难而上，抓住疫情带来的"宅经济"等新趋势，大力发展 ToC 业务。2020 年，C 端业务展现出了较强的发展韧性，也是光峰科技核心器件真正价值优势的一次显现。

5. 激励财务效果

股权激励计划效果最终要体现在公司经营发展上，财务绩效指标作为衡量企业业绩的重要内容，可以从一定程度上体现在某一时间段企业在受相关政策的影响下的发展。鉴于光峰科技股权激励业绩考核以 2018 年末的财务数据为基准数，选取 2018—2020 年度财务数据进行了整理，以此体现股权激励计划实施期间公司业绩情况。

营业收入增长率是光峰科技限制性股权激励的重要考核指标。2020 年光峰科技实现营业收入 19.49 亿元，较 2019 年变动不大。而受疫情影响，归母净利润同比下降 38.94%，为 1.14 亿元。

（1）盈利能力

从光峰科技的盈利能力来看，各项指标均存在不同幅度的下降。在 2020 年新冠病毒感染疫情的影响下，线下影院纷纷暂停营业，人们更多的选择"宅"在家里。光峰科技产品结构也因此发生了一定变化：高收益的影院业务减少，家用业务收入大幅增长。在收入持平的情况下，综合毛利率降低，企业毛利率下降，但高于行业毛利率。2020 年度的销售净利率 4.45% 以及净资产收益率 5.62%，低于行业平均值 5.16%、8.14%。具体数据请参阅图 10-6。

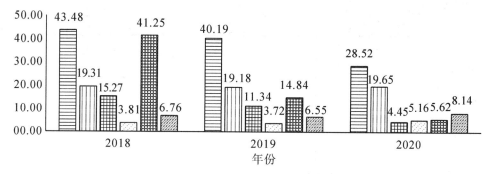

图 10-6　盈利能力

（2）偿债能力

在偿债能力方面，各项指标存在波动变化。流动比率在 2018—2020 年分别为 1.29 倍、3.07 倍、2.16 倍。速动比率近三年分别为 0.89 倍、2.60 倍、1.71 倍，均存在先上升后下降的趋势，2018 年指标数值低于行业平均值。2018—2020 年产权比率分别是 1.74 倍、0.49 倍、0.50 倍，存在一定下降，并且 2019 年、2020 年均低于行业平均值。具体数据请参阅图 10-7。

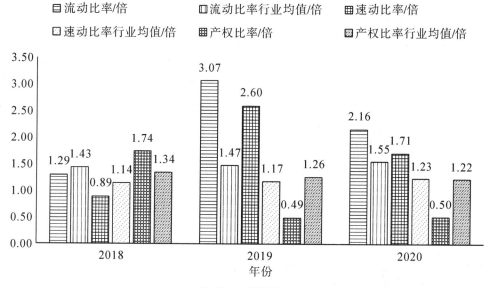

图 10-7　偿债能力

（3）成长能力

光峰科技成长能力指标存在下降情况，2020 年营业收入同比增长率及净利润同比增长率均低于行业平均值。营业收入增长率是光峰科技股权激励的主要考核指标。具体数据请参阅图 10-8。

案例十　中兴通讯的股权激励之路

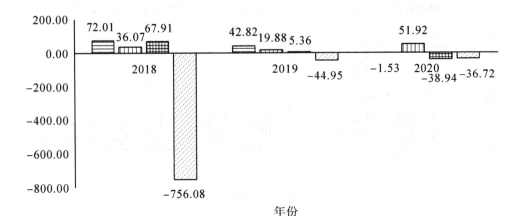

图 10-8 成长能力

2020 年公司 C 端业务首次为公司贡献了超 50% 的营业收入，突破 10 亿元。家用业务收入实现 10.65 亿元，同比增长 60.88%，增幅占总营收的 54.65%，同比提升 21.20 个百分点。其中家用类产品智能微投实现收入 5.18 亿，同比增长近 100%。

（4）运营能力

光峰科技 2018—2020 年应收账款周转率及应付账款周转率均高于行业平均值，但存在下降趋势；2020 年光峰科技受技术优势转化市场优势，光学引擎及整机生产量及销售量大增，同比增幅均达 50% 以上，同时减轻库存压力，库存量为 2.69 万台，同比下降 16.38%。存货周转率提升 0.1 次，存货周转率从 2018 年的 2.51 次上升到 2020 年的 3.88 次，运营能力有所提升。具体数据请参阅图 10-9。

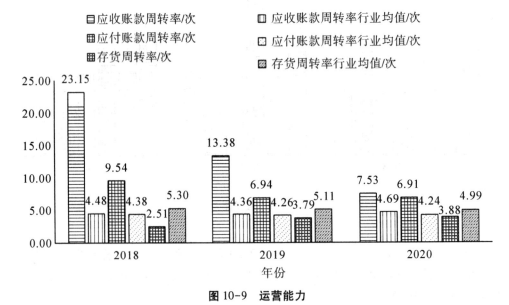

图 10-9 运营能力

讨论题：结合光峰科技实施股权激励前后各项指标的变化，分析股权激励对光峰科技发展的影响？

案例十一

派林生物企业价值评估

■**教学目的与要求**

　　生物医药企业具有投入较高、周期性较长、市场风险较高等特征，因此传统的收益法、市场法以及成本法等在生物医药企业的价值评估中存在诸多缺陷。本案例将用 EVA 模型对派林生物的经营价值进行测算，再用 B-S 模型对企业的期权价值进行计算，最后将两部分价值加和从而得出企业价值。通过对本案例的学习和讨论，让学生掌握企业价值评估的方法，将 EVA 模型与 B-S 模型结合，构建一个综合的模型，能够对企业价值进行合理评估。

一、背景知识

（一）EVA 模型

美国学者 Stewart 首先提出了一种新的绩效测量方法——经济增加值（EVA）。一个实体产生的收益应充分考虑该实体投入的资本成本。只有公司产生的税后净利润大于投入资本总额时，剩余收益才是股东资产的增加。这部分剩余收益称为经济增加值。经济增加值是一种新的衡量公司财务状况的指标，主要是根据市场收益与投资成本之差来衡量公司能否为股东带来利益。它是通过对公司的税后净利进行会计科目的调整，扣除股本、负债等费用后的净额，从而更加全面地反映公司的长远发展所带来的增值。EVA 模型通过调整净利润和资本总额降低了管理者粉饰报表的影响。此外，为了避免管理者的短视行为，应将研发费用、各种准备金和在建工程进行资本化。

（二）EVA 模型的构建

EVA＝NOPAT-TC×WACC

即经济增加值＝税后净营业利润-总投入资本×加权平均资本成本

其中：NOPAT（Net operating profit after tax）为税后净营业利润，即根据 EVA 的相关规

则算出的反映经营业绩的指标。

TC（Total Capital）为总投入资本，通常包括权益资本与有息债务资本。

WACC（Weighted Average Cost of Capital）为加权平均资本成本，即将不同资本成本加权之后的平均成本。

企业未来经济发展情况不同，EVA 模型也会产生变化，企业经济附加值的增长速度也会有所不同，所以一般把 EVA 模型分为单阶段和二阶段的评估模式。

1. 单阶段评估模型

单阶段的评估模型一般适合用在已经处于稳定发展阶段的企业，这一类型的公司的特点是企业已走过了企业历史和所在产业的高速发展阶段，对此类企业进行 EVA 估值时，通常只考虑企业在未来保持稳定增长率的 g 值。

$$V = TC + \frac{EVA_1}{WACC - g}$$

其中 TC 是企业期初投入的资本总额、g 为预测的企业未来稳定不变的增长率，EVA 为预测企业第一年的经济附加值。

2. 二阶段评估模型

二阶段评估模型是分析被评估企业仍处在一个相对较快的发展阶段，从而把企业未来的经济发展期分成了高速增长时期和平稳经济增长期两个阶段。

$$V = TC + \sum_{t=1}^{n} \frac{EVA_1}{(1 + WACC)^t} + \frac{EVA_{n+1}}{(WACC - g)(1 + WACC)^n}$$

（三）EVA 模型的调整事项

税后净营业利润可在净利润基础上通过加减会计调整项计算得出。由于 EVA 体系下的可调整项数量繁多超过 160 项，不可能对所有的调整项都进行调整，因此通常选择 5 至 10 个调整项即可。常见的调整项包括：财务费用、研发费用、市场推广费、各项准备金、营业外收支、非经常性损益、递延所得税项等。

1. 利息费用

利息费用一般都是公司通过债务融资而获得的利息。EVA 模型是根据公司的运营状况对其进行评估的，因此，与业务相关的费用也要进行相应的调整。由于利息费用并非公司的运营业绩，所以在计算税后净利润时应将其加回。

2. 研发费用

研发从投入到产出是一个漫长的过程，若是仅根据会计准则将研发阶段的投入费用化，就会使得企业价值被低估，会降低市场对企业的预期。因此，应将研发费用进行资本化，计算税后净利润时应予以加回，并记入资本总额；同时，对资本化的研发费用进行摊销，并作相应调整。

3. 市场推广费用

企业应加大产品的宣传力度，因为只有打开了知名度才能抢占更多市场份额，为企业带来更多盈利。企业每年都有大量的市场推广费用，但是该费用却又不仅仅是费用，反而能够为企业带来利润的流入，所以应当将市场推广费用加回到税后净营业利润。

4. 各种准备金

企业计提的各种准备金并不是实际已经发生的损失，而是相当于企业的一种投入资本，因此也会减少企业的会计利润，降低企业真实的内在价值，所以应当在税后净营业利润中将各种准备金的本期变化额再加回，并相应地调整资本总额。

5. 营业外收支

非经常性的营业外收入和费用与公司的日常经营没有直接联系，而是由某些不可抗拒因素引起的收入或开支。由于在核算时增加了一个反映公司运营收益的税后净利润，所以，为保证最后的核算结果能真实地反映公司的业绩，必须将营业外收入和费用从 EVA 核算中剔除。

6. 在建工程

在建工程在没有完工转固定资产前，不仅不能为企业带来经济利益的流入，还需要不断地投入大量的资金。只有在项目完全完成之后，才能为公司创造真正的运营收入。因此要将在建工程投入的资金从资本总额中扣除，以反映企业资本总额的实际投入额。

7. 递延所得税

递延所得税资产和负债并不能真实地反映企业的纳税义务，其产生仅仅是由于会计准则的计算时点的不同而引起的。

（四）调整后的 EVA 模型主要参数计算

1. 税后净营业利润（NOPAT）

常用计算公式可分为正向推导公司与反向推导公式。

其中反向推导公式可表示为：

税后净营业利润=税后净利润+（财务费用+研发费用化支出－研发费用在本年的摊销+计提的资产减值准备+营业外支出－营业外收入）×（1-所得税税率）+本期递延所得税费用－本期递延所得税收益

正向推导公式可表示为：

税后净营业利润=（营业收入－营业成本－税金及附加－管理费用－销售费用+研发费用化支出－研发费用化支出在本年的摊销额+投资收益+其他经营收益）×（1-所得税税率）

反向推导公式需要调整的会计调整项为上述所有指标，而正向推导公式可以自动完成对于财务费用、营业外收支和递延所得税相关指标的调整，计算更为简便。

2. 总投入资本（TC）

总投入资本通常包括权益资本与有息债务资本。有息债务资本通常包括短期借款、一年内到期的长期借款、应付债券、长期负债等。权益资本通常也需要经过会计调整项的调整，包括待摊销的研发费用和市场推广费、递延所得税相关资产及负债项、在建工程等。

总投入资本=权益资本+债务资本+资本调整额
　　　　　=权益资本+短期借款+一年内到期的非流动负债+应付债券+长期借款+本期研发投入费用化金额+市场推广的费用化金额－研发投入本期摊销－市场推广本期摊销+各项减值准备增加数－递延所得税资产期末余额+递延所得税负债期末余额－营业外收入×（1-T）+营业外支出×（1-T）－在建工程

3. 加权平均资本成本（WACC）

一般企业的资本成本通常包括两部分：股权成本与债务成本。加权平均资本成本由企业的各项资本成本加权平均后得出。具体的计算公式为：

$$WACC = \frac{股权资本}{股权资本+债务资本} \times 股权回报率 + \frac{债务资本}{股权资本+债务资本} \times 利息率 \times (1-所得税率)$$

二、案例资料

（一）派林生物公司概况

派斯双林生物制药股份有限公司（简称派林生物）成立于 1995 年，是一家以研发、生产销售为一体并通过国家认证的高新技术企业。公司主营业务为血液制品，公司前身为海军海耀生物制品研究所，三九医药为其控股股东，1996 年在深圳证券交易上市交易。公司经历三九医药时代—振兴时代—浙民投时代，产权、债务、资产、管理重组贯穿了其发展历程。2000 年三九医药与宜春工程合并重组，双林生物成为上市公司，2021 年 4 月，公司名称由"双林生物"变更为"派林生物"，经过二十多年的发展，其主营业务一直是血液制品业务。派林生物近十年发展历程见图 11-1。

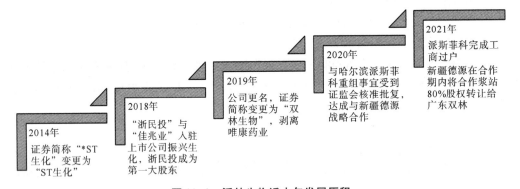

图 11-1　派林生物近十年发展历程

公司的主要的血液制品有：人免疫球蛋白类、人血白蛋白和凝血因子类三大类。目前，已知血浆中含有 200 多种蛋白质，行业龙头企业 CSL 和 Baxalta 能够生产 20 多种血制品。血液制品属于国家重要的战略性储备物资，适用范围广泛，在医疗急救和某些疾病的预防和治疗中发挥着不可替代的重要作用。2018 年浙民投入主公司后，陆续剥离了非主营业务或亏损业务，并外延并购了派斯菲科（主营业务为血制品），以及与新疆德源（主营业务为血浆站）进行股权合作。至此，血制品业务占上市公司主营接近 100%。派林生物 2018—2022 年营业收入、净利润和净资产收益率见图 11-2。

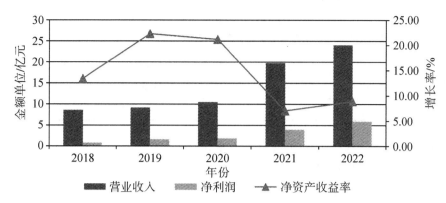

图 11-2　派林生物 2018—2022 年营业收入、净利润和净资产收益率

（二）行业状况

1. 血液制品行业门槛高

由于政策的严格管制，我国血液制品生产企业数量非常少。同时由于血液制品存在特殊性，所以导致了行业门槛高，壁垒坚固。而且陆续出台其他政策对血液制品行业也进行了严格管制。

2. 市场需求增强

我国老龄化严重，老年人口数量庞大，尤其是在经济发达的一线城市，需要血液制品的患者越来越多，扩大了市场需求量。在经济的不断加持下，医疗水平得到完善与提高，同时血液制品的市场需求也逐步扩大。

3. 持续加大技术创新

血液中含有丰富的蛋白及因子，然而我国企业血浆提纯技术和综合利用率较低，因此，在技术方面我国还有待提高。未来我国将会对血浆资源进行合理利用，通过不断提高技术，开发新产品，进一步增强核心竞争力。

三、派林生物价值评估

评估基准日为 2022 年 12 月 31 日，选用 2018—2022 年的财务数据作为历史数据。当前生物医药行业仍然处于行业快速发展期，因此预测期为 5 年，即 2023—2027 年，永续增长期为 2028 年及以后。利用 EVA 估值模型对企业现有价值进行评估。

EVA 评估体系估值过程可细分为四个步骤：业绩指标预测，会计调整项的调整，未来各年度 EVA 值计算，折现与估值。

（一）业绩指标预测

由于假设企业以当前主营业务持续经营、外部经济环境稳定、且企业的资本结构、盈利能力不变，因此可根据历史业绩增速与财务状况预测未来财务指标。

1. 营业收入预测

在对生物医药企业进行评估时需要着重考虑公司营业收入的增长率问题，这对评估企业价值具有重大的影响。在实际测算中，通常利用近 5 年收入增长率的平均值及财务指标占收入比重的平均值，来预测未来的收入增长率和财务指标的收入占比。派林生物 2018—2022 年营业收入及增长率见表 11-1。

表 11-1　2018—2022 年营业收入及增长率

项目	年份				
	2018	2019	2020	2021	2022
营业收入/万元	85 984.33	91 565.66	104 993.77	197 173.43	240 518.84
营业增长率/%	25.46	6.49	14.67	87.80	21.98

根据派林生物 2018—2022 年营业收入来预测 2023—2027 年的营业收入。该公司 2019 年营业收入的增长有较大幅度的减少，主要是由于疫情的影响。2021 年营业收入的大增，主要是子公司广东双林技改血浆加工能力的提升以及研发的新产品八因子也开始上市销售。另外，2021 年并购的子公司派斯菲科由于公司血制品纤原、特免产品销售放量，也促使了业绩快速成长。

在计算平均增长率时，根据上表数据剔除 2019 年和 2021 年极端值后，求取派林生物的平均增长率为 20.70%，以此增长率为基础来预测未来五年的营业收入。

EVA 评估体系运用两阶段模型进行企业估值，预计高速增长期为 5 年，预测期的营业收入增长率平均值 20.70%，之后公司进入永续增长期。从长远来看，国内生产总值 3%~5% 的增长率，结合世界经济，复苏依然艰难曲折，受国内外宏观经济整体下行态势的影响，中国实体经济运行下行压力大，保守估计派林生物永续期增长率取值为 3%。派林生物 2023—2027 年营业收入预测见表 11-2。

表 11-2　2023—2027 年营业收入预测

项目	年份				
	2018	2019	2020	2021	2022
增长率/%	20.7	20.7	20.7	20.7	20.7
营业收入/万元	290 306.24	350 399.63	422 932.36	510 479.35	616 148.58

2. 相关财务指标预测

在实际测算中，通常根据财务指标占收入比重的平均值来预测未来五年的相关财务指标数据。为了使结果更加准确，本文将采用过去五年各项指标所占收入百分比的平均值来进行计算。2018—2022 年相关指标在收入中占比见表 11-3，2022—2027 年相关指标预测值见表 11-4。

表 11-3　2018—2022 年相关指标在收入中占比

项目	年份				
	2018	2019	2020	2021	2022
营业成本	46.67%	47.66%	51.18%	53.93%	47.87%
税金及附加	0.81%	0.77%	0.68%	0.77%	0.70%
管理费用	18.21%	12.22%	11.19%	9.62%	6.88%
销售费用	17.03%	15.80%	15.11%	11.63%	16.61%
研发费用	3.33%	1.61%	1.05%	1.81%	3.13%
投资收益	0.13%	0.19%	0.00%	0.73%	0.22%
其他收益	0.53%	0.40%	0.44%	0.56%	0.62%

表 11-4　2022—2027 年相关指标预测值　　　　　　单位：万元

项目	年份				
	2023	2024	2025	2026	2027
营业收入	290 306.24	350 399.63	422 932.36	510 479.35	616 148.58
营业成本	143 585.47	173 307.66	209 182.34	252 483.09	304 747.09
税金及附加	2 177.30	2 628.00	3 171.99	3 828.60	4 621.11
销售费用	44 242.67	53 400.90	64 454.89	77 797.05	93 901.04
管理费用	33 733.59	40 716.44	49 144.74	59 317.70	71 596.46
研发费用	6 328.68	7 638.71	9 219.93	11 128.45	13 432.04
投资收益	725.77	876.00	1 057.33	1 276.20	1 540.37
其他收益	1 480.56	1 787.04	2 156.96	2 603.44	3 142.36

3. TC 相关指标预测

2018—2022 年 TC 相关指标预测所需数据分别见表 11-5、表 11-6。

表 11-5　2018—2022 年 TC 相关指标历史数据及占比

项目	年份				
	2018	2019	2020	2021	2022
股东权益/万元	62 154.16	80 160.40	96 690.66	632 773.05	686 112.72
增长率/%	14.64	28.97	20.62	554.43	8.43
带息债务/万元	18 900	11 900	36 142.82	12 957.1	35 276.46
占收入比重/%	21.98	13.00	34.42	6.57	14.67
利润总额占收入比重/%	11.35	20.64	20.69	23.23	27.46
递延所得税资产占所得税比率/%	44.19	34.26	34.05	41.15	67.52
递延所得税负债占所得税比率/%	0	0	0	54.94	41.72
在建工程占收入比重/%	5.15	0.93	3.12	16.96	16.04

表 11-6　2018—2022 年各种减值准备的余额　　　　　　单位：万元

项目	年份				
	2018	2019	2020	2021	2022
坏账准备余额	1 954.60	701.96	1 005.47	2 067.90	3 033.63
存货跌价准备余额	2 110.99	241.32	0	49.56	26.19
固定资产减值准备额	190.73	69.73	594.59	594.59	591.10
无形资产减值准备额	0	0	0	0	0

在投入资本 TC 相关指标的预测过程中，根据 2018—2022 年数据计算平均股东权益增长率，剔除 2021 年异常值，计算平均股东权益增加率为 18.17%。对于债务资本及其他的项目的预测，按照项目在营业收入中所占比例的平均数作为未来几年的指标预测依据。通过查找 2018—2022 年报告附注，除坏账准备外，其他各种减值准备的余额各期变化较大，金额在收入中占比较少，因此只考虑坏账准备。2018—2022 年坏账准备在收入中的平均占比 1.26%，作为预测的基础。营业外收支在收入中占比较小，

不再考虑。2022—2027 年 TC 相关指标预测值见表 11-7。

表 11-7　2022—2027 年 TC 相关指标预测值　　　　单位：万元

项目	年份				
	2018	2019	2020	2021	2022
营业收入	290 306.24	350 399.63	422 932.36	510 479.35	616 148.58
带息债务	52 632.52	63 527.45	76 677.64	92 549.91	111 707.74
资产减值准备余额	3 657.86	4 415.04	5 328.95	6 432.04	7 763.47
利润总额	60 006.30	72 427.60	87 420.12	105 516.08	127 357.91
所得税（税率15%）	9 000.95	10 864.14	13 113.02	15 827.41	19 103.69
递延所得税资产	3 982.02	4 806.30	5 801.20	7 002.05	8 451.47
递延所得税负债	1 739.88	2 100.04	2 534.75	3 059.44	3 692.74
在建工程	24 501.85	29 573.73	35 695.49	43 084.46	52 002.94

（二）会计调整

需要进行会计调整的指标包括广告支出、研发费用、广告支出未摊销额、研发费用未摊销额。会计调整指标调整前的占比与调整后的情况分别见表 11-8、表 11-9、表 11-10。

表 11-8　2028—2022 年广告支出、研发费用占收入比重

项目	年份				
	2018	2019	2020	2021	2022
营业收入/万元	85 984.33	91 565.66	104 993.77	197 173.43	240 518.84
广告支出/万元	13 001	12 807	14 480	21 001	37 138
研发费用/万元	2 859	1 473	1 100	3 563	7 536
广告支出占收入比重/%	15.12	13.99	13.79	10.65	15.44
研发费用占收入比重/%	3.33	1.61	1.05	1.81	3.13

表 11-9　2023—2027 年新增资本化广告支出　　　　单位：万元

项目	年份				
	2023	2024	2025	2026	2027
广告支出	40 062.26	48 355.15	58 364.67	70 446.15	85 028.50
减：当期广告支出摊销额	19 685.40	25 097.65	32 207.28	40 984.22	50 873.25
当期新增广告支出资本化额度	20 376.86	23 257.50	26 157.38	29 461.94	34 155.26

表 11-10　2023—2027 年新增资本化研发费用　　　　单位：万元

项目	年份				
	2023	2024	2025	2026	2027
研发费用	6 328.68	7 638.71	9 219.93	11 128.45	13 432.04
减：当期研发费用支出摊销额	3 306.20	4 000.14	5 233.28	6 857.26	8 370.35
当期新增研发费用资本化额度	3 022.48	3 638.58	3 986.65	4 271.19	5 061.69

（三）未来各年度 EVA 值计算

1. 税后净营业利润的预测

根据上述指标及调整项计算出税后净营业利润 NOPAT 值，见表 11-11。

表 11-11　2023—2027 年 NOPAT 计算值　　　　　单位：万元

项目	年份				
	2023	2024	2025	2026	2027
营业收入	290 306.24	350 399.63	422 932.36	510 479.35	616 148.58
减：营业成本	143 585.47	173 307.66	209 182.34	252 483.09	304 747.09
减：税金及附加	2 177.30	2 628.00	3 171.99	3 828.60	4 621.11
减：销售费用	44 242.67	53 400.90	64 454.89	77 797.05	93 901.04
减：管理费用	33 733.59	40 716.44	49 144.74	59 317.70	71 596.46
减：研发费用	6 328.68	7 638.71	9 219.93	11 128.45	13 432.04
加：新增广告费资本化额度	20 376.86	23 257.50	26 157.38	29 461.94	34 155.26
加：新增研发费用资本化额度	3 022.48	3 638.58	3 986.65	4 271.19	5 061.69
加：投资收益	725.77	876.00	1 057.33	1 276.20	1 540.37
加：其他收益	1 480.56	1 787.04	2 156.96	2 603.44	3 142.36
所得税税率/%	15	15	15	15	15
NOPAT	72 967.58	86 926.98	102 949.26	122 006.65	145 987.93

2. 投入资本总额的预测

2022—2027 年 TC 值见表 11-12。

表 11-12　2022—2027 年 TC 计算值　　　　　单位：万元

项目	年份				
	2023	2024	2025	2026	2027
股东权益	810 779.40	958 098.02	1 132 184.43	1 337 902.34	1 580 999.19
加：带息债务	52 632.52	63 527.45	76 677.64	92 549.91	111 707.74
加：资本化研发费用未摊销额	3 022.48	3 638.58	3 986.65	4 271.19	5 061.69
加：资本化广告支出未摊销额	20 376.86	23 257.50	26 157.38	29 461.94	34 155.26
加：资产减值准备余额	3 657.86	4 415.04	5 328.95	6 432.04	7 763.47
加：递延所得税负债	1 739.88	2 100.04	2 534.75	3 059.44	3 692.74
减：递延所得税资产	3 982.02	4 806.30	5 801.20	7 002.05	8 451.47
减：在建工程	24 501.85	29 573.73	35 695.49	43 084.46	52 002.94
TC	863 725.13	1 020 656.59	1 205 373.10	1 423 590.34	1 682 925.68

3. 加权平均资本成本的预测

加权资本成本公式为：WACC＝Ke＋Rr

计算权益资本成本时，采用 CAPM 资本资产定价模型。

$$Ke＝Rf＋\beta（Rm-Rf）$$

其中：Rf——无风险利率；

Rm——市场组合的预期回报率；

β——系统性风险；

Rm-Rf——市场风险溢价。

研究者根据大量文献分析发现，政府发行的国债违约概率小，是市场上公认的无风险投资。将一年期国债的利率作为市场无风险利率的基准值，选取 2018—2022 年的一年期国债利率的平均值作为市场无风险利率的基准值为 2.49%；风险系数 β 值根据锐思数据库查询到的派林生物 2022 年的 β 系数为 0.98。风险溢价，采用新浪财经公布的数据，2013—2022 年期间每年年末的沪深 300 指数计算，其年收益率分别为：-7.65%、51.56%、5.58%、- 11.28%、21.78%、- 25.31%、36.07%、27.21%、- 5.2%、-21.63%，由此算得市场平均报酬率为 7.12%，Rm-Rf＝4.63%。综上，可以计算得到 Ke＝Rf+β（Rm-Rf）＝ 2.49%+0.98×4.63%＝7.03%。

我们根据派林生物近些年的财务报表可以看出，公司负债采用长期借款和短期借款的方式。选择中国人民银行 2022 年公布的中长期银行贷款基准利率 4.75% 作为企业的债务税前资本成本。通过对带息债务与权益资本所占比重来计算加权平均资本成本，平均比重为 6% 和 94%。

WACC ＝6%×4.75%（1-15%）×+94%×7.03%＝6.85%

由上述指标可计算出预测期 5 年的 EVA 值和永续期第一年的 EVA 值，如表 11-13 所示。

表 11-13　预测期 EVA 计算表

项目	年份					
	2023	2024	2025	2026	2027	2028
NOPAT/万元	72 967.58	86 926.98	102 949.26	122 006.65	145 987.93	150 367.57
TC/万元	863 725.13	1 020 656.59	1 205 373.10	1 423 590.34	1 682 925.68	1 733 413.45
WACC/%	6.85	6.85	6.85	6.85	6.85	6.85
EVA 值/万元	13 802.41	17 012.00	20 381.20	24 490.71	30 707.52	31 628.75

（四）EVA 估值计算

本案例采用二阶段模型，因此估值可分为两个阶段，2023—2027 年为第一阶段，每一年的 EVA 值将分别折现，2028 年以后为第二阶段即永续阶段。先根据永续模型将 2028 年的 EVA 值算出永续期企业价值，再根据折现年限进行折现，最后根据公式将各阶段现值与初始投入加总得出 EVA 企业价值。派林生物 2023—2028 年 EVA 折现值见表 11-14。

表 11-14　2023—2028 年 EVA 折现值

项目	年份					
	2023	2024	2025	2026	2027	2028
EVA 值/万元	13 802.41	17 012	20 381.20	24 490.71	30 707.52	31 628.75
WACC/%	6.85	6.85	6.85	6.85	6.85	6.85
永续期企业价值/万元					821 525.88	

永续期价值=永续期第一年 EVA 值/（加权平均资本成本-永续增长率）

           = 821 525.88（万元）

预测期 EVA 现值=12 917.56+14 900.69+16 707.3 0+18 788.98+22 048.15

           = 85 362.68（万元）

永续期 EVA 价值现值=589 859.56（万元）

EVA 企业价值=本期期初投入资本+预测期 EVA 现值+永续期 EVA 价值

           =754 428.48+85 362.68 +589 859.56

           =1 429 650.72（万元）

    2022 年派林生物期初投入资本是在 2022 年初所有者权益 632 773.05 万元的基础上，按照上述 TC 计算方法得出 2022 年派林生物期初投入资本为 754 428.48 万元。

    由于 EVA 的本质为企业扣除所有资本成本所剩余的增加值，因此 EVA 的企业价值就是 EVA 的股权价值，为 1 429 650.72 万元，但是没有考虑企业的潜在价值。根据 2022 年 12 月 30 日东方财富网股市收盘价 22.68 元每股作为比较的依据，公司的总股本为 73 238.67 万股，企业价值为 1 661 053 万元。

    生物医药企业是高技术、高成长、高收益、高风险、高无形资产的高新技术企业，此类企业具有较高的潜在价值。目前资本市场尚未充分发挥作用，在信息不对称的情况下，投资者无法获得有效的信息，仅仅依靠公司的财务报告来衡量公司的价值，会导致公司的价值被低估。

案例分析题

    1. 讨论企业价值评估方法以及 EVA 模型在企业价值评估中的应用。

    2. 派林生物企业的真实价值还需在 EVA 模型的基础上进行改进，讨论有哪些方法可以对评估值进行修正和改进。

    3. 讨论派林生物估值中加权平均成本的确定方法。

    4. EVA 模型使用中，如果模型参数取值与实践中存在一定的差异，可能会对最终的估值造成影响，讨论不同的参数的选择如何影响评估值。

项目训练

B-S 模型评估公司潜在价值

1. 实物期权法的优势

相比于传统评估方法，实物期权法的最大优势在于考虑了管理的灵活性。

（1）实物期权法适合于不确定性较大的企业价值评估

实物期权法的着眼点是企业未来经营的不确定性以及未来发展的选择权，这能更好地解决不确定因素的影响。生物医药企业多集中在新药的研发上，研发过程本身是否能有商业化结果转化也存在一个高不确定性，甚至在各个研发阶段都面临进行、暂停或者终止的不同选择，成功与否都处于未知状态。相比传统估值方法，实物期权法不仅可以反映出现金流，也能体现出不确定性带来的未来预期，因此，在高技术含量类型或者新兴技术项目评估中颇受青睐。

（2）赋予公司高收益回报的可能性

公司前期以一定的研发投入进行新药研发，在研发阶段，存在较大的不确定性，但是当新药获批上市销售后，创新药以其研究成果会带来一定时期内市场的独占权和定价权，将会给研发公司带来高额的回报。而生物医药企业则主要是靠科技含量来获取价值，一旦研发项目取得成功，就会有相关的有竞争力的产品上市，给企业带来较高收益。这种以一定价格投入锁定未来资产买卖的权利，同时带有未来高额收益的特征，正是实物期权的本质。

（3）体现了管理层的管理柔性

在研发过程中，生物医药企业可以参考现时变化情况随时改变项目发展方向，即在未来研发过程中管理层拥有了获得资产处理的各项权力，或继续进行投资，或加大投资，或暂停投资，或终止投资等。针对项目发展方向的一种未来选择权，体现了公司经营的柔性管理，反映出柔性管理的价值，可以给公司增加巨大的潜在收益，而增长期权、放弃期权恰好可以对应到柔性管理的价值，即实物期权中的不确定性选择权价值，所以生物企业的总体价值应该把这些可能的收益都包含进来。

2. 实物期权法的应用

由于医药公司的研发周期较长，在这段时间内，公司将会面临众多因素带来的风险和不确定性，如国家政策、技术革新、市场环境等。生物医药企业的高投入、高收益、高风险和不确定性大等特征给企业的发展带来了潜在价值，具有明显的期权属性。实物期权法能更好地解决生物医药企业价值评估中成长性难以估计、非财务信息影响、不确定性和风险性的影响。在采用 EVA 模型的基础上，继续使用 B-S 模型进行估值，二者估值结果之和即为生物企业的整体价值。

根据企业的实际情况及期权本身的特点，当资产总额高于负债时，股东就可以选择继续购买资产，这样就很符合看涨期权的原理，基于此，以下案例中将派林生物的股权看作是看涨期权，通过 B-S 模型来计算这部分期权的价值，同时也考虑了不确定性对价值的影响。评估基准日为 2022 年 12 月 31 日。

（1）B-S 模型参数确定

① S（标的资产现时价格）

通过派林生物以往研发的情况，标的资产的价值取期权未来五年的预期收益的折现值之和。预测相关项目是按照基准日之前占营业收入的比重的平均数来计算，预测期的加权平均资本成本为 6.85%，作为折现率。标的资产预期的净利润按照未来五年预期营业收入减营业成本、税金及附加、销售费用、管理费用和研发费用来计算税后净利润，将预期五年的净利润折现到评估基准日的值相加得到标的资产的现值为 361 542.52 万元。因此，S 为 361 542.52 万元。

② X（标的资产执行价格）

执行价格 X 是根据派林生物未来五年的研发投入、管理费用、销售费用增加净值来确定的。从派林生物年报中可以获取基准日之前研发投入、销售费用、管理费用占营业收入的比重，以此为基础算出基准日之后的研发投入、销售费用、管理费用的增加值，并把此三项折现到评估基准日，值为 90 586.11 万元。因此，X 为 90 586.11 万元。

③ T（期权执行期间）

公司在五年预测期后将进入永续期，保持稳定的速度增长。因此，选用预测期的年限为期权的执行时间，因此在评估企业期权价值时将期权的有效持有期限定为 5 年，即 $T=5$。

④ σ（标的资产的价格波动率）

参考派林生物公司的股价波动率来运算 σ。通过查阅锐思金融数据库，可以查到 2022 年派林生物日收益波动率，在此年度内所需要计算的天数为 242 天。2022 年日均收益波动率为 0.028 2，也就是日收益率的标准差。年波动率 $= 0.028\ 2 \times \sqrt{242} = 43.56\%$，由此得到资产价格波动率 $\sigma = 43.56\%$。

⑤ r（无风险利率）

由于期权期限设定为五年期，无风险利率可以取 5 年期国债在 2022 年 12 月 30 日的收益率。根据新浪财经数据，即 $r = 2.67\%$。

（2）B-S 模型下的潜在价值评估

将上述参数带入 B-S 模型公式进行计算。

$$V = S \times N(d_1) - X \times e^{-r \times T} \times N(d_2)$$

$$d_1 = \frac{\left(r + \dfrac{\sigma^2}{2}\right) \times T + \ln \dfrac{S}{X}}{\sigma \times \sqrt{T}}$$

$$d_2 = d_1 - \sigma \times \sqrt{T}$$

式中：V 代表企业的潜在价值；S 为标的资产现时价格；X 为标的资产执行价格；T 为期权执行期间；r 为无风险利率；σ 为表示公司股价波动率；e 为自然对数；N 为标准正态分布的分布函数。

期权公式各参数值的计算结果见表 11-15。

表 11-15　期权公式各参数值的计算结果

d_1	d_2	$N(d_1)$	$N(d_2)$	$V/$ 万元
1.24	0.27	0.8925	0.6064	274611.72

期权的潜在价值 $V = 361\ 542.52 \times 0.892\ 5 - 90\ 586.11 \times e^{-2.67\% \times 5} \times 0.606\ 4$
$= 274\ 611.72$（万元）

根据以上模型分析，派林生物企业现有价值为 1 429 650.72 万元，潜在价值为 274 611.72 万元，最后派林生物企业价值为 1 704 262 万元。根据 2022 年 12 月 30 日东方财富网股市收盘价 22.68 元每股作为比较的依据，公司的总股本 73 238.67 万股，企业价值为 1 661 053 万元，评估值和市值相差 2.60%。一般估值结果与市值相差 10% 以内是合理的，因此，该估值结果较为合理。

处在高速成长期的生物医药企业主要资产包含大量无形资产，如智力资本、自主创新知识产权等。企业隐形资产所占的比重加大了，此时若仅仅采用传统的方法来评估企业价值，容易忽略这部分隐形资产的价值，很可能会低估整体价值。EVA 模型能够很好地估算出企业的现有价值，而实物期权的 B-S 模型把正在研发投资项目视为不确定选择权，即期权，运用实物期权法中的 B-S 模型测算出的企业期权价值能够代替企业的潜在价值。因此，EVA 和 B-S 组合模型很好地克服了使用传统评估方法对生物医药企业低估的局限性。

　　讨论题：正确的评价结果有助于企业管理层制订相应的战略，从而使企业的价值最大化。生物企业估值有什么特殊性，在评估潜在价值时，为什么选择用 B-S 模型，并对该模型参数展开讨论。

财务管理案例

案例十二 ┃ 南山铝业套期保值的风险管控

■**教学目的与要求**

　　本案例通过分析山东南山铝业股份有限公司套期保值的风险管控，帮助学生理解套期保值在企业主动发现价格、锁定利润、转移风险、降低经营风险中的应用，学习风险识别的办法，精准防范套期保值业务中的风险。

一、背景知识

（一）金融衍生工具的概念

　　金融衍生工具是将某一种或某一些特定的金融工具视作操作的对象的一种金融工具，并且它的价格也取决于那些特定金融工具，它是基于债券、股票、外汇等常见的交易工具的延伸而产生的。通常包含四类基础的金融衍生工具：远期、期权、期货和互换。基础衍生工具进行某些组合、变化，又再衍生出的某些新的品种。金融衍生工具具有以下几个主要的特征：

　　①金融衍生工具的价值是动态的，标的物的变化会引起它的价值的变化，金融衍生工具是基础金融工具延伸中分化出来的产物，因此它的机制由基础金融工具的利率、汇率、价格、股票指数、信用指数等因素所决定。而金融衍生工具的名义金额，在一般情况下指一定数额的货币表现，在特殊情况下也指一定份额的股份，或合约上所固定具体数量的其他项目。

　　②金融衍生工具不是完全真实的，它在一定程度上具有虚拟性，除了它能够独立于实物资本这点可以体现它的虚拟性之外，它的虚拟性还体现在可以带给不同的投资者收入的特征，例如具有虚拟性的有价证券，它仅仅象征着一种权利，其本身事实上没有任何价值，它赋予投资者一种权利即在一定条件下能获取收入。

　　③金融衍生工具具有层次多样的结构，它是通过复杂的数学模型和不断组合与分解汇率，利率，基础商品及合约签订方式派生出来的衍生金融产品，它的结构十分复

杂，品种也十分丰富。

④金融衍生工具对初始的净投资在一般情况下不具有要求，企业在初始签订合约的情况下，不要求金融衍生工具能够兑现；在特殊情况下，对初始净投资有少量要求，但与标的物对应的金额相比，初始净投资在其中仅为很小的一部分。

⑤金融衍生工具其实是一种未来交易，它的结算是在未来的某一时期进行的。

（二）金融衍生工具的分类

1. 金融远期合约

金融远期合约是人们比较常见的一种金融衍生工具，同时这也是金融衍生产品市场中的重要基础。其中，期权、期货极易互换衍生工具都是通过远期合约进行发展的，它主要是经过买卖双方以一定的价格来买卖金融资产的合约，由此可见，金融远期合约是买卖双方共同的需要。尽管它在市场中的流动性比较低，但远期交易比较灵活，参与交易的双方可以就具体的一些交易事项进行协商。另外，远期交易中存在着一定的信用风险。

2. 金融期货合约

所谓金融期货合约，实际上是指经过特殊的规则可以进行反复交易的一种标准的产品合约的方式，它主要是经过买卖双方以一定的价格来买卖金融资产的合约，在这样的一种合约上，一般期货合约价值都是在金融产品的价值中衍生出来的，因而它是一种常见的金融衍生工具。由于期货的价格并不是固定的，它是经过市场参与者之间竞争才产生的，而且他们的交易是金融期货的担保人，这样就不用担心对方的信用资质，所以与远期合约相比较，期货合约具有更高的流动性。但是，在金融期货交易中，实物资产交割比较少，对冲交易比较多，因此期货交易具有比较明显的投机性。

3. 金融期权合约

金融期权合约，也被称为选择权合约，是近30年来发展起来的一种新型金融衍生工具。相对于现货交易来讲，金融期权合约也属于一种远期交易。它主要是通过特定的价格从期权的卖方手中购买，或者是采用给予一定的合约，简言之，就是投资者事先支付一定的费用取得一种可以按照既定价格买卖某种金融资产的权利。金融期权与金融期货合约有着较大的区别，对于期货合约来说，合约的履行属于义务，合约一旦签署，买卖双方都有买进或卖出的义务。但期权不同，它属于一种权利，期权人可以选择执行期权，也可以选择不执行。双方在交易的过程中需要商定竞价上市的合约权利金，它是合约价值的体现，而不是资产本身的价值。

4. 信用衍生工具

信用衍生工具是1990年出现，并迅速发展起来的一种金融衍生工具。信用衍生工具以各类基础资产的违约风险作为基础变量，主要用来防范或转移信用风险。常见的信用衍生工具有信用互换、信用联结票据等。另一类比较复杂且发展较快的工具为信贷资产支持证券，它是商业银行用来转移信用风险、进行风险管理的比较重要的工具。

（三）套期保值的概念

金融衍生工具的交易目的主要有套期保值、投机和套利三种，不同的交易目的取决于经济业务本身的特征。

套期保值是交易人根据其在现货市场的交易部位，在金融市场作一个方向相反、数量相同的衍生金融工具合同交易，其目的是利用衍生金融工具合同来管理商品交易和商品价格的波动风险，使利润正常化、合理化，以防止商业活动中对现货价格变动进行投机，而使价格波动的风险局限于基差的变动。套期保值根据交易者在现货市场所持现货交易部位，可分为卖期保值和买期保值。卖期保值是指交易者在现货市场购买现货或已经持有现货，而同时在期货市场卖出同样数量的期货合同的交易方式。该方式也称为空头期货套期保值，其目的是在商品价格下跌时，保护存货的价值。买期保值是指交易者预定在现货市场卖出现货商品，为了预防日后市场价格上升带来的损失，立即在期货市场买入相同数量的期货合同的交易方式。该方式也称为多头期货套期保值。

套期保值与投机、套利交易的区别主要在于收益不同和承担风险不同，它们的预期回报不同，套期保值的目的是回避现货市场价格风险，其承担的风险也是最小的。企业开展套期保值业务所起到的主要作用是，上游企业通过提前锁定销售价格实现库存保值和产品预售，下游企业通过锁定采购成本确保生产利润，通过建立合理的虚拟库存，在生产环节实现以销定产，有效规避风险，参与资源配置，实现成本目标以扩大企业竞争优势。然而，当市场行情风云突变的时候，期货套期保值以外的另一个功能有时候就可能出现，那就是价格发现功能。

根据已有的文献资料，套期保值理论可以根据时间原理大致分为以下几类：第一，最早的套期保值理论被称为传统套期保值理论。认为套期保值只是企业规避风险的其中一种工具，未被大宗商品企业广泛应用。第二，理论上期货市场和现货市场的商品价格应该趋于一致，但实际上现货市场和期货市场的价格波动往往以不同的速度变化，导致套期保值的效果不能将风险完全抵消，只能实现降低一部分的企业风险。第三，现代投资组合套期保值理论，对两个市场的商品进行组合投资，力求优化原材料投资组合，预测投资组合可能产生的企业收益，同时尽可能减小方差或使效用函数最大化，进而确定套期保值比率，最终实现减弱外部环境对企业的影响。

（四）套期保值操作模式

套期保值的有效应用有着诸多的要求，标准化期货合约很难和现货所需要的数量进行匹配，同时还要受到基差变化的风险影响，因此期货市场和现货市场的盈亏损益正好完全相等的完美情况通常很难实现，要想尽量保证套期保值在大宗商品企业中有效发挥作用，要基于以下原则进行：

1. 品种相同或相近原则

大宗商品企业进行套期保值操作时，以两个市场价格走势方向一致作为基础，进而在期货市场上选择的期货合约品种要和现货市场交易的商品品种要相同或尽可能相近才能有效起到规避风险的作用。

2. 月份相同或相近原则

原则上大宗商品企业进行套期保值操作时，要使期货合约交易时间和现货市场买卖商品的时间一致或尽可能无限接近，使期货市场的价格和现货市场的价格有效连接，以防一方市场价格波动带来较大的价格风险。

3. 交易方向相反原则

大宗商品企业进行套期保值操作时，两个市场上买卖方向相反是必须项，相同或相近的商品在期货市场和现货市场上的价格走势方向是一致的，所以严格规定买卖方向不能处于同一方向，在其中一个市场上盈利，另一个市场上必然亏损，这样在市场价格波动下企业的盈利和亏损才能抵消，盈亏相抵才能达到套期保值的目的。

4. 商品数量相当原则

原则上遵守期货市场的合约头寸数量和现货市场的商品数量相当时，才能使两个市场上的盈利和亏损相等或接近，才能使企业盈亏达成平衡，有效提升套期保值效果，大宗商品企业的风险管理才会得到理想效果。

（五）套期保值与风险管理

价格发现和风险管理是期货市场的两大功能，其对应了商品贸易过程中存在的最大难题——对未来市场的不确定性。由此可见，期货和期货市场本身就是为了实体经济运行而生的，其核心就是通过集体性行为实现对未来商品价格波动风险的管理和控制。概括来看，金融衍生工具的风险大致有以下几个类型：

1. 市场风险

这种风险的出现主要是因为某一要素偏离预定目标或是预期计划而产生的一系列不良后果，给相关使用者带来经济方面的损失。相关投资者在使用金融衍生工具时，其在这方面的风险主要来源于两大类，一类指的是外部大的金融政策与部分商品价格发生了变动，另一类指的是金融衍生工具本身就带有的价值变动风险。具体来讲，前者主要指的是一段时间内，外部相关金融环境的变化，这主要包括各种货币价格、利率等方面，这些外部金融环境是金融衍生工具发挥作用的基础环境，是其面临市场风险的基本因素。如果这些因素发生了变动，偏离了使用的目的，使用者势必难以达到最初目的，需承担一定的经济损失。后者有别于前者，但其影响性更为巨大。该方面从本质上讲是金融衍生工具本身的价值发生的变动，这种情况多是由于相关投资商内部控制手段难以达到要求，从而使得该方面的风险无法控制，进而造成相应的经济损失。市场经济下，其高收益的预期目标与高风险的过程并存，无法完全良好。当下的众多投资者，过多依赖于科技与信息系统的高速发展，对该部分的风险进行系统化的测算时往往出现盲目的自信，过度信赖该部分测算结果，而面临一定损失。特别是很多投资者，将某些尚未完全验证成功的模式与系统，运用到金融衍生工具的操作中，大大加大了相关风险。除了投资者之外，金融机构在此过程中亦有推波助澜的作用，其责任不可推卸。由于金融衍生工具在操作的过程中，其预期的高回报特点，往往使得很多投资者心动，基于这种情况，金融机构为了追求利益，往往会忽视金融衍生工具规避风险的初衷，而将其滥用以作为吸引投资者的手段。特别是作为新兴金融事物，外部相关管理制度与法制措施还未能完全到位，使得金融机构有机可乘，夸大其收益而避谈其风险，最终导致金融市场混乱，给投资者和企业带来不可挽回的损失。在这方面美国次贷危机的爆发就是最好的负面例子。

2. 信用风险

这部分的风险是指交易的双方在使用金融衍生工具的时候，出现一方不按照约定内容，产生终止履行相关支付等方面的行为，而导致另一方面临一系列经济损失。这种风险不同于普通的信贷风险。对于信贷双方来说，一方出现财务困境，难以支付贷款，就会使得另一方面临必然的损失。而金融衍生工具在信用方面产生的风险，不但是一方面临严重的财务困境，还需要满足在其合约的时间内，该违约方履行合约的价值为零，不会给另一方带来有利的经济效益，只有这样才是信用风险的后果。针对该风险类型，有关专家与学者也对其进行了进一步的分类，具体包括以下两类：一是对手风险，这种风险主要指的是双方约定在某日进行相关的交易内容，但是还没有到既定日期，其中一方已经没有能力继续履行该交易。二是支付风险，这主要指的是双方进行相关交易约定，其中一方履行了该交易内容，而另一方却未能履行，双方的交易难以对等，从而给已履行的一方带来重大的经济损失。一般来说这种风险与双方约定的时间与地点以及产品本身都具有一定的关系。该方面的风险主要存在于场外交易中，其原因来源于多方面：一是相关场外交易的管理方面不够细化与完善，使得交易双方在约定的时期内发生很多预想之外的情况，最终导致交易出现问题；二是不良投资者与企业还是存在的，其在追求利益的过程中，往往不择手段，而侵占或损害另一方的利益。参与人员的普遍道德水平，也是引发该部分风险的重要因素之一。

3. 流动性风险

金融衍生工具的流动性风险主要包括两个方面，一方面是来源于市场方面的流动性风险，另一方面是来源于资金方面的流动风险。市场方面的流动性风险，主要是针对投资持有人，想要进行变卖等交易的时候，无法顺利找到相关的交易人，从而给自身带来相关的经济损失。由于金融衍生工具是近期的新兴事物，很多人对这方面还不太了解，特别是在其产品种类众多的情况下，参与的人员却有限，这使得持有者需要变现或退出的时候非常困难。特别是当市场不稳定的时候，这一现象更为严重，很多投资者只能接受损失，无法脱身。来源于资金方面的流动性风险，在金融衍生工具的相关市场上，其带来的危害往往更为巨大。其主要指的是有交易约定的双方，其中一方因为各种原因而无法顺利向另一方进行支付，不得不申请破产等其他解决办法，致使其承担不良后果。一般来说，当投资者遇到财务困境时，会对其持有的资产进行变现，因为资金需求的紧迫性，往往低价变卖或者高成本借贷，使其陷入新一轮的危机中，可见投资者在相应的投资过程中没有根据自身的资金周转情况进行合理分配，是这一风险高发的重要原因。

4. 运营风险

金融衍生工具的运营风险主要是针对其内部自身而讲的，细分来讲主要包括两大类：一类是由于外部自然环境与突发灾害所造成的，这类因素往往难以预见，具有很大的破坏力，给相关机构造成巨大损失；一类是由于该机构内部的相关管理机制与运行方面的不够完善而造成的，特别是交易人员在交易过程中的错误，会直接给其带来不可挽回的损失。前者是难以防范与预估的，其带来的影响结果是无法避免的，只能通过相应的外部保障措施进行处理；而后者由交易人员的失败操作导致的后果可以成为是投机过程中的必然风险。一方面是对于交易人员在交易过程中的相关制约制度仍需完善。另一方面由于衍生金融工具其产品多样性，发展时间较短，多数人员难以把握其市场动向，决策失误在所难免，也就是说其在运营方面的风险是必然存在的，需从其发展规律不断探索。

5. 法律风险

金融衍生工具的法律风险主要是针对法律制度方面的因素而言，其细分一般为宏观与微观两方面，这两方面的风险笼统来说都是由于法律不够完善与健全，致使相关交易者承担损失。前者主要指的是整个市场方面的相关规定与法律制度。由于金融衍生工具发展时间较短，相关产品种类繁多，使得各项法律建设方面相对滞后，难以满足相关投资者的需求。很多情况，无法可依，导致事故频发，给相关投资者带来较大风险。而后者则不是从整个市场的法制建设程度出发，它是从各个交易的角度提出的。在双方交易的过程中，偶尔会遇到两种情况，一种情况是参与交易的主体并没有获得相应的交易资格，这种资格主要来源于我国相关法律的授权。无论是一方没有授权还是超出其权利范围，都是不符合法规规定的无效交易。另一种情况主要是因为一方的财务危机致使其难以按照交易约定履行合约，给另一方带来损失。对于蒙受损失的一方来说，这是不公平的，其常见的维权手段亦是通过相应的法律程序来实现，如常常会提起诉讼。

二、案例资料

山东南山铝业股份有限公司（简称南山铝业），成立于 1993 年，1999 年 12 月 23 日在上海证券交易所挂牌上市。"立足高起点、利用高科技、创造高品质"的发展思路伴随其成长，南山铝业现已形成了一条完整的铝产业链：能源、氧化铝、电解铝到铝型材、高精度铝板、带、箔等都有所覆盖。其综合实力强劲，具备较强的铝深加工产品规模优势，公司规模和产量持续稳居行业前列，公司多年连续入选中国企业 500 强排行榜，截至 2021 年 3 月 23 日在行业内市值排名第三。中商产业研究院数据库和同花顺财经数据显示，在 8 家上百亿的铝上市企业中，南山铝业排名第三。

（一）南山铝业套期保值组织架构

南山铝业非常重视套期保值业务的开展，有相对完善的组织架构（见图 12-1），安排充足且专业的人员进行套期保值操作。

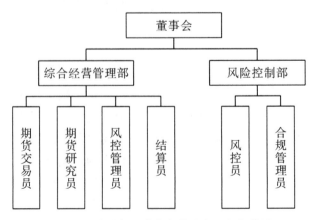

图 12-1　南山铝业套期保值业务组织架构图

由南山铝业的董事会作为套期保值计划的总负责，专设综合经营管理部门进行具体方案的策划、执行操作，同时设立风险控制部进行监督管控，再由综合管理部下设独立的期货管理部，期货管理部下设风控管理员，期货交易员，期货研究员，结算员等，每一位基层岗位人员均需具备专业技能且必须通过企业相关部门负责人的岗前培训，公司对于组织架构一定要保证专岗专做，职级划分明确，要将套期保值业务做到规范化运营。

（二）南山铝业套期保值业务流程

南山铝业会根据去年及往年的生成、销售、库存、整体业务规模以及历年生产经营计划情况，由综合经营管理部和风险控制部在每年年初进行新的一年套期保值具体安排方案。具体的方案有：①综合经营管理部和风险控制部确定套期保值机会；②由综合经营管理部制定好完整方案后，交给董事会进行会签审核；③全部审核通过后签字，进而确定今年套期保值计划；④如果有一票审核不通过，则由综合经营管理部按要求进行修改重新交审；⑤核准后的套保计划交给期货主管以及现货主管，同时财务部向期货账户拨入资金，两个部门需分别严格按照计划进行操作，根据长单合同及短单合同的具体情况，两个部门对于资金的预算需每月月末进行沟通调整，及时掌控每个月的资金情况，有效实现风险把控；⑥当期货市场公允价值变动量加应保现货资产变动量的总计亏损大于公司净资产的15%时，企业会及时对外进行公示，以公示形式告知所处风险。

（三）南山铝业套期保值策略

南山铝业主要的套期保值业务是使用期货市场的氧化铝和现货市场的铝锭进行套期保值。南山铝业套期保值策略包括买入套期保值主要针对购入的原材料氧化铝进行操作来防止原材料价格上涨，卖出套期保值主要针对产成品铝锭进行操作来防止铝锭销售价格下跌的可能性，原则上均为两个市场上进行反向操作：①买入套期保值，避免原材料氧化铝的价格上涨而影响企业资金计划，甚至导致企业成本上升，因此，在期货市场买入沪铝期货合约，买入合约数量要按现货市场相近时间段的采购量。②卖出套期保值，后续为了避免产成品铝锭的价格下降风险，有降低企业利润的可能性，因此，在期货市场上卖出沪铝合约，卖出合约数量要按现货市场相近时间段的产出量或库存量。

（四）南山铝业套期保值效果分析

全球大宗商品原材料价格均经历了一波大的行情，推动氧化铝价格上涨的主要因素为电解铝价格高位维持对氧化铝价格的带动作用，今年的环保概念、能耗双控造成产能下降，以及海外进口量下降。2014—2021年氧化铝现货价格走势见图12-2。

图 12-2　2014—2021 年氧化铝现货价格走势

综合行情及市场环境因素，南山铝业对 2021 年 4 月即将购入的氧化铝原材料进行了套期保值风险管理，采取了买入套期保值策略来对冲价格上涨给企业带来的成本风险。

南山铝业在 2021 年 1 月 29 日时预计在四个月后需购入 10 万吨氧化铝（手续费不计入），当日铝现货价格为 14 985 元/吨，期货价格为 15 500 元/吨。南山铝业害怕 4 个月后氧化铝原材料价格上涨，进而影响采购成本，因此买入沪铝期货合约 10 000 手（5 吨/手），2021 年 5 月 31 日平仓操作，现货铝价格为 18 790 元/吨，期货平仓价格为 19 205 元/吨。

此时，南山铝业在期货市场上盈利 37 050 ［(19 205-15 500)×10］ 万元，在现货市场上亏损 38 050 ［(18 790-14 985)×10］ 万元，即在两个整体市场上，由于基差扩大使得企业亏损 1 000 万元。亏损主要原因：当时入场基差过大，且 2021 年市场整体行情波动频繁且剧烈，期货市场完全根据已设定的预期套期保值策略进行，综合经营管理部单方面认为期货价格会高于预期，下达指令进行了平仓操作，造成此次套期保值业务的规避风险的目的失效。

（五）南山铝业套期保值存在问题分析

1. 风险管理制度不完善

南山铝业有明确的套期保值业务流程，但主要涉及的还是前期套期保值计划的策划与执行方面的管理，对于套期保值风险管理涉面较少且不清晰，主要有以下问题：

①风险度。虽然设立风险目标，但没有根据经营目标设立企业能够承受的风险度，有了明确的风险度，风控人员才能根据预设的风险度来确立风险值，期货人员才能有所设限。②预警提示。期货市场上价格分秒必争、瞬息万变，前期没有设立足够有针

对性的预警制度，一定会导致套期保值业务的滞后性，那么就无法在第一时间进行调整操作。

2. 组织架构不完善

目前南山铝业的组织架构设置不合理、不规范，虽然单独设立了套期保值业务部门，但套期保值业务是期货部门和现货部门需要相互配合才能进行，而目前设置出现了沟通障碍，决策滞后的情况，主要有以下问题：

①现货部和期货部出现了信息孤岛，套期保值业务需要期现结合，常常会出现已有期货合约头寸，但现货部门依然销售，或者期货合约已平仓，但现货部门库存尚存的情况。②风控人员割裂，在综合经营管理部下设一位风控人员，同时在风险控制部有专业的风控人员的配备初衷是很专业的，分部门分级别进行管理，但同样造成了信息沟通障碍，出现了"搬起石头砸自己的脚"的问题。③综合经营管理部风险意识薄弱，综合经营管理部决策人员有专业的套期保值策略知识，但缺乏一定的风险管理意识，对于风险抱有侥幸心理，此时就会导致决策失误。

3. 套期保值策略不灵活

①忽视基差风险，基差风险作为基础但也作为变动较大的风险，在近年行情波动剧烈的情况下，更应积极重视起期货市场和现货市场价格走势。②研究人员分析不准确，研究人员要增强专业水平知识，要在科学数据的支撑下对市场有足够的敏锐度。

（六）南山铝业套期保值风险管理优化方案

1. 优化套期保值风险管理制度

有效的套期保值业务流程一定是在企业日常生产经营下的各个部门协作下进行的，风险管理往往伴随在套期保值业务整个运行流程中，充分发挥不同部门、不同岗位之间的综合能力、协调能力。建立企业套期保值计划的首要目标就是有专业的人员以及超强的执行人员，因此，明确企业的风险管理制度显得尤为重要。①责任制度。应为套期保值业务设立专岗专责，因为套期保值业务牵扯企业日常经营全流程业务，因此最高领导人应重视起来，即由企业的总经理或者董事会牵头，向下依次设立套期保值业务部，再由套期保值业务部负责人、财务部负责人、期货部负责人、现货业务部负责人组成套期保值业务小组，共同参与风险管理，探讨并建立符合企业自身经营状况的风险管理责任制度，明确每个部门每个岗位的岗位职责，严禁出现推诿责任、逃避责任、管理混乱、业务不明等现象。②层级制度。风险管理是贯穿套期保值业务始终的，应建立健全的层级制度，依据风险进行动态备案制度调整。虽然风险因素是在业务进行中发生的，风险管理需要动态调整的，但只要有严格的层级制度，套期保值业务依然可以有条不紊进行下去，严禁出现越级处理等现象。③目标制度。首先明确企业的经营目标，其次根据经营目标才可以确定套期保值目标，建立套期保值计划时，套期保值总量、资金计划目标等，保证套期保值有效进行。④应急方案制度。建立一套基本的风险事件处理方案制度，相关风险处理制度、快速响应操作制度等，当风险事件发生时，按照预备应急制度方案进行操作，以期将风险降到最低。

2. 判断套期保值风险敞口目标

企业进行套期保值业务的核心的锁定成本，套期保值业务的目的是让企业稳健运营，健康发展，企业不能因为期货市场或现货市场单边价格波动，就随意更改套期保值目标。

近年受公共卫生事件以及全球经济一体化影响，全球大宗商品价格波动剧烈，但大宗商品价格的运行趋势依然有着显著的顺市场经济的周期性特征，商品价格的上涨幅度和下跌幅度总是大于经济增长或经济衰退的幅度，整体的价格趋势上就会出现明确和模糊的趋势，此时企业就要动态调整套期保值比例，行情明确上涨时买入套期保值，行情明确下跌时卖出套期保值，行情后市模糊时，增加现货套期保值比例等，根据市场行情的变化，动态调整套期保值策略才可以有效规避风险。

当企业处在产业链的不同位置时，套期保值策略也要有所调整，不能单一认定套期保值方向和产业链所处方向一致，要根据企业实际情况来判定。比如按照传统套期保值理论来说，有色金属产业链下游企业应对冲上游企业风险，但有的下游企业常备库存量充足，套期保值的目的反而在于库存保值，因此要卖出套期保值，如此企业套期保值方向与所处下游地位是相反的，因此，企业要多方面考虑套期保值风险敞口的目标。

3. 正确认识套期保值业务的风险因素

大宗商品企业进行套期保值来降低或抵消价格波动风险，运用建立期货市场期货合约头寸对冲现货市场商品资产，期货市场属于高风险市场，套期保值业务更是存在多种静态、动态风险，我国很多大型国企、民企还未识清套期保值业务的风险因素，就贸然进行期货市场进行套期保值操作，导致出现重大经济损失，此时企业往往会认为是套期保值策略本身存在设计缺陷或者认为是期货市场价格波动太大，其实通常是没有全面认识套期保值业务中所涉及的风险因素，并对每个风险因素进行了解。

（1）市场风险

市场风险一般属于重大风险，必须对市场风险重视起来，不仅要事中防控，事前也要做出相应的预备方案，常规价格波动风险和非常规价格波动风险属于一般风险，当出现大量资金流入市场、人为恶意操纵市场等高风险事件时，可能导致期货市场单边风险敞口，出现较大的浮动盈亏，此时剧烈波动的行情可能影响到套期保值最终效果。当基差波动风险度较大时，较易导致套期保值业务出现额外经济损失。市场风险出现较大风险时适时暂停套期保值业务；出现小范围风险事件时，根据市场预测减少部分套期保值数量；出现风险事件时可适当选择其他金融衍生品进行套期保值。

（2）信用风险

信用风险主要包括现货市场违约风险和期货违约风险。期货市场违约风险较小，因为期货市场施行银行、证监会、中国保证金监控中心三方联合监管，一般情况下期货公司出现违约风险的可能性非常低。现货违约风险往往会出现是因为交易的客户或供应商发生合同违约、无法履约合同、无法及时支付合同款项等一系列的信用问题，此时均会导致企业资金回笼出现风险。可以对不同业务、不同客户、不同供应商分别设置评价指标，分级进行风险控制。

信用风险分级管控见图 12-3。

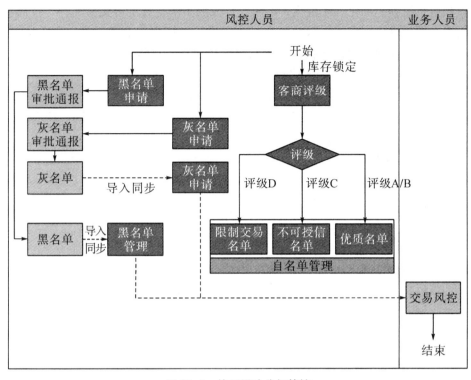

图 12-3　信用风险分级管控

（3）流动性风险

期货流动性风险和其他流动性风险均属于极小可能发生的风险事件，一般情况下均选择流动性强的期货主力合约，选择适宜时机、适宜数量进行套期保值。

（4）操作风险

操作风险属于较大风险因素，应建立完善的责任制度、层级制度、目标制度、应急方案制度来标准化企业风险管理流程；制单操作风险，建立多人会签或多级审核制，通过优化流程来降低该类风险；强制平仓风险，前期根据套期保值策略设立充足的套期保值计划预算，动态监管资金情况。策略决策风险，加强企业管理层专业水平知识，增多获取信息数据渠道，群体决策需保证真实有效；信息披露风险，加强企业内部操作节点上的业务人员业务培训以及企业文化培训。

（5）价格模型风险

策略模型风险和期货价格预测风险，都属于重大风险因素，降低主观判断依据，科学客观地建立价格模型，来减少主观意见预测未来期货价格和现货价格的可能性。

4. 优化套期保值业务流程节点管控

套期保值风险管理是在每一个套期保值业务流程进行中的节点进行全面管控的，确保企业套期保值业务风险管理得以实施主要包括独立部门、交易授权、业务流程、风险评估、专项管理和风险报告等。

（1）独立部门

设置套期保值业务专项独立的风险管理部、期货交易部、财务部，严格执行前中后台人员分离，专岗专责。

（2）交易授权

授权审批流程标准化、规范化，不同人员权限不同，对于可交易品种、授信额度、可交易账户等均进行完整的授权流程后，才可进行套期保值业务操作，当人员变更或人员职责变更时应中止授权流程，重新发起授权流程，以防有人恶意操作或操作不当而引起重大损失。岗位职责见表12-1。

表12-1　岗位职责

岗位	职责
期货部经理	1. 负责期货部工作岗位的工作分配、指导和监督，向管理委员会提出授权建议 2. 负责根据管理委员会的授权，按照企业方针、目标、年度经营计划，制定企业套期保值计划；按照期货管理委员会批准的套期保值计划，制定可行具体策略，审批执行风险控制方案 3. 负责组织期货部落实管理委员会批准的方案和策略 4. 负责对各交易岗实施全程、实时监督 5. 熟练掌握保值项目对应交易所有关期货品种的交易制度和规则 6. 负责预判并掌握各套期保值合约的交易风险，向风控岗下达风控目标 7. 负责签署当日结算单，根据生产销售情况，作出后期仓位调整计划
交易岗	1. 负责相关品种期货的交易操作，接受管理委员会授权，服从期货部经理的领导、监督与管理，接受风控岗的交易监督 2. 具备基本的期货交易能力，具有期货从业资格，全面掌握各品种基本面和技术面分析技能 3. 负责将管理委员批准的策略、方案，在期货部经理指导下，准确进行交易，不得擅自交易 4. 交易前半个小时对网络设备进行例行检查，如遇故障及时汇报 5. 负责全程盯盘，随时报告市场变动情况，随时根据期货部经理授权对仓位进行调整
风控岗	1. 负责识别、预判、评估动态风险，监督套期保值计划与方案的执行情况 2. 接受管理委员会的直接领导 3. 被管理委员会授予风控岗特别平仓权 4. 负责全面了解套期保值计划和方案的风险节点，掌握公司生产经营的动态信息，及时向管理委员会通报信息；每月提交风险评估报告 5. 负责对套期保值计划和方案作出风险评估并提出风险源，对保值交易全程监控，识别错单和越权交易，对每日现货及期货风险予以核查并记录
资金调拨岗	负责交易资金划转、出入金管理，根据交易记录完成收付款，跟踪资金回笼情况等

（3）业务流程

期货交易部和现货业务部应严格按照已通过审批的套期保值计划进行套期保值业务操作，不可在不上报的情况下进行调整交易。套期保值业务流程见图12-4、套期保值业务关键节点见图12-5。

（4）专项管理

财务部应将每年套期保值计划项下的资金以及保证金进行专项管理，使资金划拨、使用流程等进行标准化管理，动态监管专项账户，严格遵守标准流程及审批流程。

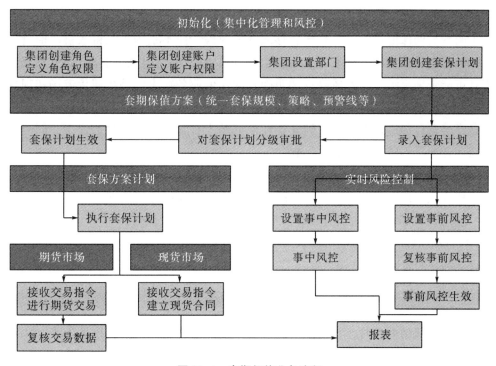

图 12-4　套期保值业务流程

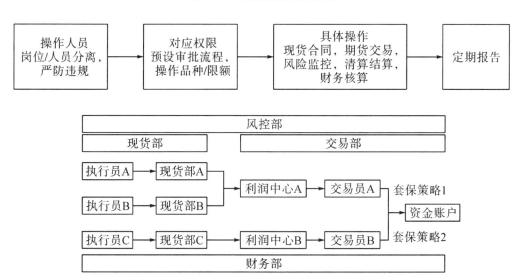

图 12-5　套期保值业务关键节点

（5）风险报告

风险管理部建立"每日交易报告"，上报交易情况、盈亏情况、权益情况、研究报告、结算情况等，对于异常波动、异常情况均及时上报风险管理部门。

5. 强化企业套期保值业务团队建设

套期保值业务会涉及大宗商品企业全业务流程中，会涉及多个部门进行协调处理，大宗商品企业一定要全员树立风险管理意识，做到人人都能深入理解套期保值风险因素，不同岗位都有专业的套期保值知识，能够快速应对发生的风险事件。

（1）套期保值风险管理企业文化

①明确套期保值业务核心在于转移或降低风险，而不是为了获得收益，期货部不能一味追求期货市场的盈利空间，而变相进行投机操作，这样套期保值业务不仅会失效而且可能带来更大的额外风险；②明确套期保值业务初衷，是将期货市场和现货市场进行联动，不能单独对期货部或现货部进行业绩考核；③企业套期保值计划是基于企业日常经营目标进行创建的，因此要在保证基本日常经营活动的前提下，同时进行套期保值业务，不能与实际业务脱节。

（2）提升套期保值业务专业水平，加强建立企业套期保值业务团队假设

①树立全员风险管理意识；②套期保值风险管理知识定期培训；③明确"专岗专责"，定期进行风险管理知识的抽查、考试。

（3）设立独立管理和风控部门

设立独立的套期保值业务风控部门、期货交易部门、现货业务部门，同时要设立独立的合规部门，对套期保值业务进行监督、监视、监管，尽可能降低企业的自身风险。

6. 提升套期保值业务信息化管理

进行套期保值业务时，复杂多变的市场环境和多维度的风控要求催生了大宗商品企业对原有 IT 系统的变革需求，主要体现在如下方面：

①系统需要更贴近业务本身，能依据套期保值业务逻辑进行计算数值、生成合同、期现结合，而不只是满足财务系统的记账需求；②系统具有更高的时效性，实现期货市场和现货市场的实时监控；③系统兼容金融衍生品计算逻辑和复杂现货贸易模式的计算；④系统贯穿套期保值业务全流程，结合内部控制管理，从后台核算延伸到中台控制以及前台交易风险监控；⑤系统建立各种风控指标、压力测试，把事后风控转移至事中风控和事前风控；⑥系统提升套期保值业务各环节的办公效率，减少操作人员与财务人员的工作。套期保值业务风险管控见图 12-6。

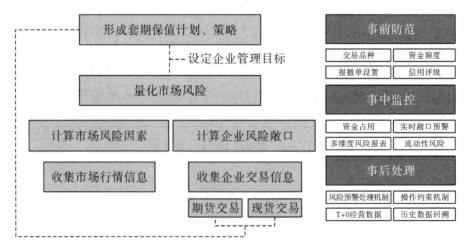

图 12-6　套期保值业务风险管控

对于大宗商品行业集中度高、复杂度高、风险度高、流程性强、关联性强、计算逻辑复杂的工作场景，通过建立信息化系统达到全流程业务管控，实现覆盖事前、事

中、事后整个业务流程（集合同签署和定价、款项收付、货物流转和库存管理、发票收开申请和记录、期货全球交易、多维度数据报表统算于一体）的合规风险控制，通过信息化建设有效提升套期保值效果。满足大宗商品企业实际业务管理需要，实现企业全流程信息化管控。具体目标如下：

①突出贸易行业特点，实现业务全流程信息整合，基于现货合同、货品、款项、发票、价格、单据、风控、报表管理来实现贸易业务流程管控，进行全球交易。

②强化风险控制，实现"实时风控"，灵活配置风控人员、交易人员、执行人员、管理人员等岗位职责，系统可按照预设风控逻辑评估敞口风险，自动发出风控预警示并推送至相关风控人员，便于财务/风控每日事中事后进行风险管控。

③集中式管理套期保值业务，实现业务系统和财务系统的一体化联动，线上进行采购订单、销售订单、物料凭证信息、交货信息、委托订单信息、物料移动信息、期货交易信息等自动传输到财务系统，减少线下单据的传送，提高工作效率，实现业务流程的流畅且高效进行。

7. 建立外部合作渠道、环境

加快大宗商品行业发展，提升企业自身企业竞争力，发展企业自身多元化、国际化，要积极探索多种合作方式和途径，同时建立内部资源共享机制，加快制度创新步伐，建立起流畅高效的内部运行机制和创新全面的外部合作机制，既要做到内部调控，又要加强外部合作共赢。拟定合适的套期保值业务外部合作渠道计划，具体有以下几个方面：

（1）部门间定期共享信息

每日例会，期货部每日不同产业部门相互沟通，探讨国内外宏观环境，共享渠道获取的信息数据，对后期行情进行研判、分析、探讨，期货市场和现货市场的价格预测均离不开市场行情、全球库存等信息的整理、总结和分析。

（2）行业间定期举办行业研讨会

定期根据不同主题、历年不同产业链的价格波动较大时的时间段、当时某个政策、当下行情波动频繁的品种、整理后的调研数据等情况下，开展研讨会，邀请不同行业嘉宾，进行互联互通，共享信息。

（3）定期实地调研

定期到国内外矿山、生产制造企业、贸易企业、数据中心等地进行调研、考察、研究以及专业人员之间进行探讨，做出最接近实际情况的调研报告，供给期货部门、现货部门，使他们构建价格预测模型时能更加准确有效，同时以期对后续的套期保值业务进行优化，提升套期保值业务的效果。

案例分析题

1. 什么是期货？结合金融衍生品市场的经济功能，说明作为投资者，参与期货市场的动因具体有哪些？

2. 南山铝业的套期保值合约主要面临哪些风险以及如何有效的对这些风险进行监管和控制？

3. 南山铝业套期保值业务的信息披露机制存在哪些不足？

项目训练

金田股份套期保值业务

宁波金田铜业（集团）股份有限公司（简称金田股份）立足浙江，放眼世界，持续推进全球化布局，在浙江、江苏、广东、广西、陕西、河南等建设多家生产基地，形成了产业链完整、规模优势显著、产品种类齐全的竞争优势；并在国外多地设立子公司。

金田股份主要生产各种高精度电子铜带产品，包括高精度青铜带、紫铜带，公司产品广泛应用于汽车、家电、航运等行业。企业由总经理作为套期保值业务牵头人，根据套期保值业务分别设立了相关专岗人员。首先设立了期货管理委员会，其中由信息部、期货部、风控部组成，同时还有现货业务部进行相互配合，企业做到各级部门严格遵守规章制度，多部门、多层级采用授权制，以此形成相互制约、相互配合、相互协调、相互合作的局面。其设立的套期保值组织架构如图12-7所示。

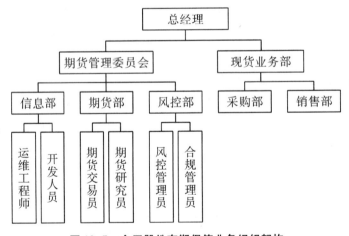

图12-7 金田股份套期保值业务组织架构

金田股份套期保值方案是以先确定企业套期保值目标，再根据金田股份存在的风险敞口，进行未来铜价格的预测，最终确定套期保值计划的方案，即遵循单边风险敞口进行套期保值。具体套期保值业务流程如图12-8所示。

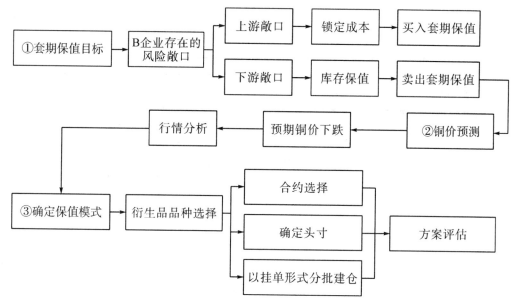

图 12-8 金田股份套期保值业务流程

金田股份的套期保值风险管理主要面向上游风险敞口,下游风险敞口的单边风险敞口,通常情况下默认某一边采购铜价已确定,金田股份对其库存进行卖出套期保值进行转移风险。金田股份套期保值的流程,首先是确定套期保值计划,其次进行价格分析与预测,最后进行期货合约的选择,在此基础上,根据2020年行情走势情况,结合金田股份2020年经营情况进行分析,市场上现货铜价有继续下跌的可能,可以在期货市场对沪铜期货合约进行卖出套期保值,该种套期保值策略被认为是合理、合规的。根据历年数据分析,我国铜价在2月、4月、6月、7月、9月均有较好表现,此时可前采取卖出套期保值策略,结合期货市场和现货市场行情来看,如表12-2所示,进行套期保值策略的制定。

表 12-2 套期保值策略

项目	内容
套期保值目的	对冲4 000吨常备库存贬值风险
合约选择	沪铜2005及2006合约
交易方向	卖出
保值时长	3~5月
建仓日期	3月
平仓日期	5月
建仓价位区间	44 000~45 000
合约数量	800手
建仓方式	分批次建仓,分别在44 200、44 400、44 600、44 800、45 000各建立卖出沪铜2005及2006合约各80手
方案特点	一定程度规避系统性风险,且保留铜价上行的可能性

2020 年 1 月—2020 年 7 月阴极铜现货价格走势见图 12-9。

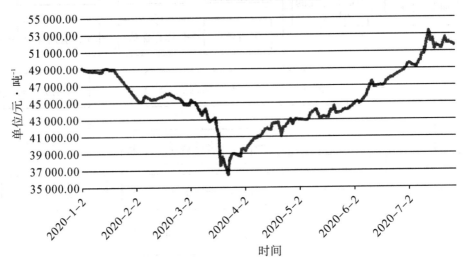

图 12-9　2020 年 1 月—2020 年 7 月阴极铜现货价格走势

根据安泰科现货价格数据以及上海期货交易所铜期货价格数据，将本次金田股份使用套期保值策略的效果分析在表 12-3 进行展示。

表 12-3　套期保值策略

	CU2005	CU2006
卖出均价/元·吨$^{-1}$	44 600	44 600
买入价格/元·吨$^{-1}$	42 860	43 720
总合约数量/手	400	400
覆盖风险部分/吨	2 000	2 000
合约盈亏/万元	348	376
期货合计盈亏/万元	724	
现货盈亏/万元	−1 230	
合计盈亏/万元	−506	

表 12-3 中直观展示了如若未进行套期保值操作，金田股份本应损失 1 230 万元，而进行了套期保值业务后金田股份通过本次套期保值策略从衍生品市场盈利 724 万元，净损失降低一半多，虽然总体净利润依然为负，但使用套期保值策略比不使用套期保值策略有效，本次套期保值业务没有冲销风险，但降低了风险，因此也是有效的套期保值。

讨论题：请对金田股份套期保值业务中存在的问题进行分析，并识别其风险。

案例十三 | 中兴通讯的财务共享中心建设

■**教学目的与要求**

　　财务智能化能大幅提升财务工作效率，是企业提升管理效率、降低管理成本的不二之选，也是财务管理的热点话题。通过本案例的学习，学生应了解财务智能化的概念和财务共享在现代企业管理中的重要性，并理解财务智能化（包括大数据、云计算等新兴技术）如何影响财务管理和决策。通过研究财务共享中心的概念、模式和在企业管理中的应用，探讨智能化与财务管理的结合，开阔学生的财务管理新视野。

引例

　　中兴通讯有限公司（简称中兴通讯）作为目前中国最大的通信设备制造业的上市公司，在财务智能化方面一直走在行业前列，2005 年建立我国第一家财务共享服务中心，并不断进行着财务流程的再造。如今，随着大数据、云计算等互联网技术的兴起和发展，新一轮的信息技术使财务共享服务朝着"云服务""云平台"以及全球业务服务 GBS 模式发展，未来的财务职能面临大数据等新兴技术的挑战，财务共享中心应如何与新兴技术结合，更好地实现财务智能化，是一个需要进一步探讨的问题。

　　中兴通讯所处通信制造行业，具有以技术为先导，高投入、高产出，市场风险大等特点。公司规模大，产品范围广，整体管理难度大，需要财务共享服务的支撑。同时，作为一个大型跨国企业集团，在国际化发展过程中，财务管理也会面临着新的需求和挑战。中兴通讯在其发展过程中，财务服务模式随着业务、战略等变化，共经历了五次变革，最终确立了以财务共享中心为基础的智能化财务管理模式。

一、案例概况

　　中兴通讯有限公司（以下简称中兴通讯）成立于 1985 年，在深圳与香港两地交易所上市，实际控制人为中兴通讯股份有限公司。截至 2022 年，上市母公司以全资、控股、合营及联营方式参与经营的公司共 109 家，公司业务主要包括通信产业、计算机产业以及其他领域业务；三大类业务收入来源分别为运营商网络业务、电信软件系统及其他产品业务、终端业务，在国内通信业务排名中仅次于华为技术有限公司。

中兴通讯自建立后，就逐渐开始探索国际化发展，业务目前已扩展到全球 160 多个国家和地区，概括起来，大致划分为以下 4 个阶段，见表 13-1 所示。

表 13-1　中兴通讯国际化发展战略的演变

时间	1995—1997 年	1998—2001 年	2002—2004 年	2005 年至今
战略阶段	海外探索期	市场铺垫期	全面推进期	全球决战期
相关内容	集团设财务部，各业务单元有完整核算系统	变革中，财务系统陷入困境	建立财务共享，所有业务单元采用相同标准规范	从沿海迁到内陆，集团和子公司业务一体化

随着国际化战略的一步步发展，中兴通讯全球分子公司大量增加，而各公司财务管理水平有差异，处理业务使用的标准也不相同，公司难以实现全球分子公司的统一管控。同时，涉及会计、税务等核算内容也对财务能力提出了更高的要求。因此，建立财务共享中心以及推进财务共享中心的智能化与全球化也是中兴通讯国际化发展战略的要求。与此同时，中兴通讯的国际化步伐不断加快，分散在全球各地区的财务人员的业务数量也随之骤增。他们并没有实现专业的分工，要负责财务核算和财务管理的所有业务，根本没有时间和精力专注于财务以外的事情。财务人员长期埋头苦干基础财务核算等附加值低的工作，无法和业务衔接，无法深入了解业务流程，更别说提供管理决策支持。而财务管理的目标之一应该是为企业创造更多价值，这就需要其着眼于客户，挖掘财务信息里的重要信息，为企业管理和战略决策提供支持。随着公司全球化业务的扩张，公司领导层也认识到其财务服务的对象不能局限于核算业务，还应该伸向各个业务单元以及各个层级的管理者，切入价值链的各个环节。

中兴通讯在全球化扩张的过程中，业务涵盖范围扩宽，涉及地区变广，逐渐覆盖 160 多个国家和地区。而随着业务单元增加，按照旧的传统财务管理模式，每个业务单元都需要财务人员，完成其业务，以支持各业务单元的正常运转。因此，财务人员的数量增长，但是又存在各个地区的财务人员不可以重复使用的弊端，从而使得管理费用和财务成本持续走高。为了更好地为企业节约成本、落实成本领先战略，以及支持公司的全球业务发展，财务部门必须要提高管理效率，降低成本，更加关注财务管理的价值创造功能。因此，财务共享服务经过 5 年的筹划和准备终于落地。公司的财务管理模式演变过程如表 13-2 所示。

表 13-2　中兴通讯财务管理模式的演变

时间	1999—2002 年	2003—2005 年	2005—2006 年	2007—2013 年	2013 年至今
模式	分散式财务管理	分散到集中变革	财务共享正式建立	共享服务蓄势腾飞	全球化财务共享

表13-2(续)

时间	1999—2002 年	2003—2005 年	2005—2006 年	2007—2013 年	2013 年至今
内容	集团设财务部,各业务单元有完整核算系统	变革中,财务系统陷入困境	建立财务共享中心,所有业务单元采用相同标准规范	从沿海迁到内陆,集团和子公司业务一体化	财务共享与新兴技术深度融合,建立全球财经管理模式

二、财务共享中心的筹建

中兴通讯建立财务共享中心的准备工作早在 1999 年便开始了。前期建立了第一代网络报销系统,为共享服务管理做信息化准备,为员工提供无地域时间限制的高效快速的费用支付服务,减少重复手工操作,提高工作效率和会计质量。随后将财务系统与网银系统直连,建立银企直连系统。紧接着进行了 ERP 系统实施,构建了一个由核算、资金管理、决策支持等多层级构成的财务信息化系统架构。通过一系列的准备,中兴通讯进行了财务职能的结构、财务组织架构的重设、财务共享中心财务流程设计与框架设计,最终于 2005 年正式建成财务共享服务中心。这也是中国国内本土企业建立的第一家财务共享服务中心。在此后几年里,公司财务系统不断完善,同时,公司在 2012 年开始筹备全球财务共享。

(一)重新解构财务职能

基于产权理论,企业的财务管理逐渐向参与决策、加强事前、事中控制渗透。在这一财务职能转型和延伸的大趋势下,企业的财务发展逐渐向管理会计职能与会计核算职能分离的方向发展,管理会计可以更加专业化、财务会计核算也更加集中。这一发展趋势,对于国际化经营的中兴通讯来说,是不可避免的,也是发展所必需的。在企业数字化转型的过程中,借助互联网以及智能等概念和技术手段,进行管理模式变革和业务模式创新。而在这一过程中,企业财务管理的设计必须与企业发展相适应,以实现柔性共享、精细管理、业财一体化等目标。

结合前文的阐述,中兴通讯在国际化经营以及数字化发展的大方向下,将其传统的财务职能进行细化,基于整体战略与经营管理,进行了业务流程再造与职能重新规划,由此设计了该集团的全面财务管理体系——战略财务、业务财务、共享服务中心以及专家团队。不同板块的具体作用如下:

战略财务:站在企业集团层面的财务管理,对应财务职能中的指导层。在集团财务"集权-网状辐射"的组织架构下,设立层级辐射式组织架构,使战略财务意识渗透到基层业务单元。

①业务财务:站在业务单元层面的财务管理,对应财务职能中的控制层。业务财务深度参与价值链的各个环节,分布在全球各子经营体中,提供全价值链业务财务管理,包含对各业务单位的分析、预算、规划等,从而深度与业务融合,推动公司价值最大化。

②共享服务:站在财务共享中心层面,覆盖财务职能的执行层。以标准化、流程化、信息化为特点,集中进行公司来自于全球的交易处理。

③专家团队：采用虚拟运作的方式，在需要的时候从战略财务、业务财务和共享服务专家领域挑选核心关键人才进行问题解决和实践决策。

如图 13-1 所示，中兴通讯为了实现财务职能的分离与管理会计职能的强化，集团总部从财务管理需求出发，将财务职能进行规划和解构，重新划分为三个层次：指导层、控制层和执行层。

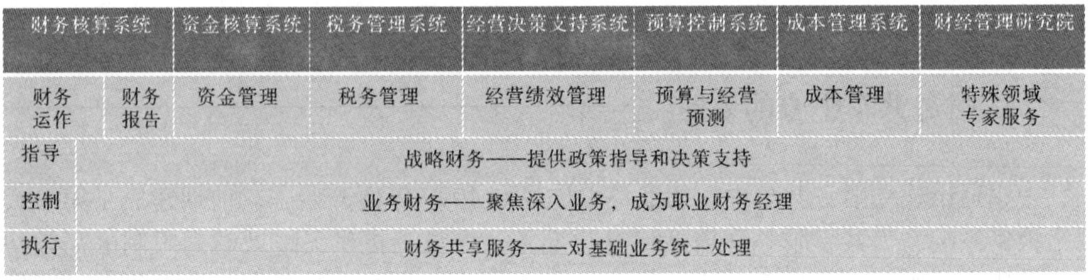

财务核算系统		资金核算系统	税务管理系统	经营决策支持系统	预算控制系统	成本管理系统	财经管理研究院
财务运作	财务报告	资金管理	税务管理	经营绩效管理	预算与经营预测	成本管理	特殊领域专家服务
指导	战略财务——提供政策指导和决策支持						
控制	业务财务——聚焦深入业务，成为职业财务经理						
执行	财务共享服务——对基础业务统一处理						

图 13-1　公司财务职能的层次

④执行层：执行层是指最底部的财务共享服务。财务共享中心需要根据上层财务制定和颁布的制度与规则，以高效、可靠、低成本为目标，完成基础财务处理流程，并向上层财务提供财务数据。

⑤控制层：控制层主要是指分布于业务单元的业务财务。业务财务需要将公司战略决策传达给执行层进行推进和落实；业务财务需要将财务共享服务中提供的财务数据转变为有效的财务分析信息，并及时传递给业务单元或者集团层面的决策者，提供决策支持服务。

⑥指导层：指导层是指企业的战略财务。这部分财务站在整个企业集团层面，将公司的战略转化为更为详细和实际的企业资源分配机制、绩效评价以及内部控制等，通过深入业务单元的价值链管理和评价手段，支持战略目标的实现。

（二）重设财务组织结构

中兴通讯为实现集团整体的战略目标，首先对财务进行了组织再造，建立了财务共享服务中心。财务云通过信息平台的技术基础，集中部分会计核算，跨时区、跨地区为全集团提供基础财务共享服务。这一财务组织再造，实现了独立于业务部门的财务组织为企业集团全部业务单元提供服务的共享服务理念。财务共享服务中心承担了传统的财务会计的工作（例如核查原始单据，制作会计凭证，编制财务报表等）。但财务共享中心集中的这些财务工作的组织形式，已经因其在职能定位上的不同发生本质性的变化。

基于资源配置理论，企业能够有效地在组织内部进行资源的合理的优化与配置，以最高的效率，尽可能地为组织带来最大化的效益。首先进行资源共享，对分散资源和冗余的机构进行整合，从而提高资源利用效率与效益。同时，进行财务组织结构再造，把大量的财务人员从重复基础的业务中解放出来，更多地服务于核心业务、企业决策、战略发展等管理会计等。

对于中兴通讯而言，财务组织的最大变革表现在：精简了公司下属业务单元的财务部，将基本、大量、高频的财务报销、审核、会计核算、报表编制等工作都剥离出来，集中转移到了财务共享服务中心。而业务单元的财务部门仅需要保留参与业务的财务岗位以及与财务共享中心对接的少量基础会计人员。另一方面，公司财务共享服务中心受集团总部的控制和管理，共享中心CFO对财务共享服务中心的经营负责，并对财务共享服务中心平常的运作质量与运行效率负责，实施绩效考核。公司财务共享服务中心的划分如图13-2所示。

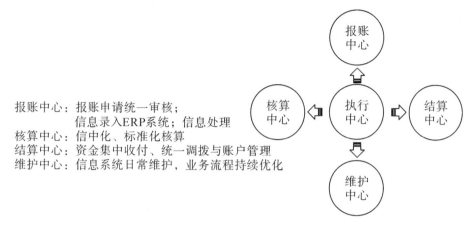

报账中心：报账申请统一审核；
　　　　　信息录入ERP系统；信息处理
核算中心：信中化、标准化核算
结算中心：资金集中收付、统一调拨与账户管理
维护中心：信息系统日常维护，业务流程持续优化

图13-2　公司财务共享服务中心划分

基于组织结构扁平化理论，中兴通讯打破原有多层级的财务组织结构，使管理阶层变得更为精简。各机构把相同的财务业务统一移交给财务共享服务中心，而财务共享中心对这些业务进行标准化、规范化的操作处理。这样，原来的组织可以从繁杂的财务中解脱出来，更加关注核心业务或利润更高的业务。并且，财务管理更加专注，有利于提高业务单元绩效和核心竞争力，同时也降低了企业集团整体的管理成本。

综上，公司通过实施财务共享，实现了组织结构再造。公司集团总部通过财务共享服务中心对下属各业务单元的财务权限进行一定的集中与控制，提高了财务数据传递的及时性和准确性，也提高了财务数据对集团层面分析决策的支持作用。另外，业务单元的基础财务工作减少，财务运作流程集中与统一，也使得公司集团财务可以利用财务共享中心的平台和优势，进行更有效的预算管理、经营分析、优化企业财务政策等价值增值的活动。

（三）财务共享中心财务流程设计与实施框架

1. 流程战略指导流程设计，适应企业发展

财务的流程设计与管理，同样服从于流程战略。通过对流程管理的目标以及内外部竞争环境的分析，财务共享中心流程建立前需要寻找和识别出关键的流程节点，准确定位制约流程效率的关键瓶颈，并有针对性地进行流程设计。

基于财务共享服务集中的组织特性，中兴通讯的财务共享服务中心在设计伊始，就以财务共享的战略为流程核心，以财务共享中心的目标作为流程管理的目标，以最优化效率为流程管理的核心。流程设计主要是根据流程框架进行逐层的分解和设计，整个过程从上至下，从抽象落实到具体细节的设计。流程设计框架分为：流程地图、流程区域、流程场景及流程（具体如图13-3所示）。

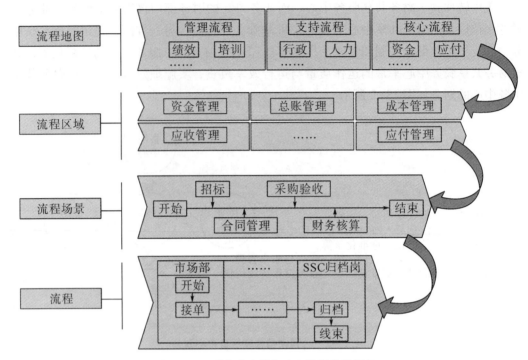

图 13-3 财务共享服务中心流程设计框架

2. 流程框架适应未来需求

在流程设计过程中，对于流程涉及的业务内容、流程的各个环节应完成工作、各环节之间的流转关系，以及分析和总结流程所必需的环节点等都需要进行明确和论述。特别是在考虑系统功能需求时，应进行全局周密的考虑，将财务业务可能涉及的功能进行详细的描述，避免二次开发的资源浪费。

3. 财务共享中心流程实施与不断优化

流程推进的过程需要依托于明确的组织领导和计划指导。财务共享服务流程实施的过程一般包括以下步骤：①组建流程团队。由能力强、经验丰富、对业务熟悉、具有创新能力的财务及业务骨干员工组成。②选择试点流程。选取流程管理效果比较显著、实施成功率较高、业务具有代表性的部门做试点，及时获取流程反馈信息。③实施总结。流程试点团队深入业务前端，及时获取试点中发现的问题并挖掘问题原因，提出问题解决方案。④逐步推广。制定推广计划，分阶段实施，并在此过程中不断获取可以进行优化的数据基础和方向。⑤流程优化。建立长效的管理机制，具体方法有标杆瞄准法、ESIA 分析法、ECRS 分析法及 D+PDCA 循环等。

财务共享服务中心建设过程见图 13-4。

2005年：实现数据和产品事业部的集中，用时6个月完成全国范围内的财务共享服务，建立国内第一家财务共享服务中心。同年底，实现财务组织的成功转型，创新性地提出"战略财务、业务财务、共享服务"三层财务架构模式

2006年：公司的各项事务流程趋于稳定，培训并且完成人员置换，成立子公司服务平台，运用双屏操作进行财务审核，利用条形码跟踪财务票据，实现影像扫描记录财务资料

2007年：综合考虑成本和发展前景，中兴通讯财务共享中心迁址，再次更新人才队伍，为全球财务共享奠定人力资源基础

2008年：建立企业差旅管理系统，实现与财务系统直连。同年开始承接外部咨询项目，开展财务共享服务中心方案设计及项目实施的管理

2009年：中兴通讯商旅业务整合到财务共享服务中心，为员工提供从预订机票、酒店到统一结算的全流程的业务，逐步将财务信息加工与业务处理流程整合，为员工输出更简捷高效的服务

2010年：业务范围扩大至大数据等新兴产业，实现差旅费自助报销、公务卡数据对接，咨询业务也相应实现规模化的发展

2011年：推出云服务体系，建立财务云、人事云、会议云、呼叫云等

2012年：使用日志系统位置信息实现全球补贴自动计算，开始筹备全球财务共享

图 13-4　财务共享服务中心建设过程

三、财务共享中心的实施

（一）财务流程再造

财务核算流程属于财务工作中最为基础和核心的业务，而财务共享中心的财务流程恰好能够适应这一特性，充分地将重复性的、标准化的核算业务进行集中处理与核算，实现高效的财务基础核算。

1. 业务范围集中

中兴通讯在进行财务流程设计时，首先将原归属于业务单元的基础财务核算业务进行集中，具体包括：总账管理、应收应付管理、资金管理、成本管理、资产管理。财务共享服务相关流程中，总账管理作为核心，其他流程内容与总账管理形成紧密的交互关系。公司财务共享的流程中，在进行上述业务处理的同时，通过信息系统形成了记账分录。这些分录又通过过账的方式进入总账业务循环中。

资金管理：收款核算流程、付款核算流程、资金调拨核算流程、贷款核算流程、利息核算流程账户管理。

应付管理：合同管理流程、账龄管理流程、供应商管理流程、费用报销流程、员工借款还款核算流程、对账流程、付款管理。

总账管理：日记账处理、会计循环过账功能、余额重估、余额转换、合并账套财务报表、应收管理、订单及合同管理流程、收入确认核算流程、发票开具流程、账龄管理流程、收款管理、核算流程、客户管理流程、对账流程。

成本管理：合同成本核算流程、非合同费用核算流程、人工核算流程、费用分摊核算流程、成本计提核算流程。

资产管理：资产新增核算流程、资产减少核算流程、资产调拨核算流程、折旧与摊销核算流程、减值准备计提核算流程。

2. 公司三级流程下的财务集中核算

中兴通讯的财务共享中心业务流程具有三个层级的流程梳理，在流程集中的基础上，输出三大主流程和 400 余个子流程，实现"主流程—末级流程—操作动作"的全面覆盖，实现处理效率的提升与成本降低。

（1）三大主流程（见图 13-5）

公司财务共享服务中心最为核心的三大主流程包括：PTP（从采购到支付）流程、OTC（从订单到收款）流程、ATR（从账务到报表）流程。在三大主流程的规划下，财务共享中心的工作人员根据流程规划进行专业化分工，打破了传统企业经营中根据全球地域分布、子公司布局分工的工作模式。

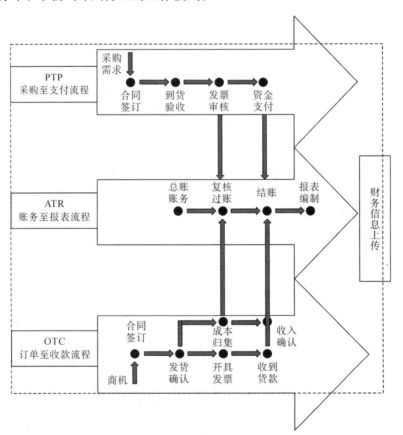

图 13-5 中兴通讯全球财务共享服务的三大主流程

（2）末级流程

在三大主流程之下，中兴通讯财务共享中心继续细化末级流程。末级流程作为第二层次，深入业务链条的两端，使得财务信息的获取更加及时、完整与高效。公司在PTP（即采购到付款）主流程下，细化发票信息采集、数据及业务处理、银行支付、客户服务等末级流程，实现财务集中的核算。同时还完成信息流的流转与共享：一方面是供应商发票及业务信息向财务共享中心传递；二是财务共享中心进行支付并向供应商提供查询服务。同样以中兴通讯的OTC流程为例，OTC流程上涉及了合同管理、存货/物流管理、资金管理、工程管理等各个业务环节上的末级流程。这些末级流程在相互关联和支持的板块中，各自运行，而又相互关联与沟通，实现"全面覆盖"的流程改造目标。另外，财务集中核算再造又体现在：站在全球化经营背景下的财务共享中心中每一个末级流程上能够进行一定的知识积累。比如：负责合同到收款业务的一名员工，负责处理该项业务流程中全球子公司业务相同的某一节点；基于此基础，在该流程上的每一个岗位都可以完成在某个操作节点的全球业务操作。在财务业务高效执行的同时，财务共享中心还对该节点上的全球知识进行一定的集中与积累，从而在企业集团层面更好地发挥全球对标和持续优化的支持作用。

（3）操作动作

在设计主流程与末级流程后，需要对末级流程进行标准化操作的设计与执行，遵从标准化作业的理论与实践基础，充分发挥标准化流程在集中核算中的作用。

中兴通讯国内销售流程见图13-6。

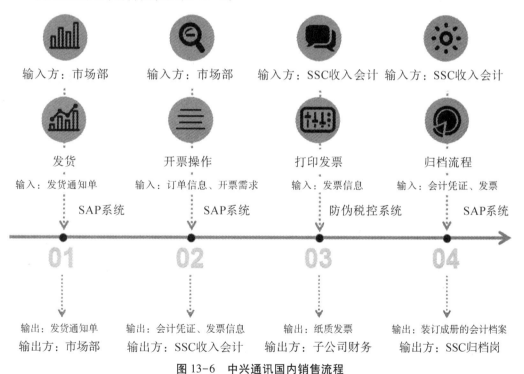

输入方：市场部　　　　输入方：市场部　　　输入方：SSC收入会计　输入方：SSC收入会计

发货　　　　　　　开票操作　　　　　打印发票　　　　　归档流程

输入：发货通知单　　输入：订单信息、开票需求　输入：发票信息　　输入：会计凭证、发票

SAP系统　　　　　SAP系统　　　　防伪税控系统　　　SAP系统

01　　　　　　02　　　　　　03　　　　　　04

输出：发货通知单　　输出：会计凭证、发票信息　输出：纸质发票　输出：装订成册的会计档案

输出方：市场部　　　输出方：SSC收入会计　　输出方：子公司财务　输出方：SSC归档岗

图13-6　中兴通讯国内销售流程

从图13-6所示的公司国内销售流程示范来看，销售流程中每一个环节都分解出了输入方、输入凭证、输出方以及输出的凭证等细节操作。在细节操作标准化的设计和执行下，既实现了核算误差、错误的缩小与消除，又在很大程度上提升了集中核算的效率。

3. 资金管理

(1) 基本资金管理

中兴通讯将资金管理纳入了财务共享服务中心。主要包括：账户管理、资金内外部结算、资金风险管控、资金信息分析、资金报表管理、资金制度管理。其中，账户管理即账户的开设、日常维护和使用、变更、撤销和用途管理等；内部结算，即资金的归集管理、上划下拨和头寸管理等；资金外部结算，即资金外部结算交易管理、资金交易平台的搭建和日常管理等；资金信息分析，实现对资金信息的实时监控，加强对资金流入、流出规律分析、运营资本效率分析、收入回现分析、流动性风险分析等；资金风险管控，即通过对资金流动的动态监控，实时掌握各级账户和资金流入、流出信息，对账户开设和大额资金流动进行动态监控，降低资金风险；资金报表管理，通过企业资金系统与财务系统的对接，实现自动对账和生成会计凭证，并编制资金余额调节表；资金制度管理，即资金相关制度、资金印章管理等。财务共享中心更多地发挥了支付工厂的作用，大大提升资金管理的运作效率与服务质量，并且降低了资金管理的成本。

(2) 全球资金管理

中兴通讯在财务共享基础上，实施了全球银行账户的统一管理。在全球共享服务中心，资金团队管理了全球 116 个国家和地区的上千个银行账户。在财务共享中心的数据监控下，集团全球各地的每一步资金流动都需要经过共享中心来完成，有效实现了内部资金管理的可控。与此同时，中兴通讯在全球范围内建立了四个区域资金池，实现资金的可视、可控、可调和可回。其中：可视是指在任何时间点可以知道公司分布于全球的所有账户的中间资金余额；可控是指通过共享中心支付监控，实现每一笔现金收支的透明、公开和已授权；可调是指通过区域资金池，满足在任何一个法律允许的范围内，相互融通，降低融资成本；可回是指通过汇路管理，保证资金的转回。最后，还有全球的汇兑管理，包括汇率管理和汇路管理等。

4. 办公无纸化升级

财务共享中心下的财务流程再造，最为核心的目标在于效率理论下效率提升的目标。而在企业数字化转型、信息化系统交互连接的物理基础上，财务再造必然需要进行无纸化办公的升级。

(1) 无纸化财务流程再造目标——"三流"融合

无纸化办公升级，主要是想通过整合企业财务共享服务过程中存在的实物流、信息流、资金流，利用"三流"的有机融合达到效率提升的目标。而如何利用实物控制与信息技术来保证上述"三流"的有机融合，正是企业构建财务共享服务、进行财务流程再造需要重点关注的问题。

实物流：各地分子公司发生的大量业务票据需要经过各地的归集、邮寄、接收、分发、印当等传递到财务共享服务中心。

信息流：各地分子公司人员每天都要通过网络平台填写大量电子单据（如出差申请单、报销单等），从全国各地传递到财务共享服务中心。

资金流：伴随着实物流、信息流的流转，涉及资金收付的业务在业务单位与财务共享中心之间流动。

（2）无纸化财务流程再造——"三流同步"系统

Z公司"三流同步"系统主要是指将实物流、信息流与资金流对接与传递的时间差异最小化，从而实现同步对接的流程再造机制，如图13-7所示。

| 实物流 | 资金流 | 信息流 |

业务单据
业务单据通过影像扫描系统扫描生成携带条形码的影像单据

电子单据
实物流通过信息网络跨时区、跨地区实施传输到审核岗位

财务申核
账务共事中心的基础财务人员则能够根据系统中的电子单据与实物单据影像进行双屏审核

资金结算与归档
审核一旦通过则资金结算和归档能够同步完成。而实物档案则统一集中进行后续装订存档

图13-7　中兴通讯"三流同步"系统财务核算流程

图13-7所示的"三流同步"流程过程中，业务单据能够通过影像扫描系统快速地进行信息识别；通过信息系统的对接和传输，节省实物凭证传递过程中的时间损失和成本耗费；电子凭证又为此物审核提供了便利。在这一过程中，"三流同步"系统满足了业务领导随时、随地选择审批时机的需求，而复核人员也能够根据系统权限调阅票据实物影像进行核查。这样的灵活性提高了审批的速度以及后续财务人员的结算和核算速度。因此，在公司的财务流程再造中，在实物与信息系统两个层面同时增加了条形码识别和控制、财务审核控制、归档信息协同控制等流程，最大限度地保证"三流"同步，达到实物、信息、资金"三流"充分融合。

（二）业务流程再造

1. "易商旅"

随着中兴通讯财务共享中心基础核算业务和资金收付业务的发展，其对公司业务部门的支持作用不断提升。在财务共享中心基础核算业务和资金收付业务之外，财务共享中心推出了另一项对业务部门的支持服务——易商旅共享服务。易商旅共享服务得以实现，主要是基于以下两个方面的原因：一是信息系统的不断完善，使得财务共享中心可以更加方便与及时地获取业务部门的信息数据，及时得到业务部门提出的商旅服务需求；二是信息系统的支持，使得相关流程更加标准化，其中也包括了报账流程的标准化。

（1）易商旅财务共享作用机制

基于商旅服务软硬件综合资源共享服务平台，中兴通讯实现了从商旅计划、国际国内机票、酒店预订、火车票预订等一站式沟通交流和手机移动互联互通，通过易商旅服务平台实现出差的事前计划和预算管理，事中的审批控制，事后的差旅机票、酒店数据分析，同时实现差旅和财务报销的统一财务处理，从而为集团控制管理成本和降低财务风险，实现商旅业务全程自动化、透明化、可视化、无纸化提供可能。

（2）易商旅财务共享实施效果

基于易商旅共享服务平台，通过追踪员工的出差信息，然后与相应的代理商和客运服务公司对接，可以增强企业的议价能力。数据表明，中兴通讯通过该平台实现了差旅成本节约 15% 左右的目标，也简化了公司的差旅费审核流程。

易商旅与航空公司和酒店业直接合作，在财务共享中心进行全集团差旅集中采购和服务的专业化管理的思路，为公司在其供应链前端生成与海量供应商直接互联的采购系统和在供应链后端生成与众多已有客户之间的销售系统指明了方向。中兴通讯面向供应商形成的采购系统有助于：稳固企业与供应商之间的关系，以获得价格折扣、付款期限融通等优惠；使企业方便对不同供应商产品的质量、价格等方面进行对比。公司面向客户形成的销售系统将有助于：与现有客户维持良好的关系，降低维护成本；可以为售后服务提供支持，以更低的成本获得客户对产品的反馈情况，以进行持续改进；将客户集中，方便企业在推出新产品时的推广更具针对性。随着中兴通讯将易商旅整合到财务共享中心，一方面，公司可通过商旅信息与企业的采购和销售业务结合起来，加强对采购和销售环节的管理与控制；另一方面，可以简化差旅费用报销流程，为员工提供更加便捷的服务。

2. "易采购"

在传统财务模式下，随着企业规模的不断扩张和业务单位的持续增加，分部都需配备相应的财务、人力、IT、采购等人员，人力资本随之增加；而不同地区、不同分部间流程的多样和标准的差异势必会影响企业整体的发展运作，对企业的日常经营和存续产生阻力；同时，业务单位之间业务量的不平衡也会导致一些地区或分部资源不足而另一些地区或分部资源富余，从集团层面来讲无疑造成了浪费。另外，虽然财务共享中心的建立使得财务部门可以标准化、集中化处理单据，但是报销流程依然要涉及准备票据、领导签字、影印扫描、票据审核、报销等环节。因此，中兴通讯产生了建立标准化、统一化的采购流程的需要。于是，集团索性将改革进行到底，借助信息系统，员工通过前端自助申请，后端自动处理的模式，将采购相关的发票数量降到最低，进一步促进效率提升。

目前，公司的易采购平台发展还不够完善。在公司的构想下，成熟的易采购系统的运作模式大致为：首先，以中兴通讯为代表，与行业内众多企业合作，通过成熟的信息系统搭建产业化电商模式的交易平台，邀请供应商加入该平台。在该平台下，企业员工在采购时，不再需要对所有的采购填具大量单据，不用走繁琐而形式化的审批流程，而是直接在系统内部平台对各个供应商的产品质量、价格和其他条件进行对比筛选后，以该平台为媒介，直接购进原材料；这样可以简化、标准化、透明化采购流程和销售流程，打通了报销流程，也使得企业的收入确认与应收账款的管理得到加强。

3. "易补贴"

易补贴系统是信息系统作用于财务活动的一个重要表现形式。中兴通讯作为一个大型跨国集团企业，需要计算相应的员工出差补贴。但是由于企业出差涉及的人员多，每个员工每次出差时间差别大，涉及国家范围广，每个国家的差旅补贴标准不一，公司的补贴计算规则比较复杂。公司建立财务共享中心，应用 IT 技术，通过 IT 系统的安全日志里面的 IP 地址来判断员工所处的位置，就知道全球的员工什么时间在什么地方出差，这样公司每个月就可以及时、准确地把补贴发放给员工。同时，公司还可以利用这些信息做一个大数据分析，与企业的预算结合起来，促进企业的财务管理。

四、财务共享中心的应用与拓展

（一）共享中心在运营管理中的应用

中兴通讯财务共享服务中心经过十多年的总结提炼，建立起符合自身发展的"九维管理体系"——目标管理、人员管理、绩效管理、知识管理、流程管理、标准化管理、系统管理、质量管理、服务管理。

1. 目标管理

战略和目标是企业运营和发展的起点，决定着企业的发展走向。因此，如何设置符合企业自身经营和发展的战略目标并对其进行管理变得至关重要。目标管理作为中兴通讯财务共享服务中心运营管理体系的第一个维度，是整个财务共享服务中心的基础。财务共享服务中心的管理目标有：满意度、效率、成本和质量。这四项内容也是衡量财务共享服务中心的核心。

①满意度。在共享服务中心成立前后，公司业务部门对财务部门员工的满意度有着显著差别。内部调查数据显示，在建立之前，上述满意度仅为50%左右。2016年，财务共享服务中心建立不久之后，该指标已提升到95%以上，而近些年来满意度一直比较稳定。

②效率。单据以及其他业务处理效率也是财务共享服务中心进行组织绩效考核的重要指标，如何准时、保质、保量地完成对客户的承诺也需要重点关注。

③成本。这一指标代表着财务共享服务中心平均处理一笔业务或单据所耗费的金额。据统计，目前实行财务共享服务中心的标杆水平约为每单据1美元。

④质量。质量也是进行组织绩效考核的重点内容。这一指标要求财务共享服务中心不仅要降低单据处理成本，还需要保证服务质量，降低差错率。

2. 人员管理和绩效管理

对于人才的管理，中兴通讯财务共享服务中心视不同岗位员工的性格、能力和发展潜力设计各不相同的胜任力模型以及激励机制，让员工自行规划符合自身的职业发展，有利于人才培养。在绩效管理方面，主要通过图13-8所示的数据整合分析流程进行。

组织绩效是公司从核算系统、报账系统、影像系统和其他系统中获取数据，进行数据采集和分析，形成与组织目标一致的绩效管理报告：时效报告、质量报告、满意度报告和成本报告，对组织绩效进行考核。人员绩效是对员工个人绩效的衡量，特别是业务处理人员，如扫描岗、审核采用计件工资考核法，对于总账岗位采用定量和定性结合的考核办法，并实施与之对应的激励措施。

3. 知识管理

图13-9是中兴通讯财务共享服务中心的知识管理内容，主要有建立组织文化、知识地图和知识库，最终建立一个学习型组织，打造持久竞争力。知识管理中一个重要应用就是培训，中兴通讯财务共享服务中心建设了完整的员工培训管理体系，包括培训组织、培训课程体系、培训支持系统、讲师队伍的建设。

应用范围
业务流程管理
组织管理
质量管理
绩效管理
培训管理
服务管理
载体：标准化文档
标准化固化流程
税率定义
付款条件
收付款方式
核算项目
费用项目
开始月份设置
科目设置
期初余额设置
启用账套
凭证录入
凭证审批
凭证过账
会计科目月结
业务转凭证
结转损益
费用申请单
其他收付款
现金银行明细表
科目汇总表
科目流水账
总分类账
明细账
资产负债表
利润表
现金流量表
管理制度
保障标准化机制
财务共享服务中心
管理制度
标准化管理制度
编号：×××
标准化管理办法
年 月 日发布
年 月 日实施
文件起草人：

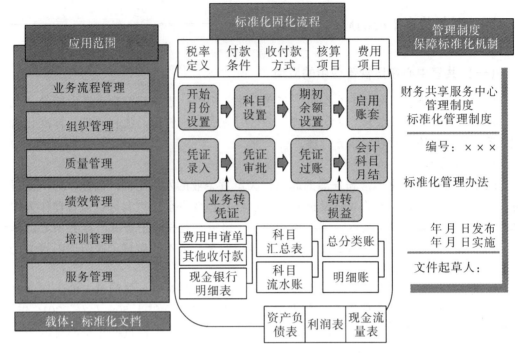

图 13-8 财务共享服务中心的绩效管理

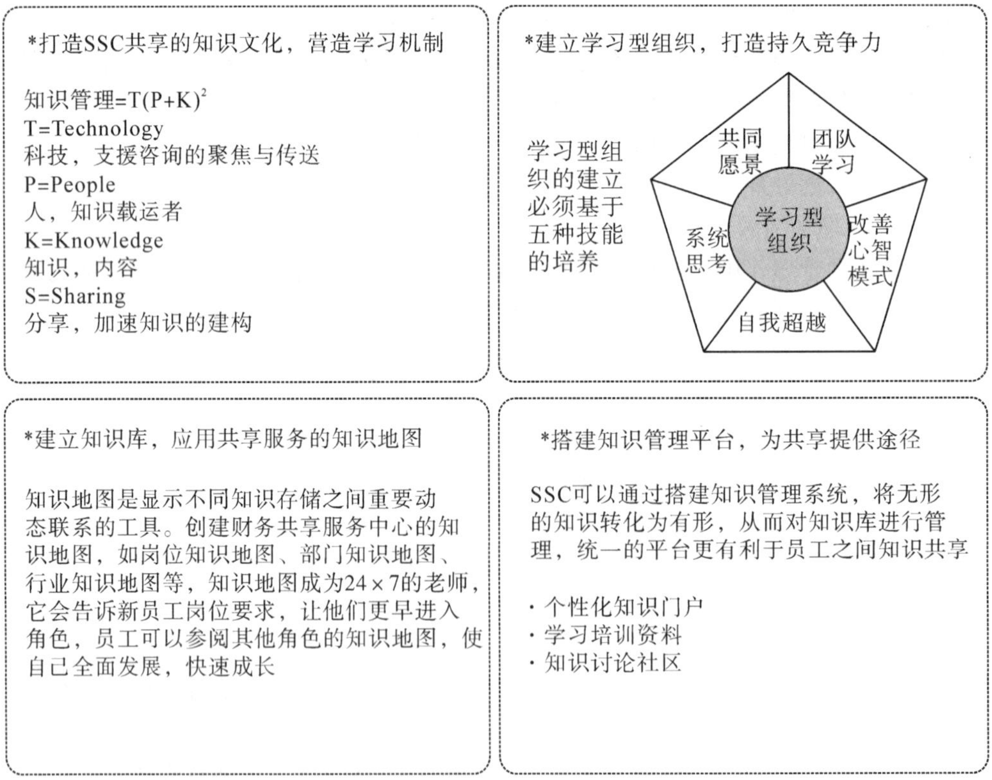

*打造SSC共享的知识文化，营造学习机制
知识管理=T(P+K)²
T=Technology
科技，支援咨询的聚焦与传送
P=People
人，知识载运者
K=Knowledge
知识，内容
S=Sharing
分享，加速知识的建构
*建立学习型组织，打造持久竞争力
学习型组织的建立必须基于五种技能的培养
共同愿景
团队学习
改善心智模式
自我超越
系统思考
学习型组织
*建立知识库，应用共享服务的知识地图
知识地图是显示不同知识存储之间重要动态联系的工具。创建财务共享服务中心的知识地图，如岗位知识地图、部门知识地图、行业知识地图等，知识地图成为24×7的老师，它会告诉新员工岗位要求，让他们更早进入角色，员工可以参阅其他角色的知识地图，使自己全面发展，快速成长
*搭建知识管理平台，为共享提供途径
SSC可以通过搭建知识管理系统，将无形的知识转化为有形，从而对知识库进行管理，统一的平台更有利于员工之间知识共享
· 个性化知识门户
· 学习培训资料
· 知识讨论社区

图 13-9 财务共享服务中心的知识管理

4. 流程管理、标准化管理和系统管理

流程管理的对象为90%的例行过程，而剩下的10%属于例外过程，需要项目管理进行控制。所谓的例行过程，是指同质性高、重复率高、可以依靠规律和经验的过程。例如，财务共享服务中心中的费用报销，就是相当典型的例行过程，因为对于其审批到报销都有一个严格且明确的标准在控制。因此流程管理就是针对90%的重复率高、同质性高的例行过程进行控制和管理，提升效益和效率。

标准化管理涉及方方面面，并有着不同的表现形式。如图13-10所示：首先，标准化文档，这是财务共享服务中心进行标准化管理的载体，应用范围相当广泛，如业务流程管理、组织管理、绩效管理、服务管理等。其次，标准化固化流程是标准化管理的另一种表现形式，如费用审批环节、资金收付环节。最后，管理制度是保障标准化的机制，如财务共享服务中心建立的标准化管理办法、标准化管理制度等。

| 实物流 | 资金流 | 信息流 |

业务单据
业务单据通过影像扫描系统扫描生成携带条形码的影像单据

电子单据
实物流通过信息网络跨时区、跨地区实时传输到审核岗位

财务申核
账务共事中心的基础财务人员则能够根据系统中的电子单据与实物单据影像进行双屏审核

资金结算与归档
审核一旦通过则资金结算和归档能够同步完成。而实物档案则统一集中进行后续装订存档

图 13-10　财务共享服务中心的标准化管理

信息系统是财务共享服务中心运营的基石，财务共享服务中心的建立离不开信息系统的支持。由于中兴通讯的 ERP 系统、CRM 系统、PLM 系统等都是从第三方公司外购而得，而其他信息系统如成本管理系统、绩效管理系统、财务运营系统、会计核算系统、资金管理系统等都是由公司专门的技术团队开发，如何实现不同系统的对接、解决运行过程中的信息系统问题都是系统管理需要重点解决的问题。只有对信息系统进行管理，加强控制，才能进一步提升业务处理效率。

5. 质量管理和服务管理

中兴通讯财务共享服务中心的质量管理，包括三点的内容：操作标准化、检查体系化、评价显性化。实现了这些内容之后，才能满足客户的需求和期望，实现组织战略与目标。服务管理流程主要是：首先进行服务质量数据获取，进入服务信息数据库之后进行数据分析，再反馈到相关的流程，如票据流程、成本核算流程等。

（二）财务共享中心的拓展

1. 虚拟专家团队服务

随着中兴通讯财务工作的标准化程度不断提升，公司的财务部门逐步形成了战略财务、业务财务和共享财务三大实体板块，覆盖了企业财务的方方面面。但是，由于在实施过程中，各个财务板块可能会出现需要结合三个方面的状况。财务方面专业人员更加紧密联系的活动，如突发性、临时性的活动。最具代表性的这类活动便是：作为跨国大型集团企业，当中兴通讯要新进入某一国外市场时，由于不同国家在文化、会计准则、税收法规、经济环境和国家政策方面都有较大的不同，则需要各个财务板

块的专业人员进行调研和分析。但企业进入新的国家市场并不是经常性的活动，没有必要专门成立一个部门持续从事该项调研活动。因此，受到共享中心"共享"理念的启发，公司只有在需要时才从另外三个财务板块抽调专业人员，组成专家团队从事新市场开发的财务支持活动。公司财务专家团队不同于一般的组织部门，是一个以"专家池"的形态存在的虚拟组织，而非一个稳定长期的实体单位。虚拟专家团队所有成员根据其专注的活动板块进行区分，没有长期稳定的组织结构。专家团队采用虚拟运作的方式，在需要的时候从战略财务、业务财务和共享服务领域挑选核心关键人才进行问题解决和实践决策。选取流程为：根据在所需活动单元员工的工作经验、工作绩效和专业能力进行初步的赛选；经过专业培训、组织测试和专家评价等方式进行二次选拔。这样的专家选择流程能够确保最终进入专家池的成员，满足对进行相关工作的专业化要求，以便能够快速地应对跟进项目。

中兴通讯财务专家团队的专业服务范围涉及面较广，且均为专业性较强的财务活动。专家团队主要致力于攻破项目运作中或企业日常运作中的各种财务难题，促进财务模块的有效运转，是公司财务体系的知识中心。虚拟专家团队、专业知识库的建立和日常维护，实现了公司财务专业知识的长期"共享"。虚拟专家团队的存在表明，中兴通讯的财务共享不仅体现在财务共享中心提供的基础财务核算数据、信息方面的共享，更是上升到了财务板块专家团队知识和智慧的共享，使得公司实现"数据-信息-知识-智慧"不断转化的良性循环，构建了企业财务管理全面共享的理念。

2. 财务共享咨询服务

中兴通讯的"财务云"是基于其财务共享中心建设的经验建立起的财务共享领域专业管理咨询、信息技术支持等业务的业务单元。公司在满足企业自身发展需要的同时，提供财务共享知识（包括课程、论文、行业会议、讲座等）的输出，向外部企业提供财务共享中心搭建、信息技术支持、战略财务等咨询业务。至今，公司已向一百多家大型集团企业提供财务变革及财务共享整体解决方案。作为财务共享中心整体发展的一个衍生品，"财务云"一方面承担着对集团内子公司以及下属控股子公司财务共享体系的建设；另一方面，也承接来自集团外部的其他企业在财务共享中心建设调研和方案咨询服务。作为独立的咨询服务部分，财务云遵循咨询行业的基本运作流程，业务范围逐步从集团内扩展到如今为"一带一路"沿线企业提供财务共享中心建设及运营的咨询服务。

五、财务共享中心助力全面财务管理

（一）中兴通讯基于共享服务的财务管理基本框架

财务职能之间的相互协同机制随着市场以及现代企业制度的发展，借助互联网、通信以及物联网技术的发展，企业已经能够实现向流程导向演进的发展。在这个不可逆转的趋势中，扁平式的职能交叉模式可使公司更好地追踪成本，中兴通讯的财务管理体系正是基于这一模式设计和执行的。在这一发展方向的基础上，公司借助其技术以及理念的优势，简化公司内部流程、对集团内业务单元中的相同业务进行标准化流程规范、将内部与外部流程结合，使上述全面财务管理四大板块的财务结合在一起。

1. 组织结构上："集权-网状辐射"模式实现紧密联系

中兴通讯设计的"集权-网状辐射"式组织模式将战略财务与业务财务连接在一起，如图13-11所示。"集权"是指战略财务站在集团财务的宏观层面，拥有资源配置与协调权、政策制定权、业绩考核权，从企业战略决策层面，进行预算制定、绩效考核以及集团总体成本管理。

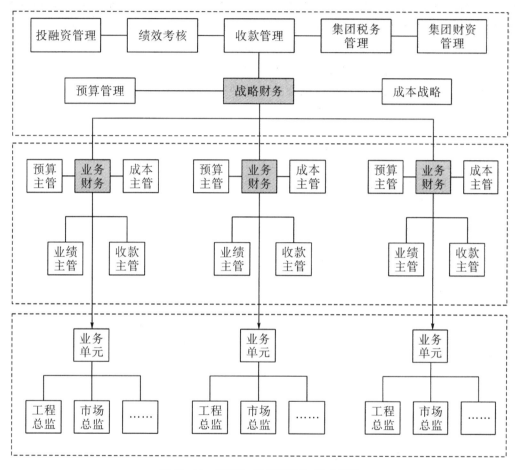

图 13-11 "集权-网状辐射"模式设计

"网状辐射"是指战略财务下控制的业务财务，这些业务部门接受战略财务制定的管理与预算，参加和指导业务部门活动，将财务渗透入业务价值链上。同时业务财务和战略财务进行有效的沟通与互动，使得业务财务立足于业务单元，将战略财务的政策意图落实到基层；另一方面，又将基层需求反馈给战略财务，使得战略财务能够获取业务财务控制最及时、真实可靠的信息。

在战略财务与业务财务之间"集中-分散"的联系下，财务共享中心采用标准化、流程化的机制，实现了财务核算类岗位和财务管理类岗位的分离。如此，基础财务工作系统能够高效进行，高级财务管理人员能在战略管理、业务单元财务管理等财务活动中发现价值增长点，从而在业务单位活动中创造价值。

2. 信息流程上：财务与业务信息交互实现循环流动

中兴通讯的全球财务管理体系是在财务共享中心的数据平台支持下，实现财务以及业务信息从业务向上传递和决策信息的向下传递。通过财务共享中心这一互联共享平台，将战略财务、业务财务以及业务单元的信息连接起来。

如图13-12所示：企业集团层面的预算管理、成本战略以及预算、绩效等信息从战略财务向下传递：一部分通过财务共享中心在财务核算和控制中直接嵌入，然后通过财务共享中心的流程在财务核算中实现控制；另一部分则经由业务财务向业务单元传递，在业务财务参与业务单元价值链活动的过程中进行管理与控制，从而实现企业财务战略从上至下的渗透。而业务单元产生的业务、经营以及财务信息，则向上传递：其一通过业务财务传入财务共享中心或直接向战略财务报告，其二通过业务财务向共享中心传递，其三还可以通过业务单元与财务共享中心对接的信息化接口直接获取；而财务共享中心将全球业务单元传输来的信息进行"碎片化"处理，分解成零散的数据后，再形成战略财务所需的财务报表以及财务报告向上传递。

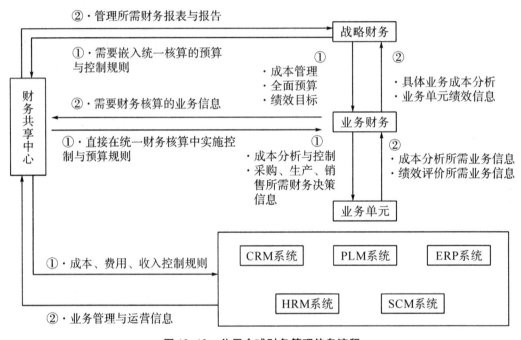

图13-12 公司全球财务管理信息流程

(二) 中兴通讯全面财务管理体系运行机制

1. 战略财务运作机制：基于成本领先的财务管理战略

中国企业目前在国际市场中进行竞争的一个核心竞争力即为低成本优势。而一旦丧失这种核心竞争力，企业在激烈的国际竞争中将失去立足之地。毛利率指标作为同时考量企业收入能力和成本控制能力的指标，能够在一定程度上评价企业成本领先能力。图13-13所示内容为中兴通讯2011—2017年毛利率水平的变化。

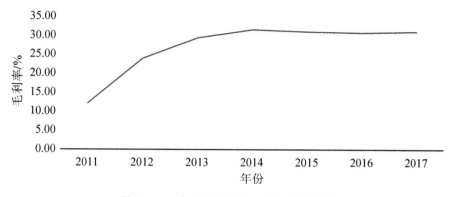

图 13-13　中兴通讯 2011—2017 年毛利率

如图 13-13 所示，自 2011 年起，中兴通讯毛利率经历了从 12.13% 大幅上升到 30% 左右的水平，而后稳定在 31% 左右水平的过程。对比国内行业数据来看，公司所处的行业毛利率在 27.51% 左右，略高于行业平均水平，排名第 30 名（共 94 家上市公司）。中兴通讯一直倡导成本领先的战略，但我们通过上述数据可以看出，公司的成本差异战略执行在整个行业来看并不占优势。原因在于，公司经营业务处于产业链条的中下游，利润空间不足，因此毛利率提升水平受限。在这样的竞争环境中，想要从上游供应商手中"夺取"利润，是存在压力的。但也正是由于这样的原因，公司必须要精确控制成本，保持在相同产业链环节上企业间的竞争优势。

中兴通讯战略财务的运作流程如图 13-14 所示：以企业战略为起点，对业务、经营进行规划与预算，在过程管理的基础上进行绩效评价和激励。其中涉及对企业基本的市场和产品决策，在全面预算的基础上进行成本、项目以及风险的管理与控制。由于公司具有国际化经营的背景，利用全球布局业务单元，进行全球税收筹划也加入了该公司战略财务的规划范畴。

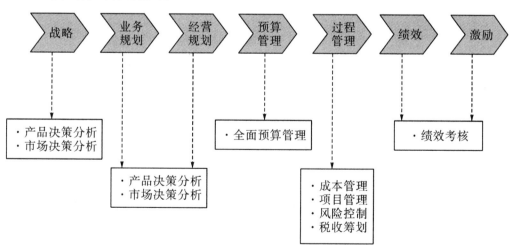

图 13-14　中兴通讯战略财务运行机制

预算管理方面，中兴通讯采用"结算制"为主的全面预算管理。公司在预算管理过程中，执行 PDCA 循环（即计划、执行、控制和反馈），持续跟踪资源的使用效率。企业预算管理的实质，其实就是站在业绩与企业集团内相关资源配置的基础上，建立一套有效的规则，依据业务单元的业绩对资源进行配置。而在公司的实践中，财务数据与业务数据通过财务共享体系中"上传"和"共享"，使得分析和预测业绩与资源配置关系成为可能。在能够持续获取业绩的基础上，对各部门进行动态预算管理与控制，达到集团整体的有效控制。成本管理方面，公司实行的是全面成本管理，站在循环的价值链上对企业各个环节的成本在战略财务的层次上进行成本规划。具体的业务成本分析与控制下放到业务单元与业务财务共同进行，而战略层面则是进行全流程成本、全生命周期成本的分析和预测。在全球经营的背景下，公司的税务策划通常是通过熟悉当地税收政策的专业人士进行的。在这个过程中，战略财务的作用主要是在集团层面进行全球税收筹划，降低合规风险与税收成本。

总结来说，中兴通讯战略财务的运作机制是：在财务共享理念以及财务共享中心平台的支持下，基于成本领先的战略思想，重点关注全面预算管理以及成本等过程管理，战略层面的预算与成本向下执行，结合绩效考核，实现动态、精细的管理的循环过程。

2. 业务财务运作机制：深入价值链的财务管理

（1）业务财务的基本职责分配

中兴通讯的业务财务是指由财务共享中心选派到业务单位的财务代表，参与到业务单元的经营决策中去，又同时接受业务单元财务部门和财务共享中心的控制与监督。如前文阐述的内容，业务财务作为财务和业务的桥梁纽带，紧密联系财务组织形式以及财务信息循环，使得公司实现有效的"业财融合"。业务财务深度参与价值链各个环节，成为业务单元经营决策团队的重要成员。业务财务为业务部门提供全价值链的业务财务管理，促进企业业务与财务的融合，具体作用机制表现为以下两点：

①业务财务为共享财务提供最基础的数据来源。现代企业财务管理的目标，是以客户为中心，将业务中的信息进行提取、挖掘、加工、分析和报告，输出内、外部报告，从而支持企业的管理活动，实现价值创造。中兴通讯的业务财务基于以上的目标流程，实现了业务信息的转化，为财务共享中心提供了最基础的数据来源，是整个数据循环的开端，形成"业务层—核算层—管理层—决策层"的数据信息流。

②业务财务指导与支持业务部门工作。业务财务与业务单位共同办公、相互交流，能够从业务单元的实际情况出发，及时、全面地了解财务数据背后的实际经营问题，并从财务管理角度提出有针对性的建议与指导意见。另外，业务财务人员使集团公司财务与各个业务部门联系更加紧密。一方面，业务财务向集团公司财务汇报业务部门的相关信息，集团公司对业务部门的业务情况进行指导，有助于总部对业务单位或子公司的领导与掌控；另一方面，业务财务将公司层面的指令下放到业务部门，确保业务部门围绕着公司的整体目标运作。

（2）价值链上业务财务结合的具体方法

①业务财务通过 HPPD 介入业务基础流程

HPPD（High Performance Product Development）是指高效的产品开发管理模式，适用于企业面向产品开发、平台开发和技术开发各研发领域。区别于传统的产品研发管理与控制方法，HPPD 模式强调研发各环节中市场、研发、销售、服务等各部分工作的协同。HPPD 模式下的企业销售并非单一的产品销售，而应该是包括一系列"配套"，如产品、硬件、软件、服务、售后、运输等的一套"产品包"销售。因此，只要是参与产品研发的部门，都需要在各自参与的环节上对产品研发负责。

从上述产品开发管理模式的示例可以看出，中兴通讯的业务财务实际上是"嵌入"在业务单元各个业务活动中的。业务财务通过参与对产品包各个环节的设计和深入了解，深度介入业务的基础流程，对各个环节业务的运行机制和原理有较深刻的了解，从而为其对业务部门工作的指导提供了现实基础。

②业务财务深度介入价值链与供应链环节

公司的价值链通常分为市场、研发、生产、销售和售后环节。而中兴通讯的业务财务，作为扎根于业务部门的财务职能，以产品、研发项目、供应链、国家（跨地区）、营销项目五大模块的财务管理内容为依据划分更为专业化的财务分工。业务财务专业化的分工显示出，公司的业务财务是深度渗透到业务单元的，并且为企业全价值链管理提供了全面、深入、细致的财务支持。

在公司深入价值链管理的业务财务理念下，业务财务通过协助经营单位进行业务推进，在这一过程中从"第一线"收集财务数据、业务数据，注重分析关键作业点和流程，从而对业务单位的经营管理、成本控制等方面提出改进建议。

第一，业务财务人员借助业务部门人员信息进行评估与分析，提供财务决策依据。企业在推出新产品的前期准备过程中，首先是市场部人员需要进行市场分析和产品分析；其次，业务人员通过分析市场容量、市场份额，结合新产品的卖点，初步预计出新产品的市场需求。而在这一过程中，业务财务人员将项目作为一项投资来评估其投资价值，通过对新产品的全面预算分析，初步了解其盈利性水平，为产品开发的阶段决策提供财务依据。

第二，业务财务人员通过对产品进行全面预算分析和盈利性分析，能够为业务部门提供产品目标成本的财务计算数据和结论。在产品目标成本指标的指导下，业务财务人员需要严格追踪和管理产品价值链各个环节的成本水平，确保产品的实际成本符合目标成本的要求。在企业集团整体的资源配置与管理下，对产品开发各阶段的研发资源投入进行实时、严格的预算、监控及绩效反馈。

第三，在产品销售环节，业务财务结合目标利润和生产成本对产品进行定价，并将业务部门的销售情况和从财务共享中心获取的销售回款情况进行追踪和匹配。财务与业务融合，使得财务向供应链前端（采购）、中端（生产）和后端（销）进行延伸。财务与业务的融合，一方面使企业加强了对价值链中各个增值环节的把控，优化企业的资源配置；另一方面，使得业务财务人员发现价值链中不增值环节和节点，以推动业务流程持续改进。

3. 财务共享服务中心运作机制：标准化、流程化改造与优化

中兴通讯通过对转移到财务共享中心的财务业务进行统一核算的流程的梳理，实现了流程的标准化、系统化。财务共享中心将原有费用报销、资金收付过程中"不增值"的部分进行集中，达到集中核算，实现管理的效率提升与执行成本的降低。在这个过程中，财务共享中心通过在财务核算信息系统中嵌入各种"规则"，以实现全球不同地区、不同业务单元汇总信息的统一处理、核算和报告。

另一方面，财务共享中心顺应业务财务及业务部门的需求，逐步细化财务共享中心各板块的流程与分工，整个组织经历"由少变多"的过程，整个财务流程经历"由复杂变简单"的过程。流程再造与组织再造相互衔接和支持，使得财务共享中心的整

体运营效率提升、整体成本降低，为国际化经营提供强有力的支持与保障。

案例分析题

1. 中兴通讯为什么要进行财务共享中心的建设？

2. 中兴通讯建设财务共享中心之后，对企业的盈利能力、偿债能力、运营能力、成长能力分别产生了什么影响？

3. 中兴通讯进行财务共享中心建设给其他企业带来了哪些启示？

4. 中兴通讯的财务智能化还可以往什么方向转型？

项目训练

中核集团财务共享中心建设

中国核工业集团有限公司（简称中核集团）是经国务院批准组建、中央直接管理的国有重要骨干企业，是国家核科技工业的主体、核能发展与核电建设的中坚、核技术应用的骨干，拥有完整的核科技工业体系，肩负着国防建设和国民经济与社会发展的双重历史使命。2018年1月，党中央、国务院作出中核集团和原中核建设集团合并重组的重大决策。新的中核集团资产规模约7 000亿元，职工队伍约15万人，整合形成10个专业化公司和13家直属单位，各级各类企事业成员单位约800家。中核集团专业化公司包括：中国核能电力股份有限公司、中国原子能工业有限公司、中国铀业有限公司、中国核工业建设股份有限公司、中核环保有限公司、中国中原对外工程有限公司、上海中核浦原有限公司、中国宝原投资有限公司、中核资本控股有限公司。

中国核工业集团有限公司财务共享中心（简称"共享中心"）于2019年5月成立，作为中核集团直属管理的独立机构，由中核集团财务部进行具体业务指导与监督，组织机构、人员关系挂靠在中国核工业集团资本控股有限公司，是中国企业财务管理协会财务共享一体化专业委员会副理事长单位。目前共享中心各项工作顺利推进，正进入快速发展期，2023年将初步建成"核工业特色、央企一流"的财务共享中心。

中核集团财务共享中心建设策略

中核集团在2021年6月11日举办的加快推进中核财务共享建设动员会暨"集团公司财务共享标准化"与"集团公司财务共享平台"项目启动会上，明确了财务共享中心的建设策略，主要包括两个重点内容：第一，明确中核集团财务共享中心建设是中核集团"十四五"规划财务工作的关键任务之一，同时也是落实集团新时代发展战略和新时代财务职能战略的重要组成部分，对于推动新时代中核集团"三位一体"战略目标实现，促进集团高效发展具有重要积极作用；第二，明确中核集团将采用"1+6+7"的职责模式（后边优化为1+6+N），推进财务共享中心的建设，按照统筹规划、自行建设；先易后难、分步实施；横向融合、纵向贯通；统一标准、互联互通的建设原则，通过开展会计核算标准化及共享流程标准化两项工作，建立标准统一、流程高效、操作清晰、职责明确、团队专业的财务共享中心。在中核集团财务共享的中心文化中，财务共享中心定位是：成为集团公司的财务管控落实平台、成员单位的财务共享服务平台、中心员工的个人价值实现平台。

这里的"1+6+N"是集团层面的一个财务共享中心，作为统筹规划部门总体协调全集团财务共享建设。"6"是集团的主要六个子公司，在集团统筹下分别建立自己的共享中心。"N"是其他子公司或成员单位，业务纳入集团财务共享直管范围。从获得的新闻描述看，"6"称为某财务共享分中心，比如中国核电分中心、中国核建分中心、新华发电分中心、中国宝原分中心、中核工程分中心，"N"称为某财务共享分部，比如中国原子能财务共享分部、中国铀业分部、中核浦原分部。

先分散建设、再集中上收的业务模式

依据业务特点及管理布局，中国核建财务共享建设采用三步走，一"打基础"（2020年），统一部署平台；二"转模式"（2021年），中国核建下属各二级单位建设自己的财务共享服务执行中心；三"大集中"（2022年），各二级执行中心合并，形成"中核集团财务共享服务中心核建分中心1+9模式"。自2019年起，中国核建结合自身业务特点、管理需求和信息化现状，在中核集团财务共享服务中心建设总体规划指导下，探索总结了一套适合自身的"从分布到集中的"财务共享服务中心建设模式。经过两年的部署建设，中国核建财务共享服务中心建设已经形成了一定的亮点成果：一是成员单位财务共享建设循序渐进。由本部统建一套系统，兼顾二级单位管理方式和信息化进程的特殊性由二级单位分部建设；二是会计核算逐步趋于标准化。通过在系统建设及会计核算规则两方面的规范要求，最终实现了核算系统与报表系统"一键出表"；三是全模块应用高度协同，业财集成高度一体化。中国核建本部集中部署，已逐步建成了高度集成协同的财务共享服务平台；四是混合云应用支撑高速发展。在项目建设中，结合各种平台的优点，灵活部署系统。将一些辅助的又需要大量计算存储网络资源的应用部署在企业租用的公有云上，将需要与社会外部紧密集成又需要频繁升级并且需要支撑大规模的应用直接租用公有云服务，形成混合云的应用方案，满足了企业数据保密要求，又快速响应系统扩展需求。

资料来源：根据网上公开资料整理。

讨论题：中核集团在财务共享中心建设的过程中有哪些做法值得借鉴及需改进之处？

案例十四 | 东方财富连续发行可转债融资及成效

■**教学目的与要求**

　　复合型金融工具的可转债，具备股票和债券的双重优点，这是传统融资工具所不具备的。2017年再融资新规出台之后，可转债的融资门槛大大降低，更多的上市公司通过发行可转债进行融资，缓解了企业融资的困境。大多数可转债都能顺利地转换为公司股票，但是也存在新钢转债、江南转债等可转债转股失败的问题。东方财富信息股份有限公司近几年内连续成功公开发行三只可转换债券，是发行可转债的典范。通过对东方财富可转债融资案例的学习，探讨上市公司选择可转债融资的动因、融资后募集资金的使用、融资方式给公司带来的效果等，掌握有关的分析思路和方法。

一、背景知识

（一）可转换债券相关概念

　　可转换债券是一种混合型证券，拥有股权和债券的双重特性。可转债持有者在将手中持有的可转债转为公司股票前，可按期取得利息收入。在满足可转债转股条件，进入转股期后，债券持有人可以按照事先规定的转换比例自主决定是否转换、何时转换为公司普通股。

　　作为混合性融资工具的可转换债券在转股过程中给予发行方与投资者一定的自主选择权，使得可转换债券在转股前表现债务融资特性，转股后表现权益融资的特性。发行公司对于未转换成公司股票的可转换债券需要按照发行规定支付本息，对于将手中持有的可转债转股成为发行公司股东的投资者，可以参与公司经营活动与股东权益分配。

（二）可转换债券的基本要素

　　可转换债券通常包含标的股票（正股）、期限、面值、票面利率、转换价格、转换比率、转换期等基本要素，同时，包含赎回条款（保护发债方）、回售条款（保护债券持有人）以及向下修正条款等特殊条款。

（1）标的股票：可转换债券的标的股票是债券持有人在可转换期内可以选择将其持有的债券转换为股票，也是债券转换的对象。可转换债券的标的股票可以是发行人的股票，也可以是其他公司的股票，这取决于债券条款中的约定。

（2）转股条款：可转换债券转股条款是指在可转换债券中包含将债券转换为公司股票的权利和相关规定。

（3）转股价格向下修正条款：可转换债券转股价格向下修正条款是指在可转换债券条款中包含的一种保护债券持有人权益的条款。该条款规定，在特定情况下，如果发行人的股票价格下跌到一定程度，债券持有人在行使转股权时可以按照修正后的转股价格进行转股，以保护其权益。

（4）回售条款：可转换债券回售条款是指在可转换债券中包含将债券在特定条件下回售给发行人的权利和相关规定。可转换债券回售条款规定了债券持有人可以将债券回售给发行人的价格。回售价格通常是债券面值加上一定的回售溢价，以保护债券持有人的权益。可转换债券回售条款可能存在一些限制，如回售数量的限制、回售时间的限制等。这些限制可以保护发行人的权益，避免过多债券持有人同时回售债券造成的风险。

（5）赎回条款：可转换债券赎回条款是指在可转换债券中包含将债券在特定条件下赎回的权利和相关规定。可转换债券赎回条款规定了发行人可以将债券提前赎回的价格。赎回价格通常是债券面值加上一定的赎回溢价，以保护债券持有人的权益。可转换债券赎回条款可能存在一些限制，如赎回数量的限制、赎回时间的限制等。

（三）我国可转换债券发展历程

可转债在西方资本市场的发展历程已近 180 年，凭借其"债券+股权"的双重特性、较低的票面利率、灵活的条款设置等优势，已成为欧美等发达国家不可或缺的金融工具。我国上市公司发行可转债始于 1992 年，随着相关法律法规不断建立和完善，发展历程大致可分为三个阶段。

1992—2000 年为初期阶段。1992 年由宝安集团公开发行并在次年挂牌交易的可转换债券为"宝安转债"，成功融资 5 亿元，宣告可转换债券在我国资本市场正式登场，成为上市公司再融资工具众多选择之一。但由于当时资本市场正处于起步时期，可转债条款设计不佳、发行时机不对等问题，"宝安转债"最后以失败告终。为完善可转债管理相关法律法规，相关部门在 1997 年发布《可转换公司债券管理暂行办法》。当时由于缺乏发行经验以及规范的法规文件，中国可转债市场在前期没有太大发展，始终处于初期阶段。

2001—2016 年为规范阶段。2001 年相关部门发布《上市公司发行可转换公司债券实施办法》、2006 年相关部门发布《上市公司证券发行管理办法》，对上市公司的发行条件以及信息披露要求做出了具体规定，在一定程度上规范了可转债的发行。2014 年《创业板上市公司证券发行管理暂行办法》颁布，支持创业板上市公司进行可转债融资。由于可转债的发行条件相对严格，符合发行条件的公司寥寥无几，相对股权融资而言，发行可转债的企业仍然较少。

2017 年以后是快速发展阶段。2017 年以前，上市公司通常以定向增发为主要再融资方式，定向增发乱象横生。2017 年，证监会修订《上市公司非公开发行股票实施细则》，对再融资的额度与频率增加新的限制条件，但可转债、优先股以及创业板小额快速融资不受此规定的限制。同时，可转债融资享受绿色审核通道，极大地促进了上市公司通过发行可转债这一方式进行融资。同年，证监会发布了《关于修改〈证券发行与承销管理办法〉的决定》，可转换债券由资金申购转为信用申购，降低了对于市场投资者的限制条件，转债市场迎来了高速发展的契机。上海证券交易所和深圳证券交易所分别在 2017 年 9 月、2018 年 12 月颁布《上市公司可转换公司债券发行实施细则》和《上市公司可转换公司债券发行上市业务办理指南》，为可转债发行交易过程中的问题处理提供了更加明确具体的规则章程，从而大幅促进了可转债市场的发展。2021 年 1 月 31 日起我国第一个专门规范可转债交易的部门规章《可转换公司债券管理办法》正式实行，规章中对可转债的相关活动做了全面系统的规制，保护投资者的利益。历经 30 余年的探索，我国的可转债市场逐步走上成熟，越来越多的投资者开始参与可转换债券的交易，可转债如今已成为企业不可或缺的融资方式。

二、案例资料

（一）东方财富概况

2005 年"上海东财信息技术有限公司"更名为"东方财富信息股份有限公司"，股票简称"东方财富"（股票代号 300059）。同年，东方财富网上线，传递关于财经与金融方面的新闻。2006 年，我国财经资讯行业的新方式——股吧上线；2007 年，天天基金网上线；2010 年，公司登录深圳证券交易所创业板。东方财富公司不断扩大其业务规模以及客户的覆盖面，提高市场占有率。公司旗下现拥有"东方财富网""天天基金网""股吧""东方财富证券""Choice 数据""哈富证券""东方财富期货""东财基金"等知名互联网产品及业务板块。东方财富公司从一家财经资讯类公司起家，最终扩展到证券服务业务，完美地利用自身优势资源成功转型。

公司的主营业务有证券服务、金融电子商务服务、金融数据服务和广告服务。2015 年，东方财富通过定向增发的方式募集 44 亿元收购西藏同信证券，交易完成后同信证券将成为东方财富的全资子公司。2016 年以后，东方财富的主要收入来源由金融电子商务服务，逐步扩大到了证券经纪业务方面，东方财富公司也慢慢地从一家信息公司逐渐转化为互联网券商。目前以经纪业务和融资融券业务为代表的证券业务已成为公司占比最大的主营业务。

（二）东方财富连续发行可转债

东方财富在经历融资收购同信证券后，公司主营业务快速转换为证券业务，作为新晋的券商企业，虽然能够继承同信证券以前的业务，但是想在竞争激烈的证券行业脱颖而出，需要对自身优势进行充分发挥。作为互联网券商的东方财富发挥自身互联网的优势特点，成为了融资融券业务板块的佼佼者。

融资融券业务的快速发展离不开企业资金的支撑。东方财富 2015 年上市之后，一直采用的是股票融资募集资金，2017 年放弃增发，转而通过可转债募集资金，很大程度上是因为融资的市场环境发生了变化。2017 年以后中国证券监督管理委员会为了促进可转债市场的不断成长，陆续修改了再融资新规，抑制上市公司过度依赖股权融资，同时放宽了可转债的限制，因此东方财富公司也选择以发行可转债的形式筹集资金。东方财富于 2017 年、2020 年和 2021 年连续发行可转换债券进行融资，相继发行东财转债（代码 123006）、东财转 2（代码 123041）和东财转 3（代码 123111）。可转换债券就成为了东方财富在新业务拓展上的主要资金来源。

东方财富三次可转换债券基本信息见表 14-1。

表 14-1　东方财富三次可转换债券基本信息

可转债券	发行时间	发行规模	债券期限	发行价格	票面利率	还本付息方式	存续期
东财转债	2017. 12. 20	46.5 亿元	6 年	100 元/张	0.2%、0.4%、0.6%、1.0%、1.5%、2.0%	按年付息，到期一次还本付息	1.39 年
东财转 2	2020. 01. 13	73.0 亿元	6 年	100 元/张	0.2%、0.4%、0.6%、0.8%、1.5%、2.0%	按年付息，到期一次还本付息	0.62 年
东财转 3	2021. 04. 07	158.0 亿元	6 年	100 元/张	0.2%、0.3%、0.4%、0.8%、1.8%、2.0%	按年付息，到期一次还本付息	0.9 年

数据来源：东方财富三期转债募集说明书。

东方财富三次可转换债券转股情况见表 14-2。

表 14-2　东方财富三次可转换债券转股情况

可转债券	发行规模/亿元	累计转股金额/亿元	累计转股比例	赎回金额/元·张$^{-1}$
东财转债	46.50	46.19	99.34%	100.16
东财转 2	73.00	72.50	99.32%	100.12
东财转 3	158.00	157.86	99.91%	100.18

数据来源：东方财富公告。

东方财富抓住了政策机遇，连续发行可转债为公司筹集发展资金，逐步匹配公司的扩张战略。

2017 年 12 月，东方财富发行第一次可转换债券"东财转债"，总共募集资金 46.5 亿元。

2020 年 1 月，东方财富在完成"东财转债"转股后，发行了第二次可转换债券"东财转 2"，总共募集资金 73 亿元。同年 7 月份，东方财富的市值也成功突破 2 000 亿元大关，将公司发展推向了另一个高潮。

2021 年 4 月，东方财富第三次发行的可转换债券"东财转 3"成功上市，募集资金高达 158 亿元。

公司发行的可转换债券的规模逐次上升，转债的票面利率逐渐降低。前一次转债的成功发行给予下一期转债投资者极大的信心，因此东方财富能够成功连续发行可转换债券，以相对较低的融资成本获取了公司发展所需资金。东方财富发行的三次可转债债券期限均为六年，三次发行可转债均在短期实现高比例转股，东财转债不超过2年、东财转2和东财转3不超过1年高比例转股，累计转股比例达到99%以上。东方财富这三次可转债的发行都比较成功，不但使公司的资金实力得到了极大提升，同时也避免了债务到期还本付息的偿还压力。

（三）东方财富发行可转债融资效果分析

1. 对经营业务的影响

东方财富自2015年收购西藏同信证券后，公司处于客户数量、业务规模快速增长阶段，主营业务构成中东方财富公司的证券业务和证券经纪业务占比持续提高。

东方财富发行可转债前三年业务收入比较见表14-3。

表14-3　东方财富发行可转债前三年业务收入比较　　　　单位：万元

年份	2015	2016	2017
营业收入	292 587.94	235 181.80	254 678.52
证券服务	11 316.67	114 876.67	143 442.58
金融电子商务服务	244 237.15	87 064.92	84 420.13
金融数据服务	24 903.54	21 977.50	16 915.59
广告服务	10 157.33	9 759.47	7 899.37
其他	1 973.25	1 503.24	2 000.85

数据来源：东方财富公司年报。

东方财富公司第一次可转债发行日期为2017年12月20日。在发行的46.5亿可转债的资金补充下，2018年东方财富公司全年的营业总收入为8.12亿元，同比增长了45.5%。业绩增长主要受益于证券经纪业务和融资融券业务，以及基金代销业务。

第二次可转债发行于2020年1月10日。发行第二次可转债融资到的73亿元中的大部分资金65亿元用于发展融资融券业务。2020年即使在新冠病毒感染疫情的影响下，全年的年营业收入相比2019年也大幅度增加，融资融券利息收入增长方面远超市场平均水平，基金业务方面实现营收11.43亿元，在2019年度的基础上翻了倍，2022年营业收入增长率为94.69%。

第三次可转债发行于2021年4月7日。东方财富公司一直拓展其基金业务，包括公募基金，私募基金等业务，2021年基金销售额增长72.49%，另外不断向东财证券增资，发展融资融券、证券自营等业务。东方财富公司在融资方面第三次选择发行可转债方式强化核心业务竞争力，2021年度东方财富营业收入增长率为58.94%，在经纪业务、融资融券业务、基金业务等方面也都交出了漂亮的成绩。

在资金的支持下，东方财富在证券行业取得了不错的业绩，迅速成为知名证券机构。2015年度证券服务业务占比3.87%，2017年度占比提高到56.32%，2018年度证券服务业务占比58.05%，到2022年度占比提高到62.93%。目前以经纪业务和融资融券业务为代表的证券业务已成为公司占比最大的主营业务。近几年，东方财富因为收入结构发生改变，公司的收入和利润均稳定地高增长。

财务管理案例

2015—2022 年东方财富公司主营业务构成见图 14-1。

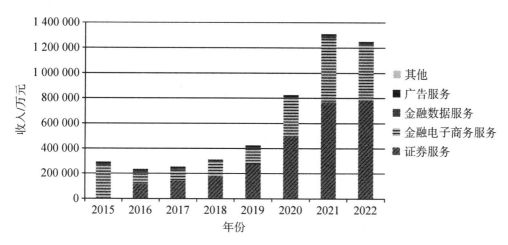

图 14-1　2015—2022 年东方财富公司主营业务构成

2. 对盈利能力的影响

在得到可转债资本金的补充后，东方财富迅速扩张，在证券板块的高投入取得了较好的成果。公司的销售毛利率、销售净利率和净资产收益率三个指标不断上升。2020 年、2021 年公司发行东财转 2 和东财转 3 筹集资金后，持续投资经纪业务、融资融券业务为核心的证券服务，大大提升了东方财富的盈利能力。2020—2022 年，公司的销售毛利率和销售净利率不断飙升，毛利率均超过了 60%。2017 年，东方财富的营业总收入为 25.47 亿元，净利润 6.35 亿元，行业内排名比较靠后，但是到了 2022 年，东方财富的营业总收入就达到了 125 亿元，净利润 85.09 亿元，净利润增长了 13.4 倍。

净资产收益率能够反映股东权益的收益水平，也是企业运用资产效率的体现。公司的盈利模式的进一步优化使东方财富具有较强的盈利能力和成长能力，东方财富的净资产收益率也从 2017 年的 4.86%一直增长到 2022 年的 22.11%，净资产收益率在2018—2022 年一直远高于行业平均水平。

2017—2022 年东方财富盈利能力财务指标变动见表 14-4。

表 14-4　2017—2022 年东方财富盈利能力财务指标变动　　　　单位:%

指标	年份					
	2017	2018	2019	2020	2021	2022
销售毛利率	18.64	27.63	43.79	63.14	66.50	68.45
销售净利率	25.01	30.69	43.28	58	68.15	65.32
净资产收益率	4.86	6.32	9.49	17.89	14.40	22.11

数据来源：东方财富网。

2017—2022 年东方财富净资产收益率与行业均值对比见图 14-2。

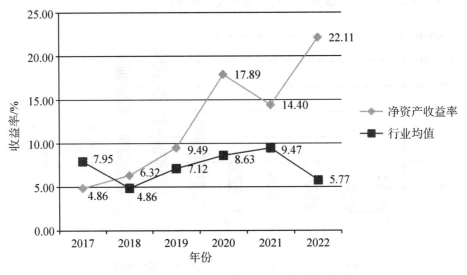

图 14-2　东方财富净资产收益率与行业均值对比

3. 对债务结构的影响

由于证券服务业务对于资金的占用量很大，需要稳定可靠的现金流来支持战略转型，短期流动负债不能长期满足巨大的资金需求，自由现金流的偿债压力也较大。东方财富在上市之后几笔大的融资都是股权性融资，但是在企业发展迅速的时候不能享受财务杠杆作用带来的好处。在融资方面，如果采用纯债权融资，未来需要偿还投资者的本金和利息，巨大的还本付息压力会对资金链和财务状况产生冲击。东方财富信用状况比较高，从优化资本结构的角度，衡量各项融资手段，选择可转债发行的形式进行融资较佳。

2016—2022 年东方财富负债结构分别见表 14-5、图 14-3。

表 14-5　2016—2022 年东方财富负债结构　　　　　单位：亿元

指标	年份						
	2016	2017	2018	2019	2020	2021	2022
流动负债	138.39	217.44	192.89	393.77	758.89	1 211.19	1 339.64
非流动负债	3.16	54.2	48.27	12.42	12.84	198.61	127.51
负债合计	141.55	271.64	241.16	406.19	771.72	1 409.8	1 467.16

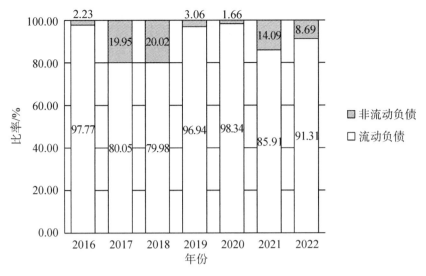

图 14-3　东方财富的负债结构

　　发行可转债之前，东方财富流动负债一直处于高占比水平，反映了企业一直依赖于短期融资，这有一定的财务风险。虽然可转债的发行需要每年给持有人支付一定的利息，但是从东方财富三次发行的条款中能看出，每年的利率还是比较低，即使每年的利息逐年递增，到第六年的利率达到 2%，但是对于公司来说，每年所付出的利息费用还是在极低的水平，并且在上市半年后即可转股，对于公司的资金压力来说也比较小。

　　可转债的发行提高了企业长期负债的规模，降低了流动负债的比例，优化了公司的负债结构。在发行可转债前，2016 年度东方财富的负债结构中流动负债占比达到97.77%，在 2017 年发行东财转债后，流动负债比例下降到 80.05%。2020 年可转债发行的当年，由于完成了转股，非流动负债的比例有所下降。2021 年和 2022 年东财转债、东财转 3 完成转股。三次发行可转债均对公司的负债结构造成了较为明显的影响。

　　4. 对长期偿债能力的影响

　　2016—2022 年东方财富与其他证券企业资产负债率对比分别见表 14-6、图 14-4。

表 14-6　东方财富与其他证券企业资产负债率对比　　　　　　单位：%

年份	2016	2017	2018	2019	2020	2021	2022
东方财富	52.45	64.92	60.58	65.69	69.95	76.20	69.24
中信证券	68.51	70.87	71.76	75.25	78.13	79.19	74.90
华泰证券	73.13	71.80	66.12	73.40	77.20	76.93	75.81
中泰证券	60.23	66.32	70.25	69.05	73.53	74.97	70.93

　　数据来源：东方财富网。

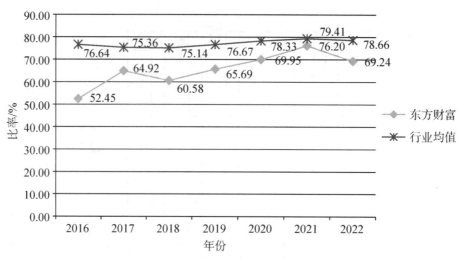

图 14-4 2016—2022 年东方财富资产负债率与行业对比

与同行业其他公司相比，东方财富公司资产负债率处于较低的水平。三次可转债发行的当年，资产负债率与上年相比均有明显上升，但不会使其财务风险大幅提高。2017 年发行可转债引起了资产负债率短暂的上升，2018 年转股后资产负债率又有所下降，减少债务融资所需负担的还本付息费用和压力。在发行了东财转 2、东财转 3 以后，东方财富资产负债率均不超过行业的均值。当越来越多的债权转化为股权时，企业的资产负债率会在一定程度上下降。与同行业平均水平对比来看，其资产负债率低于同行业的均值。可转债的发行提升了公司财务结构的稳定性，增强公司的抗风险能力。

5. 对股权结构的影响

普通的权益融资会降低原股东持股比重，稀释股东权益。可转债发行转股后其股本会增加，如果转换过快，会引发股价下跌，从而稀释原有股东权益，所以可转债发行一般会优先向原股东发售。配售是保护公司原股东利益的最直接最有效的方式。可转债对原股东优先配售保证原股东能够持有足够数量的可转债在后期转股阶段拥有一定的自主权，稳定股权结构，保障股东权益，预防转股后对每股收益等即期回报的稀释效应。

东方财富可转换债券配售情况见表 14-7。

表 14-7 东方财富可转换债券配售情况

项目	东财转债	东财转 2	东财转 3
配售方式	优先向原股东配售，余下的部分以及原股东放弃的部分由投资者公开申购，申购额度不足的部分由主承销商包销		
总股本	4 288 779 71 股	6 715 608 655 股	8 613 136 491 股
每股配售	1.084 2 元	1.087 元	1.834 4 元
最终配售	向原股东配售 21 232 578 张，占比 45.66%	向原股东配售 47 075 028 张，占比 64.49%	向原股东配售 112 716 327 张，占比 71.34%

资料来源：三期东财可转换债券募集说明书。

三期东财可转换债券的发行方式是优先向公司原股东进行全额配售，原股东放弃认购的部分由社会投资者公开认购，最后余下的部分由承包商包销。东方财富发行的三次可转债原股东配售比例分别为45.66%、64.49%和71.34%，其向原股东配售比例持续增高。对原股东全额配售可转换债券说明东方财富公司非常重视对原股东权益的保护，原股东放弃认购的比例逐次减少，说明原股东逐渐认可连续多次发行可转换债券对其上市公司带来的影响，更加信赖公司的经营状况。

东方财富前五大自然人股东持股比例变化情况见表14-8。

表 14-8　东方财富前五大自然人股东持股比例变化情况　　　　单位:%

股东名称	股东性质	年份				
		2017	2019	2020	2021	2022
其实	境内自然人	23.91	21.99	20.57	20.51	19.31
沈友根	境内自然人	2.92	2.69	2.46	1.27	1.20
陆丽丽	境内自然人	2.86	2.63	1.51	2.46	2.31
鲍一青	境内自然人	1.22	1.12	1.05	1.02	0.96
史佳	境内自然人	1.13	0.98	0.92	0.91	0.90

数据来源：东方财富公司年报。

东方财富2022年度持股5%以上的股东或前10名股东持股情况见表14-9。

表 14-9　东方财富2022年度持股5%以上的股东或前10名股东持股情况　　单位:%

股东名称	股东性质	持股比例
其实	境内自然人	19.31
香港中央结算有限公司	境外法人	8.09
陆丽丽	境内自然人	2.31
中国建设银行股份有限公司-国泰中证全指证券公司交易型开放式指数证券投资基金	其他	1.65
中国建设银行股份有限公司-华宝中证全指证券公司交易型开放式指数证券投资基金	其他	1.22
沈友根	境内自然人	1.20
鲍一青	境内自然人	0.96
中央汇金资产管理有限责任公司	国有法人	0.96
史佳	境内自然人	0.90
全国社保基金一八组合	其他	0.56

数据来源：东方财富公司年报。

东方财富三期可转换债券转股完成后，分别使公司总股本增加了406 631 237股、552 174 928股和676 038 331股。外部投资者持有的可转换债券转股后使得各个股东的持股比例均有不同程度的下降，稀释效应并没有影响股东的企业控股权。东方财富持股比例最大的几个自然人股东，依旧是在持股比例的前十名，第一大股东的持股比例也较为稳定。可转债转股没有显著影响企业的股权结构。

东方财富作为一家互联网券商，属于资金密集型的企业，其业务规模的拓展和企业的成长需要充足的资金支持。东方财富三次发行可转债不断进行融资，为企业扩展证券服务和金融电子商务服务等提供了充足资金。连续成功发行可转债提升了东方财富公司的盈利能力和成长能力，降低了融资成本，优化了负债结构、取得了较好的经营成果，净资产规模不断扩大，正股价格不断上升。同时，前一次转债的成功发行给予下一期转债投资者极大的信心，为后续再融资奠定了良好的基础，形成良性循环。

案例分析题

1. 目前上市公司普遍使用的再融资方式有哪些？可转债发行有什么要求？

2. 对于可转债，什么情况下融资成本是理想最低值，甚至会比同期银行贷款利率还要低？

3. 发行可转债会存在哪些风险？如何控制可转债的融资风险？

4. 讨论可转债转股失败的案例。

项目训练

国药现代可转债

1. 国药现代简介

国药现代公司全称上海现代制药有限公司，是由国资委实际控制的医药制造企业，成立于 1996 年，2010 年 4 月进入中国医药集团有限公司。公司是以医药产品研发、生产与销售为主营业务的医药制造类企业，拥有包括医药中间体与原料药、化学制剂、动物疫苗、大健康等业务板块。目前核心业务主要包括抗感染、心脑血管、抗肿瘤及免疫调节、代谢及内分泌、麻醉精神五大治疗领域，在医药市场上具备一定的实力和影响力。

近几年，国药现代依据公司的战略实施方案，夯基础扬优势，培育产业发展新动能，重点布局抗生素药物产业链，构建"链长+链主"产业推进体系，同时积极促进科研推项目，科研创新成果落地效果显著。2022 年度国药现代的营业收入为 129.6 亿元，其中主营业务收入约 128.33 亿元。制剂业务是国药现代获利最多的业务，2022 年毛利率达到 56.75%，也是国药现代的业务布局重心所在，营收占比达到了总收入的 58.70%。

2022 年国药现代分行业经营情况见表 14-10。

表 14-10 2022 年国药现代分行业经营情况

行业	主营业务收入/亿元	收入占比/%	主营业务成本/亿元	毛利率/%
制剂	75.33	58.70	32.58	56.75
原料药及医药中间体	51.22	39.91	44.59	12.94
其他（补充）	1.50	1.17	1.276	14.79
大健康	0.28	0.22	0.22	21.48
合计	128.33	100	78.67	38.70

资源来源：国药现代年报。

2. 国药现代发行可转换债券介绍

（1）发行可转换债券的规模

上海现代制药股份有限公司于 2019 年 4 月 1 日在上海证券交易所公开发行了 1 615.94 万张可转换公司债券，每张面值 100 元，发行总额 161 594.00 万元。可转换公司债券存续的起止日期：2019 年 4 月 1 日至 2025 年 3 月 31 日，债券简称"现代转债"，债券代码"110057"。上海现代制药按照面值发行可转换公司债券募集资金总额为 161 594 万元，扣除发行费 727.38 万元（含税金额）后，实际募集资金净额为 160 866.62 万元。

（2）发行可转换债券的条款

①债券期限和票面利率

"现代转债"于 2019 年 4 月 1 日发行，债券期限在我国对于公开发行的可转债一至六年的期限规定中选择设为 6 年，即 2019 年 4 月 1 日至 2025 年 3 月 31 日。转股期限为 2019 年 10 月 8 日至 2025 年 3 月 31 日。债券利率为第一年 0.20%、第二年 0.50%、第三年 1.00%、第四年 1.50%、第五年 1.80%、第六年 2.00%。到期赎回价为 106 元（含最后一期利息）。本次发行的可转换公司债券采用每年付息一次的付息方式，计息起始日为可转换公司债券发行首日。到期归还本金和最后一年利息。

②转股价格

"现代转债"自 2019 年 10 月 8 日起可转换为公司 A 股普通股，初始转股价格为 10.09 元/股，高于公布募集说明书当天前 20 个交易日公司股票均价和前一交易日股票收盘价。根据有关规定和募集说明书的约定，现代转债发行后，当公司因送红股、转增股本、增发新股、配股或派发现金股利等情况（不包括因本次发行的可转债转股增加的股本）使公司股份发生变化时，将调整转股价格。

③回售条款

有条件回售条款：在本次发行的可转债的最后两个计息年度，如果公司股票在任意连续 30 个交易日的收盘价格低于当期转股价格的 70% 时，可转债持有人有权将其持有的可转债全部或部分按面值加当期应计利息的价格回售给公司。

附加回售条款：若公司本次发行的可转债募集资金投资项目的实施情况与公司在募集说明书中的承诺情况相比出现重大变化，根据中国证监会的相关规定被视作改变募集资金用途或被中国证监会认定为改变募集资金用途的，可转债持有人享有一次回售的权利。可转债持有人有权将其持有的可转债全部或部分按债券面值加当期应计利息的价格回售给公司。

④赎回条款

到期赎回条款在本次可转债期满后五个交易日内，公司将按债券面值的 106%（含最后一期利息）的价格向本次可转债持有人赎回全部未转股的本次可转债。

有条件赎回条款转股期内，当下述两种情形的任意一种出现时，公司有权决定按照债券面值加当期应计利息的价格赎回全部或部分未转股的可转债：第一，在转股期内，如果公司股票在任意连续 30 个交易日中至少 15 个交易日的收盘价格不低于当期转股价格的 130%（含 130%）；第二，当本次发行的可转债未转股余额不足 3 000 万元时，公司将有权从投资者手中将可转债按面值加利息的价格赎回。

（3）发行可转换债券募集资金用途

根据可转债募集说明书可知，该公司计划通过本次发行可转换债券向社会公众募集资金主要用于新型制剂产业战略升级项目、国药威奇达资源综合利用项目、威奇达中抗青霉素绿色产业链升级项目、偿还银行借款、向国药威奇达增资、永久补充流动资金。各项目投入额、融资拟投入额见表14-11。

表 14-11 可转债的资金用途 　　　　　　　　　　　　单位：万元

募投项目	项目投资额	融资拟投入金额
新型制剂产业战略升级项目	107 099.05	68 886.14
国药威奇达资源综合利用项目	11 323.76	10 168.65
威奇达中抗青霉素绿色产业链升级项目	29 115.12	20 899.19
偿还银行借款	19 306.70	19 306.70
向国药威奇达增资	37 200.00	37 200.00
永久补充流动资金	47 658.60	47 658.60

3. 可转换债券运行状况

（1）可转换债券转股概况

自 2019 年 10 月 8 日起"现代转债"进入转股期，截至 2023 年 6 月 15 日（赎回登记日），累计共有 1 608 497 000 元"现代转债"已转换为公司股份，累计转股数为 169 132 951 股，占"现代转债"转股前公司已发行股份总额 1 026 936 960 的 16.47%。

"现代转债"每年转股情况见表14-12。

表 14-12 可转债转股情况明细表

日期	转股数/股	转股金额/元	未转股金额/元	未转股比例/%
2019.10.8—2019.12.31	3 300	33 000	1 615 907 000	99.998 0
2020.1.1—2020.3.31	6 104	61 000	1 615 846 000	99.994 2
2020.4.1—2020.6.30	3 108	31 000	1 615 815 000.	99.992 3
2020.7.1—2020.9.30	8 894	88 000	1 615 727 000	99.986 8
2020.10.1—2020.12.31	1 010	10 000	1 615 717 000	99.986 2
2021.1.1—2021.3.31	1 010	10 000	1 615 707 000	99.985 6
2021.4.1—2021.6.30	1 515	15 000	1 615 692 000	99.984 7
2021.7.1—2021.9.30	2 348	23 000	1 615 669 000	99.983 2
2021.10.1—2021.12.31	306	3 000	1 615 666 000	99.983 0
2022.1.1—2022.3.31	7 657	75 000	1 615 591 000	99.978 4
2022.4.1—2022.6.30	9 906	97 000	1 615 494 000	99.972 4
2022.7.1—2022.9.30	1 031	10 000	1 615 484 000	99.971 8
2022.10.1—2022.12.31	103	1 000	1 615 483 000	99.971 7
2023.1.1—2023.3.31	315	3 000	1 615 480 000	99.971 5
2023.4.1—2023.6.15	169 086 344	1 608 037 000	7 443 000	0.46
合计	169 132 951	1 608 497 000		

资料来源：国药现代公告。

"现代转债"各期转股价格调整见表 14-13。

表 14-13 可转债转股价格调整　　　　　　　　　　　单位：元/股

调整日期	转股价格调整	调整原因
2019.6.26	9.99	2018 年年度权益分派
2020.6.24	9.89	2019 年年度权益分派
2021.6.25	9.79	2020 年年度权益分派
2022.7.29	9.69	2021 年年度权益分派
2023.1.16	9.51	非公开增发新股

资料来源：国药现代公告。

（2）可转换债券赎回情况

自 2023 年 4 月 13 日至 2023 年 5 月 8 日，国药现代连续 15 个交易日的收盘价不低于"现代转债"当期转股价格（9.51 元/股）的 130%（即 12.363 元/股），触发可转换债券发行时附加的有条件赎回条款中对股价做出的相关规定。公司于 2023 年 5 月 8 日召开第八届董事会第五次会议，审议通过行使"现代转债"的提前赎回权，对赎回登记日登记在册的"现代转债"余额 7 443 000 元（74 430 张），按照债券面值加当期应计利息的价格全部赎回。

2023 年 6 月 15 日收市后，"现代转债"尚未转股的 7 443 000 元"现代转债"全部冻结，停止转股。本次可转债赎回后，市场投资者手中不再持有国药现代的可转债，现代转债"从上交所摘牌下市。

4. 国药现代发行可转换债券的动因

2017 年以后常用的股权融资方式要求更为严苛，而可转债的申购门槛相反却降低了。一方面国家政策鼓励企业进行可转债融资，另一方面，金融科技的发展使得可转债的申购和交易更加便利，投资者认可度提升，因此，国药现代受到当时融资政策的影响发行了可转债，丰富了公司的筹资渠道，降低了公司的融资成本。

（1）公司快速发展的需要

随着世界经济的发展、人口总量的增长、社会老龄化程度的提高以及民众健康意识的不断增强，全球医药行业近年保持了较高的发展速度。该公司是国药集团旗下化学药工业发展的统一平台，在中国药品市场最具用药规模和成长动力的治疗领域完成了产品布局。为了提升生产能力，提升行业竞争优势以及国际化战略的需要，公司投资于新型制剂产业战略升级项目、国药威奇达资源综合利用项目、威奇达中抗青霉素绿色产业链升级项目，这些项目建设符合公司的战略布局定位，能够有效解决目前公司资源分散、扩大产能、提高国际市场占有率等问题，满足公司未来发展需要，对实现该公司长期可持续发展具有重要的战略意义。

2015—2017 年国药现代正处于大规模资产重组阶段，该阶段占用了国药现代的大笔资金来推进资产重组的进行。2019 年，结合公司战略布局，针对项目所需的资金短缺，若仅靠内源融资，无法满足需求。另外项目投资建设期需要 2~3 年，收益回报速度也存在滞后性，因此需要通过外源融资募集项目资金。

（2）降低公司融资成本

为满足公司未来业务发展的资金需求，进一步降低财务风险和财务费用，增加公司财务的稳健性，公司使用本次公开发行可转债募集资金 19 394.00 万元，通过偿还银行借款的方式调整负债结构。

根据优序融资理论，公司在筹资时首先使用内部留存资金，其次采用债务融资，最后采用股权融资。可转债与单纯的债务融资相比，其具有看涨期权的属性，在公司股票价格上涨时，投资者可以将债券转为股票获取额外收益，因此可转债的票面利率低于普通债券。即使可转债的利率逐年呈阶梯式增长，但最高利率水平仍然低于同期银行贷款利率及普通债券利率，再加上债务利息特有的"税盾"作用，可以极大地减轻公司财务上的负担，降低其遭受财务危机的可能性，保证对公司发展有益的投资能够得到资金支持，促进公司的长远发展。

如果投资者选择将可转债转股，可转债的融资成本就会升高，相当于从债务融资转变为股权融资。转股的时期越晚，即债券存续期越长，对应的融资成本越低。国药现代从 2019 年 10 月到 2023 年 3 月底转股的比例不超过 1%。从 2023 年 4 月，根据公司可转换债券发行时附加的有条件赎回条款中对股价做出的相关规定，公司于 2023 年 5 月审议通过行使"现代转债"的提前赎回权，此时绝大多数可转债进行了转股。截止到 2023 年 6 月 15 日，99.54% 的可转债完成转股，绝大多数可转债持有者是持有了 3 年以后才进行了转股。

从表 14-14 的负债融资方式中可以看出，可转债的融资成本是最低的，明显优于其他融资方式。公司以较低的融资成本获取较多的资金，满足企业发展的需要。

表 14-14　现代转债与同期债务融资成本对比

时间	银行贷款利率（6 年期）	公司债券（6 年期，AAA）	现代转债第一年利率	平均年利率
2019 年	4.9%	3.4%~5.2%	0.2%	1.12%

数据来源：RESSET 数据整理。

（3）稳定发行公司的股票市价

目前我国上市公司再融资方式主要有增发、配股、可转债三种形式。增发和配股会导致融资后股本立刻增加。一方面是股本规模的扩张，而另一方面是投资项目需要一定的建设周期，且项目产生效益也需要一定的时间，这使得企业的经营业绩被稀释，带来的是股价的下跌。可转换债券比增发和配股更具技巧性和灵活性，可转换债券融资在相同股本扩张下融资额更大，而且它转换成股票是一个渐进的过程，发行后至少有半年的缓冲期，对公司股票价格的冲击也比较舒缓。即使进入转换期后，结合相应的转股价值，债券持有人也可能延缓转股时间，这在一定程度上延缓了股权的稀释。对于投资者来说，可转债发行比直接股票发行能够传递更好的信号。

（4）调节权益资本和债务资本的比例

由于可转换债券兼有债券和股票期权的特性，它对公司的资本结构也会产生特殊的影响。本案例选择国药现代发行可转债的前三年到完成转股这一段期间，即 2016 年至 2022 年 6 月的资产负债率（见表 14-15），并将同行业均值数据作为对比，分析国药现代的资本结构的变化。

从图 14-5 中可以看出，2016—2018 年国药现代的资产负债率均高于化学制药行业均值，较高的财务杠杆意味着不适合采取长期借款、发行普通债券等常规债务融资手段。公司发行了可转债，当公司经营良好、公司股票价值增值、市场价格超过转换价格时，债券持有人将执行其股票期权，将所持可转换债券转为普通股，公司的资本结构得到自然优化。

从结果来看，在可转债进入转股期后，公司稳定的发展前景使得投资者转股，债务资本在公司资本结构中的比例下降，降低了公司的偿债压力。国药现代可转债2023年6月份完成转股后，资产负债率降低到26.26%，远低于行业均值，转股增加了权益资本的比重，优化了资本结构。

表 14-15　国药现代资产负债率的变化　　　　　　　　　　　单位:%

年份	2016	2017	2018	2019	2020	2021	2022	2023.6.30
国药现代	53.79	49.59	48.72	47.82	46.20	45.62	38.09	26.26
化学制药行业均值	34.55	34.90	45.03	38.63	31.76	32.35	32.66	32.08

数据来源：新浪财经网。

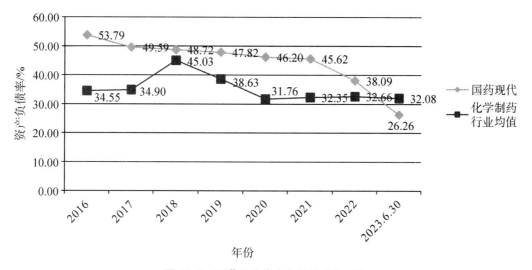

图 14-5　国药现代资产负债率变化对比

5. 可转债融资存在的风险

（1）可转债的发行风险

上市公司发行可转债也会面临可转债发行失败的风险。如上文所述，上市公司发行可转债需要满足一定的条件，且通过层层审核，才能在市场公开发售。发行可转债前应满足连续三年盈利、净资产收益率平均在10%、发行可转债后资产负债率不高于70%的条件。本次可转换公司债券经联合信用评级有限公司评级，现代制药主体信用级别为AAA，本次可转换公司债券信用级别为AAA。2019年4月"现代转债"成功上市发行。

（2）发行可转债到期不能转股的风险

股票价格不仅受公司盈利水平和发展前景的影响，而且受国家宏观经济形势及政治、经济政策、投资者的偏好、投资项目预期收益等因素的影响。如果因公司股票价格走势低迷或可转债持有人的投资偏好等原因导致可转债到期未能实现转股，公司必须对未转股的可转债偿还本息，将会相应增加公司的资金负担和生产经营压力。如果可转债转股失败，公司的财务风险也随之增加。"现代转债"在 2023 年 6 月 15 日有 99.54%的可转债完成转股。

在成功发行可转债后，若希望可转债的持有人能够转股，那适当的向下修正转股价格是必须的。国药现代公司五次适当的向下修改转股价格，提升了可转债的期权价值，增加市场对于该可转债的关注度，提高可转债持有者转股的意愿，与此同时减少了公司的财务风险水平。

（3）本息兑付风险

在可转债的存续期限内，公司需按可转债的发行条款就可转债未转股的部分每年偿付利息及到期兑付本金，并承兑投资者可能提出的回售要求。受国家政策、法规、行业和市场等不可控因素的影响，公司的经营活动可能没有带来预期的回报，进而使公司不能从预期的还款来源获得足够的资金，出现发行人和担保人无力偿债或拖延偿债的局面，形成违约风险。

国药现代加强自身的经营管理，强化募投项目管理，提高募集资金使用效率，整合了国药集团旗下化学药相关资源，提高了研发能力，加快发展主营业务，提高了经营业绩，以良好的财务指标给投资者了信心，不存在本息无法兑付的风险。联合资信评估股份有限公司对国药现代 2022 年跟踪评级，确定维持公司主体长期信用等级为 AAA。

资料来源：根据网络上公开资料整理。

讨论题：上海现代制药股份有限公司为什么要提前赎回可转债？

财务管理案例